U0926463

全球产业金融观察报告（2018）

The Observation Report of Global Industrial Finance（2018）

聚焦第四次技术革命

Focusing on the Fourth Technology Revolution

亚洲金融合作协会产业金融合作委员会　编著

中国金融出版社

责任编辑：李　融　李林子
责任校对：潘　洁
责任印制：张也男

图书在版编目（CIP）数据

全球产业金融观察报告．2018：聚焦第四次技术革命/亚洲金融合作协会产业金融合作委员会编著．—北京：中国金融出版社，2019.6

ISBN 978－7－5220－0104－3

Ⅰ．①全…　Ⅱ．①亚…　Ⅲ．①金融—研究报告—世界—2018　Ⅳ．①F831

中国版本图书馆 CIP 数据核字（2019）第 087907 号

全球产业金融观察报告（2018）
Quanqiu Chanye Jinrong Guancha Baogao（2018）

出版
发行　中国金融出版社

社址　北京市丰台区益泽路 2 号
市场开发部　（010）63266347，63805472，63439533（传真）
网 上 书 店　http://www.chinafph.com
　　　　　　（010）63286832，63365686（传真）
读者服务部　（010）66070833，62568380
邮编　100071
经销　新华书店
印刷　保利达印务有限公司
尺寸　210 毫米×285 毫米
印张　12.75
字数　253 千
版次　2019 年 6 月第 1 版
印次　2019 年 6 月第 1 次印刷
定价　52.00 元
ISBN 978－7－5220－0104－3
如出现印装错误本社负责调换　联系电话（010）63263947

编 委 会

主 任： 章更生

副主任： 程远国 赵险峰

成 员： 李 钺 涂永红 刘兴坤 崔喜苏 宋效军
彭祖佑 刘 梓 丁爽爽 杜广哲 李胜男
杨雅鑫 白宗宸 刁 璐 周梓楠 原 鹏
金俊永 安钰丰 董丽霙 朱 葛 刘宏程
刘春长 王 飞 袁浥尘 程 悦 方盈赢
曹 燚 荣 慧 陈 琦

序一

美国著名经济学家理查德·纳尔森在《经济增长的源泉》一书中强调，技术进步已成为经济增长的首要力量。当前，继蒸汽技术革命、电力技术革命、计算机及信息技术革命之后，全球正在经历新一轮技术变革，物联网、云计算、大数据、人工智能等技术广泛渗透于经济社会各个领域，机器人、清洁能源、量子信息、虚拟现实、生物基因、新材料等技术不断取得重大突破并加快迭代升级。这些高新技术不断被产业化运用，孕育出新兴产业，同时改造升级传统产业，不断催生出新的业态，重塑着国际分工与国际贸易格局。可以说，新一轮技术变革正在引发新一轮产业革命，也就是第四次技术革命。

在新一轮产业革命中，世界主要经济体纷纷出台经济结构调整政策，致力于大力发展新兴产业。例如，美国提出了“再工业化”战略，德国推出了“工业4.0”发展规划，日本实施了“日本复兴”战略，英国发布了“工业战略2050”战略，法国提出了“新工业法国”战略，韩国制定了“制造业新增长动力”战略，中国也制定了“中国制造2050”战略。由此可见，新兴产业正代表着新一轮科技变革与产业革命的方向，是一国培育发展新动能、获取未来竞争新优势的关键领域，也是全球经济实现复苏和增长的主要动力。

从一个行业的生命周期来看，往往会经历萌芽、成长、成熟、衰退四个阶段。对于新兴产业来说，多处于萌芽和成长阶段，前期研发投入较大，需要大量资金支持，也会产生巨额资金流。同时，新兴产业会通过前后关联效应，催生出大批新技术、新产品、新业态和新模式，客观要求金融领域随之建立新的生产函数，重新组合金融要素，以满足实体经济不断变化升级的需求。也就是说，以新兴产业为主导的第四次技术革命离不开金融的支持，并对金融创新提出了更高要求，同时科技创新也为金融创新提供了可能。正如英国著名经济史学家约翰·希克斯所言，工业革命不是技术创新的结果，而是金融革命的结果，因为工业革命中使用的技术在之前就已经出现，而只有在出现金融革命后，工业革命才真正发生。

金融创新既能分散风险，也能放大风险。金融创新的历史发展进程也证明，金融创新发展最迅速的时期也是金融风险表现最激烈的时期。在新兴产业发展背景下，金融风险也是金融创新及金融发展面临并必须不断解决的重要课题。一是新兴产业的前期研发所需时间较长，投资面临诸多不确定性和偶然性，成则获利丰厚，败则损失惨重。二是金融创新本身蕴藏着高风险，例如金融衍生品是20世纪70年代以来最重要的金融创新之一，作为一种承担风险管理职能的工具出现，但其自身的虚拟化、高杠杆化和反复中介化特征，也加剧了金融风险的传染性、隐蔽性和冲击力。三是互联网和信息技术使金融产品跨界嵌套，金融业务模式复杂多变，也使金融风险分布突变波动，这都加剧了系统性风险识别与管控的难度。四是我们同住一个“地球村”，已然你中有我，我中有你，一旦一国发生金融风险，将通过多种途径迅速波及全球，2007年源于美国的次贷危机波及世界并引发全球经济危机正说明了这一点。因此，金融创新和金融风险既对立又统一，这是金融发展的辩证法。只有遵循这一辩证法，一方面适时加快推进金融创新，另一方面及时有效管控金融风险，实现金融创新与风险管控之间的动态平衡，才能确保金融可持续稳健发展，进而有效支持实体经济，造福社会大众。

威廉·戈兹曼在《千年金融史》中指出，金融是人类生存的必要工具，是促进经济增长的技术，同时也会改变人们的思维方式，让我们能够运用跨越时空的思维来看待复杂问题。新一轮产业革命在一定程度上源于世界主要经济体对经济过度货币化和金融化的反思，同时也为金融发展以及金融国际合作提供了新机遇，对其提出了新要求。一方面，随着发达国家制造业“逆向回流”与新兴市场国家制造业“高端跃升”，新一轮产业革命正在推动全球产业链布局发生结构性变化，而产业链全球布局与调整均离不开跨越时空的、新的金融解决方案。另一方面，经历2008年国际金融危机之后，世界上绝大多数国家达成全球共识，即全球性金融危机必须依靠全世界人民的力量、各国政府协调一致的行动来共同应对，实现世界经济可持续增长的责任必须由全球各国共同承担。因此，不论是单个金融机构的业务创新与风险管控，还是国家层面的金融发展与风险防控，抑或是区域层面的金融市场整合与危机应对，都离不开国际合作。

一是要通过加强国际合作，提升金融创新服务国际产业链重构升级的能力。在新一轮技术变革推动下，全球产业链重构必须实现商流、资金流、信息流等多流合一，这将不断增加对跨境金融、离岸金融的需求，对本外币结算、汇兑、跨境现金管理、衍生品、并购等方面的金融产品及服务需求进一步提高，对金融机构在与产能合作的投资项目、技术研发、重大装备国产化、兼并重组等方面的金融支撑能力提出更高要求。这都需要各国、各地区政策性、开发性与商业性金融机构，世界银行等传统多边金融机构，亚投行、金砖银行等新兴多边开发性金融机构，各安其位、各司其职，形成各有侧重、互为补充的金融服务网络。同时，需要利用好云计算、大数据、人工智能等先进技术，创新产业链金融模式和产品，有效整合产业链上下游资源，推进产业和金融深度融合，为全球产业链生态重构优化注入新“活水”。

二是要通过加强国际合作，共同防范化解金融风险。当前，全球经济金融仍未完全走出国际金融危机的阴影，国际金融市场风险外溢仍在蔓延，贸易摩擦、地缘政治等潜在风险仍然频发，并且信息通信等新技术促进资本流通更快、更频繁、更畅通地跨越国界、跨越地区、跨越行业，更容易诱发金融过度深化并引发“非理性繁荣”和“金融泡沫”，加剧金融创新风险的混业性、隐蔽性和传染性。因此，各国要加强国际合作，积极探索跨境金融风险协防机制，加强对经济金融运行情况和金融风险分析研判，加强与相关方就金融业务、风险管理、技术标准等磋商，构建区域性、国际性金融风险预警系统，形成应对跨境风险和危机处置的国际合作机制，提高金融抗风险能力，营造健康稳定的国际金融市场环境。

三是要通过加强国际合作，推动国际经济金融新治理。科技无国界，金融也本无国界。新一轮技术变革正在改变着国际金融市场的运作模式，加速着国际金融资本流向与速度，也正在改变着传统的国际金融格局。在此背景下，以联合国和布雷顿森林体系为主导的旧国际治理架构越来越有失公允，越来越力不从心。各国政府及国际组织必须推陈出新，破除业已过时的观念和执念，把握新一轮经济全球化的新规律，制定共商、共建、共享的国际经济金融新规则，构建更加公平、公正、开放的国际经济金融新体系，从而提高全球经济治理的公平性和有效性，促进全球化朝着更加包容互惠、公正合理的方向发展，让它更好地惠及每个国家、每个民族、每个地区。

亚洲金融合作协会理事长
中国建设银行董事长 田国立

2019 年 4 月 8 日

序二

回顾人类历史进程，每一次重大产业革命都源自技术进步，每一次经济增长长波都伴随着一次技术革命。18 世纪 80 年代，以蒸汽机为主的动力技术在工业生产中的广泛应用，实现了大机器生产代替手工工场生产，世界迈入“工业时代”。19 世纪中期至 20 世纪初，电力取代蒸汽机成为工业生产中的主要能源和动力，推动了通信行业、汽车和航空工业、钢铁、石油、橡胶、精密仪器和化学工业快速发展，带动了世界经济增长第二次和第三次长波。20 世纪 40 年代，以原子能、航天技术、电子计算机、空间技术和生物工程等技术的发明与应用为标志，引发了以知识密集型产业为主的第三次产业革命，并带动了世界经济增长第四次长波。

正视当下，世界经济增长乏力，第三次技术革命所带来的经济增长动力日趋耗竭，各国、各地区正争相突破最前沿核心技术，角逐战略新兴产业制高点，致力于通过新一轮技术变革实现新一轮经济增长。2019 年 1 月 16 日，世界经济论坛执行主席施瓦布在美国《外交》杂志上撰文称，“人类已经进入第四次工业革命时代”。理论上，我们应该有理由预测，在新一轮工业革命推动下，世界经济能够结束低位徘徊转而盘整复苏。但是，前不久，国际货币基金组织和世界银行先后下调了对 2019 年和 2020 年全球经济增长的预期。布鲁金斯学会发表的 2019 年世界经济难题中，也将全球生产率增长为何放缓列入其中，并质疑其原因在于，世界各国创新影响力不足或最新科技扩散、转化、运用仍需一定时间。

“工业革命不得不等候金融革命”，这是英国著名经济学家约翰 · 希克斯提出的著名论断。后来，这一观点得到许多主流经济学家的认同，即工业革命都要以金融革命为基础。其中，经济学家皮特 · 罗素将此现象定义为“金融引导”，将经济加速成长归因于金融体系的深化。卡洛塔 · 佩雷斯在《技术革命与金融资本》中也认为，重大创新的扩散必定是个投资问题，新技术如无金融燃料就不能作为推动经济的引擎。从历史来看，无论是工业革命、电气革命，还是后来的信息革命，金融革命均功不可没。因此，新一轮技术变革要真正且充分地转化为现实生产力并最终推动新一轮经济增长长波，必须通过新一轮金融革命为其提供资本动能和市场基础。

其一，金融本身是一种技术，是促进经济增长的强有力工具。布莱恩 · 阿瑟在《技术的本质》中提出，“经济是其技术的一种表达，并随着这些技术的进化而进化”。也就是说，包括生产工具、制度安排、方法手段、生产过程和组织系统在内的广义技术“供给”，构建了经济这一有机体的“骨架”，商业决策以及随之产生的物流、服务流和资金流，则构成了经济体的“神经”和“血液”。从这个角度来说，金融是构建当前新经济体“骨架”的一块关键骨骼，是组建新经济体“神经系统”的一个关键神经元，也为经济体的永生不息注入“新鲜血液”。也正如罗伯特·席勒在《金融与好的社会》中所说，金融是一个强有力的工具，其有能力为我们积累资本金、汇集信息、促使人们协同工作，并给人们的工作提供动力。

其二，金融是一台时空机器，其跨越时空配置资源的能力能够加速产业革命的爆发。从时间来看，所有新兴基础技术从研发到反复调试，从投入使用到现实生产力转化，从配套设备研发到生产流程再造，从新市场发现到经济结构调整，都需要几十年甚至更长的时间。金融工具可以让我们跨越时间限制，对时间这一“原材料”进行深加工并定价，最终通过金融产品将未来转化成完全不同的时间价值，从而创造出不同的未来财富格局。正如威廉·戈兹曼所说，“金融技术就像我们建造的时光机器……它拓展了我们想象和计算未来的能力，然后塑造了一个关于可量化、可交易的时间维度，让我们人类越来越变成时间的生物。”从空间来看，每次技术革命都爆发于一个特定领域或特定国家，然后向外围逐渐扩散，最终发展成为世界性现象。而金融可以超越空间限制，引导资金集聚到某一产业、某一城市或某一国家，从而突破资金约束，加快新技术找到生存土壤，落地生根并开枝散叶。尤其是当前，高新技术属于高度知识密集型，其前期研发、项目投产、转化运用等各环节都需要巨额资金，并且其升级迭代快速，需要大量资金跨越时间、跨越地区、跨越行业、跨越类别、跨越线上/线下的快速集聚和有效配置，而这也只有借助现代金融工具和金融市场的力量才能够实现。

其三，金融创新是已有技术元素的重新排列组合，其指数级增长能够引发颠覆性的产业革命。熊彼特曾指出，源于由设备、方法、实践构成的技术族群（包括金融）这一整体的重新组合产生了“生产方式的新组合”，从而打破了经济内部原有的平衡，商品和服务的经济方式、产业结构以及制度安排都随之发生改变。当前，借助区块链、人工智能、大数据等新技术，金融创新能够彻底或细微地改变资源配置“组合”逻辑，将资金引导并配置到急需且效率最高的生产环节或产业，并指数级引导经济中的价格变化和结构调整在各行各业延伸，从而或快或慢地促进传统产业链和价值链转型升级，或多或少地催生出新工艺、新技术和新产业，或重或轻地打破原有产业结构平衡，最终触发颠覆性的产业革命。

其四，金融可以提供一种“风险共担”机制，降低新技术转化运用所面临的不确定性。每一次技术变革都蕴藏着前所未有的巨大财富潜力，同时也蕴藏着史无前例的风险隐患。而金融是一门专门经营风险的生意，不仅可以让资金流动突破时空限制，也可以让风险承受能力突破时空限制，最有效地实现跨区域、跨时间、大规模的风险共担，从而赋予个体、企业和社会更大能量，拓展人类经济活动的能力和领域。例如：保险可以让社会分担、分散个体所面临的风险，增强人类改造自然的能力；股票可以让更多人利益共享、风险共担，其在400多年前就助力荷兰成为世界上最强大的海上帝国；风险投资、创业投资等金融工具可以让企业分担创业创新风险；金融衍生品自出现以来，擅长进行资本市场风险对冲，并已成长为重要的金融风险管理工具。

其五，金融是一种综合解决方案，可以系统性地解决新一轮技术革命不同阶段所出现的新问题。布莱恩·阿瑟曾指出，“每一个以新技术形式体现的解决方案，都会带来新的问题，这些问题又迫切需要进一步得到解决”。卡洛塔·佩雷丝曾强调，在每次技术革命过程中，金融资本都始终扮演着关键的角色，即在技术革命的“爆发阶段”，金融资本与其处于“恋爱时期”；在“狂热阶段”，金融资本与生产资本分化并迎来“泡沫时期”，可能加剧“技术—经济”领域和“社会—制度”领域之间的矛盾；经历“泡沫”崩溃和衰退的转折点之后，进入“协同阶段”，金融资本与生产资本再度耦合并迎来“黄金时代”，并与技术革命进入“愉快婚姻”；进入“成熟阶段”之后，金融资本再次陷入困境，并催生下一场技术革命。可见，在技术革命的不同阶段，金融资本的进入方式和作用并非一成不变，要根据不同新兴技术、不同新兴产业以及传统产业转型升级的不同阶段，灵活运用现代金融工具，在金融资本和技术革命之间实现“正和”游戏，强化生产资本在整个经济中的作用，从而支撑真实的经济增长进程。

其六，金融可以传递信用理念，并传承合作基因。金融是为未来时间进行定价的行为。这一特殊性质决定了，金融从产生伊始就和信用相伴相生。各国、各地区受各自金融基因的影响，形成了不同的信用体系和金融制度，并沿袭“路径依赖”，不断“历史沉淀”。而金融合作可以通过“自下而上”的力量突破国家之间金融制度、路径依赖、金融文化等方面的固有藩篱，尤其是可以借助区块链、大数据等新技术，减少信息不对称，降低跨境金融交易成本。正如罗伯特·席勒所说，金融有充足的潜力为我们塑造一个更加公平、公正的世界，为工业化国家和发展中国家都带来同样的繁荣和自由……只有各国共同努力、通力合作，金融才能创造持久的价值，并成为帮助我们实现美好社会的最佳手段。

“察势者智，驭势者赢。”基于上述背景，产业金融概念及其实践探索与理论研究方兴未艾，相关国际合作需求与日俱增。2018年11月1日，亚洲金融合作协会成立了产业金融合作委员会，旨在为产业金融及其国际合作搭建平台，建立常态化工作机制，推动新一轮技术变革和产业革命背景下产业金融高质量发展与国际合作，并以出版发行《全球产业金融观察报告》为抓手，聚焦全球产业金融热点、重点和难点，推介亚洲境内外最佳实践，探讨促进区域乃至世界实体经济发展的金融解决方案。

时任亚洲金融合作协会秘书长 杨再平

2019 年 3 月 15 日

序三

金融作为经济的血脉，在每一次技术革命中都发挥了引领资源和要素汇聚新兴产业、带动传统产业转型升级的关键性作用。人类历史上的几次工业革命促进了产业和资本融合，尤其是第三次工业革命催生了产业金融，近几十年，金融和产业相互融合，促进发展，产业金融成为主要经济体产业升级、经济发展的助推器，金融创新和发展成为技术革命、产业升级不可或缺的重要动能。

当前全球正在经历新一轮技术变革。达沃斯论坛创始人克劳斯·施瓦布在《第四次工业革命：转型的力量》一书中提到，第四次技术革命将数字技术、物理技术、生物技术有机融合在一起，可植入技术、数字化身份、物联网、3D 打印、无人驾驶、人工智能、机器人、区块链、大数据和智慧城市等技术变革对社会有着深刻的影响。这是对世界科技创新引发新一轮产业变革的深刻洞察。新形势下，新技术催生新产业、新模式、新业态，客观上要求金融业以新思维、新工具、新方法，以高效的金融市场、合理的金融结构、健全的金融功能、创新的金融产品、积极的产业金融政策，为本轮技术变革和产业升级提供燃料和动力。

与前几次技术革命爆发于一个特别的国家或地区不同的是，第四次技术革命是全球性的，无论是发达国家还是新兴市场国家，都在积极参与全球产业链、价值链的重新布局。全球产业链结构性变化更加突出，发达国家制造业“逆向回流”与新兴市场国家制造业“高端跃升”并存趋势明显，世界各国在产业链和价值链的分工合作变得更加紧密和复杂。全球产业链合作要求金融领域也要建立国际协调合作新机制。亚洲作为全球经济最具发展活力和潜力的地区，如何把握机遇、迎接挑战，离不开跨区域的、新的金融解决方案，离不开区域金融合作和国际金融治理，金融合作也是稳健金融体系重要的黏合剂。

第一，要搭建产业金融国际交流与合作平台，建立有效的信息交流机制，加强金融与产业的良性互动。在新一轮产业革命和技术变革推动下，全球产业链、价值链正在经历重构，宜顺应这一变化趋势，促进亚洲区内外金融机构、实体企业以及其他相关机构之间的信息、思想、人员等交流，提升多边和双边投融资机制创新，推进“一带一路”新型国际模式下的产能合作和产融合作，促进区域产业升级和金融稳定。

第二，要推动区域相关产业发展原则或标准的制定，促进完善相关配套政策和制度环境。产业转型升级离不开产业政策、货币政策、财政政策、贸易政策等一系列配套政策的支持保障。可通过多种方式，加强交流互通，引导、协助、推动相关产业政策和法律法规不断优化完善，建立符合时代要求的政策环境和产业体系。

第三，加强各类金融机构交流合作，推动构建适应新兴产业发展的多层次、多元化的产业金融支持体系。新兴产业企业在培育、发展、升级等生命周期的不同阶段需要不同类型的金融支持。银行、证券、保险、期货、信托、基金等各类金融机构可发挥各自比较优势，提供多元化的金融产品来满足不同发展阶段、不同规模大小的实体企业需求。同时，促进各类金融机构交流互助，利用互联网、大数据、云计算、区块链等思维和技术，丰富金融服务场景，创新金融服务模式，提升产品供给度、场景适应度和服务融合度，满足新兴产业差异化、个性化的金融服务需求。

第四，推动探索建立适应金融创新的风险管理模式，在鼓励创新与有效防控风险之间寻求动态平衡。在新一轮科技革命背景下，金融科技在有效提升金融运行效率与降低交易成本的同时，也增加了新的信息技术风险和科技安全风险。要建立健全国内国际金融信息共享机制，提高金融风险识别、预警、管理、处置能力，在多方信息共享和监督下，促进形成新的风险管控和金融监管模式，从而降低金融创新的风险发生概率，有效应对由于科技发展和创新而产生的金融风险新挑战。

亚洲金融合作协会产业金融合作委员会第一届主任
中国建设银行副行长

2019 年 3 月 28 日

摘要

科学技术是第一生产力。随着第三次技术革命带来的经济增长动力逐渐耗竭，以人工智能、清洁能源、机器人、云计算、物联网以及生物技术为主的新技术革命方兴未艾，产业升级与经济新旧动能转换势不可当。无论是发达国家还是新兴市场国家都铆足干劲，积极投入第四次技术革命浪潮，高度重视发挥产业政策在第四次技术革命中的重要引领作用，根据本国的国情特点制定战略规划和产业政策，加大财政、货币、贸易政策配套支持，以制造业为核心培育经济增长新动能，全面激发企业、产业的活力和潜能，建立综合的工业系统和生产能力，争取在新一轮产业革命赛跑中、在国际产业链重构中占据优势地位，获得更大的国际贸易比较利益。

前三次技术革命的历史经验证明，每一轮技术革命都会催生出一场产业革命，而金融作为现代经济的核心，是引领资源和要素汇聚新兴产业、带动传统产业转型升级的关键力量。推动储蓄向投资转化、鼓励技术创新及创新成果产业化与产业发展相互渗透、相辅相成。毫无疑问，强大的金融功能是一国实现快速的技术进步、产业转型升级的前提条件。由于传统文化、制度、社会治理不同，支持产业发展的金融体系千差万别，但是从全球范围来看，主要有两种基本模式：一是以美、英为代表的市场主导型金融支持体系；二是以德、日、韩为代表的银行主导型金融体系。这两种体系各有利弊，在特定的土壤、环境下都能很好地支持产业发展。实际上，在一个产业从萌芽、兴起、发展、成熟的全生命周期中，离不开多元化、多层次的金融支持，两种基本金融模式也在不断地优化、变革、扬长避短，直接融资与间接融资出现更多的融合发展趋势。因此，在第四次技术革命和新兴产业逐渐发展壮大的新时期，有必要温故而知新，客观总结历史经验，探索重大理论前沿问题，研究如何建立与第四次技术革命相适应的金融支持体系，以便为政府决策者、金融机构提供新的思路和科学的决策依据，为推动产业升级、全球产业链重构作出贡献。

本报告主要围绕六大问题进行分析和研究：第一，技术革命与产业升级之间的内在逻辑；第二，各国在推动第四次技术革命和产业升级中的政策与实践；第三，技术革命所需与之相适应的金融支持模式；第四，以“双创”和“互联网＋”积极参与第四次技术革命的中国道路；第五，产业链金融如何推动全球产业链重构升级；第六，如何将“一带一路”打造成为共同实现产业升级的国际合作新平台。

本报告以历史唯物主义作为指导思想，理论与实际相结合，辩证分析，思考问题。通过收集和整理大量文献，梳理前三次技术革命中产业与金融之间的互动关系，建立起金融体系支持产业变革的理论框架。重点剖析中国在拥抱第四次技术革命期间的政策“组合拳”，以及制度改革和金融创新，提供值得学习借鉴的“中国方案”与“中国智慧”。理性分析全球产业链升级所带来的机遇与挑战，探索服务“全球化 4.0”的综合性金融解决方案，以启发全球化、系统性的金融思维模式。

通过深入细致的研究，本报告提出了以下核心结论与建议。第一，以人工智能、机器人、虚拟现实等技术为代表的第四次技术革命正在引发新一轮的产业变革。第二，金融作为产业经济的血脉，是产业政策得以成功实施的重要保证。产业在生命周期的不同阶段需要不同的金融支持，为此各国需要建立起多层次、多元化的产业金融机构和市场体系，服务企业发展的各个阶段，并辅以配套的政策制度环境。然而各国的国情和资源禀赋的优势不同，政策模式及其政策工具的选择、政策机制的设计，都会受制于特定时期的内外环境、体制基础和技术支撑。因此，应该尊重和学习各国的实践经验，探索适合本国产业升级和发展的模式。第三，在信息技术的推动下，世界各国经济的紧密程度前所未有地增强，形成了一条细化到每一个生产流程、生产环节的全球产业链。产业链金融应产业链管理的需求而生，并不断创新发展，为国际分工网络提供综合金融解决方案。新一轮科技革命和全球政治经济面临的新变化，正在为全球产业链带来新的结构性变化，呼唤产业链金融与金融科技相融合，加快创新发展，为新一轮产业变革提供更有力的支撑。第四，各国应顺应全球产业链的变化趋势，根据本国的优势和发展潜力，主动作为。充分发挥“一带一路”全球治理新机制、国际产能合作新平台的作用，制定和实施有利于经济全球化的政策，重点是产业政策和贸易政策，消除阻碍产业升级和全球价值链重构的制度和机制，加速产业升级和金融稳健发展。

Abstract

Science and technology are the primary productive forces. The economic momentum brought by the third technological revolution is gradually fading away. The new technological revolution, represented by AI, clean energy, robots, cloud computing, the Internet of Things and biotechnology, is just unfolding, making industrial upgrading and the shift of old growth drivers to new ones unstoppable trends. Both developed and emerging market economies actively participate in the fourth technological revolution. They attach high importance to the crucial leading role of industrial policies along the process, formulate strategic plan and industrial policies according to their national conditions, and improve fiscal, monetary and trade policies to support it. In the meanwhile, both developed and emerging market economies are devoting to foster new driving forces for economic growth with the manufacturing industry at the core, so as to fully stimulate the potential of enterprises and industries to establish a comprehensive industrial system and to improve production capacity, trying to get the upper hand in the new round of industrial revolution and the readjustment of the global industry chain and gaining more comparative advantages in international trade.

Experience from the first three technological revolutions has proven that each technological revolution would generate an industrial revolution. Finance, as the core of modern economy, is the key to integrate resources and elements to develop emerging industries and driving the transformation and upgrading of traditional industries. Finance takes an indispensable role in converting savings into investments, encouraging technological innovations and its industrialization, so as to promote industrial development. Undoubtedly, strong financial functions of a country are the prerequisites for rapid technological development and industrial transformation and upgrading. However, due to differences in traditional culture, political system and social administration, the financial system adopted to support industrial development varies greatly in different countries. Globally speaking, there are mainly two types of financial systems: first, the market – oriented financial system represented by the United States and the UK; second, the bank – oriented financial system represented by Germany, Japan and South Korea. The two both have their advantages and shortcomings, while under specific environment, could fortify industrial development. In fact, diversified and multi – level financial support is essential throughout the life cycle of an industry, including sprout, growth, development, and maturity. The two kinds of basic financial systems are undergoing constant upgrading, reform and amelioration, integrated development between direct and indirect financing has been noticed. Therefore, in this new era, when the fourth technological revolution and emerging industries are gathering momentum, we need to "acquire new knowledge whilst thinking over the old", recapitulating our past experience in an objective manner, exploring the frontier issues of major theories, studying the way to set up a financial system matching the fourth technological revolution, so as to provide policymakers and financial institutions with new thinking and sound basis for decision – making and make contribution to industrial upgrading and the readjustment of the global industry chain.

The report conducts studies and analyses around six major problems: first, the internal logic between technological revolution and industrial upgrading; second, policies and practices each country made to boost the fourth technological revolution and industrial upgrading; third, the financial system needed for the fourth technological revolution; fourth, "mass entrepreneurship and innovation" and "Internet +", a Chinese way to actively participate in the fourth technological revolution; fifth, how industry chain finance promotes the readjustment and upgrading of the global industry chain; sixth, how to forge the "Belt and Road Initiative" into a new international cooperation platform for industrial upgrading.

The report takes historical materialism as its guiding ideology, integrating theory with practice, and adopts dialectical analysis to ponder questions. After collecting and organizing copious documents, the relation between industries and finance in the first three technological revolutions was teased out, and a theoretical framework on financial system supporting industrial revolution was established. The report expounds on China's combination of policies, institutional reform and financial innovations during its engagement in the fourth technological revolution, as well as the "Chinese solutions" and "Chinese Wisdom" that are worth sharing. It also gives rational analyses on the opportunities and challenges encountered by the upgrading of the global industry chain, explores a comprehensive financial solution to serve the "Globalization 4.0" and enlightens a globalized and systematic way of financial thinking.

Through in – depth and meticulous analysis, the report proposes the following core conclusions and suggestions. First, the fourth technological revolution, represented by technologies like AI, robots and VR, is now triggering a new round of industrial revolution. Second, finance, as the artery of the industrial economy, is the important guarantee for the successful implementation of industrial policies. Industries call for different financial support at different stages of their life cycle. Hence, countries should form multi – level and diversified industrial financial institution and market system to serve the various stages of enterprise development, supplementing with favorable policy – making environment. Nevertheless, countries have different national conditions and advantages in resource endowment, making the choice of policy model and instrument and the design of policy mechanism all subject to their internal and external environment of a particular period, system fundamentals and technical support. Thus, we should show respect for and learn from different countries' practices and experience and seek for an industrial upgrading and development model with national characteristics. Third, fueled by information technology, countries around the world are now unprecedentedly interconnected in economy, forming a global industry chain that is refined to different production processes and links. Industry chain finance is created to meet the needs of industry chain management, and is constantly being innovated to proffer comprehensive financial solutions for the network of international division of labor. The new round of technological revolution and new changes in the global economy and politics are producing new structural changes in the global industry chain, calling for the integration of industry chain finance and Fintech and speeding up innovations to provide even stronger support for the new round of industrial revolution. Fourth, countries should act in accordance to the changes of the global industry chain, and respond actively on grounds of their own advantages and development potential. They should make full use of the new "Belt and Road" mechanism for global governance and the new platform for international production capacity cooperation, formulate and implement policies that are conducive to economic globalization, especially industrial and trade policies, remove the system and mechanism that hinder industrial upgrading and the readjustment of the global value chain, so as to accelerate industrial upgrading and maintain steady and healthy development of finance.

目录

第1章

第四次技术革命推动产业升级

1925 年，康德拉季耶夫提出了经济周期理论，他认为世界经济增长存在着一个50～60 年的周期波动。一个周期的前 25～30 年是新技术出现的主要阶段，在此期间人们投资热情高涨，也带动了经济的快速增长，整体处于繁荣阶段。之后，新技术带来的增长动力逐渐消失，企业在激烈的竞争中出现生产能力过剩和利润不断萎缩的现象，这就导致整个经济出现衰退和萧条，而另一轮新的技术革命也开始在这一阶段孕育萌芽。当新技术大规模出现时，投资浪潮出现，新一轮的经济周期也将开始。历史研究表明，每一次经济长波都伴随着一次技术革命。第一次经济长波伴随着第一次技术革命，第二、第三次经济长波伴随着第二次技术革命，第四次经济长波伴随着第三次技术革命。步入 21 世纪以来，全球范围内的生产率增速持续下降，特别是 2008 年国际金融危机爆发后，一些国家的全要素生产率甚至出现了负增长，这就意味着第三次技术革命所带来的经济增长动力已经逐渐耗竭。与此同时，以人工智能、清洁能源、机器人技术、量子信息技术、虚拟现实以及生物技术为主的全新技术正在不断成熟，各国都想抓住这次技术革命的机会，寻找促进经济增长的新动能、新出路，竞相布局以重振制造业为核心的“再工业化”战略。第四次技术革命蓄势待发，金融作为现代经济的核心，在每一次的技术革命中都是合理配置社会资源、带动产业转型升级成功的关键因素，而新技术的出现也会对一个国家的金融制度产生深刻的变革。为此，本章将会对前三次技术革命中部分国家的产业转型升级与金融制度的互动关系进行回顾，并对世界各主要国家在第四次技术浪潮中的产业政策进行简要梳理。

1.1 前三次技术革命回顾

1.1.1 第一次技术革命

第一次技术革命（又称“产业革命”“蒸汽技术革命”）开始于 18 世纪 80 年代的英国，随后席卷欧洲大陆和美国。此次技术革命的特征是蒸汽机作为动力被广泛应用于工业生产，实现了大机器生产代替手工工场生产。

蒸汽机在棉纺织业的使用，帮助英国获得了棉纺织品的垄断地位，1792—1850 年，英国每间纺织厂的平均生产率提高了 13 倍，棉布产量占全世界棉布产量的一半以上。煤炭和生铁产业也因为蒸汽机的出现而成为铁路时代的动力工业，与此同时，蒸汽机在抽水泵的应用和铁路的出现降低了煤炭的生产及运输成本，反过来又促进了英国煤炭产业的发展。据统计，英国在1770—1850年的煤炭产量从600万吨增加到4950万吨，占到全球总产量的2/3。第一次技术革命后，英国成功建立起了纺织业、冶金业、煤炭业、交通运输业和机器制造业，其中纺织业、冶金业和煤炭业被称为英国的三大支柱产业。

大机器生产和工厂管理制度极大地提高了英国的劳动生产率，急剧增加的工业产品在满足国内市场需求的同时，也促使英国积极寻求海外贸易、输出剩余产品。此外，其他国家陆续开始的工业革命和殖民地的扩张也增加了世界各国对英国工业产品的需求。据统计，英国在1820年的对外贸易占全世界对外贸易的18%，1840年这一比重上升至21%，成为名副其实的“世界工厂”。

卡洛塔·佩雷斯认为“每次技术革命都需要大量的转移投资，金融资本在其中的作用至关重要”。工业革命前，英国的资本原始积累和初步形成的金融体系为这次技术革命准备了大量的资金。在第一次技术革命的早期，大部分工业企业都是依靠自有资金和利润的再投资维持生产。随后，英国的银行网络和证券市场则发挥了重要的作用。其中，银行网络由英格兰银行、伦敦城内的私人银行和伦敦城外的地方银行共同组成，这些银行通过贴现票据和发放短期贷款来为工业企业提供短期资金，缓和了工业地区历来存在的资金短缺问题。与此同时，证券市场也为工业企业提供了通过发放短期企业债券进行筹资的渠道。正是得益于此，19世纪40年代，英国完成了第一次技术革命，成为当时世界上最强大的工业国家。

1.1.2 第二次技术革命

第二次技术革命（又称“电力技术革命”）发生在19世纪中期至20世纪初。在这次技术革命中，电力取代蒸汽动力在工业生产中占据统治地位，人类进入“电气时代”。同前一次技术革命有所不同，第二次技术革命是在近代科学理论的指导下发展起来的。电学理论的进步和交流电动机的发明为工业和社会生产提供了能源和动力，同时还促进了通信行业的兴起；内燃机的创造发明，推动了汽车和航空工业的产生；交通运输业的兴起和炼钢技术的进步又推进了钢铁、石油、橡胶、精密仪表和化学工业的快速发展。

第二次技术革命最先发端于英国，但是却被德国和美国后来者居上，这是因为在这次技术革命期间兴起的工业都属于资本密集的大型重工业，需要大规模的资金投入才能得到发展。英国作为国际金融中心，其巨额资本都投资于国外，对国内投资造成了大幅度的挤压。据统计，1865—1914年，英国对外投资占投资总额的70%，对内投资只占30%，所以英国在海外金融业的霸主地位实际上抑制其在国内工业生产上的投入。① 相反，德国和美国则分别是依靠综合银行和资本市场筹集资金投入到工业的大规模生产。

一、德国

德国在19世纪70年代成立了一些综合银行，其主要业务就是为资本密集型工业提

① 托马斯·K. 麦格劳. 现代资本主义：三次工业革命中的成功者［M］. 南京：江苏人民出版社，1999.

供资金支持，除了向它们发放贷款外，还会帮助这些企业通过发行股票和债券进行直接融资，其中最具代表性的综合银行就是在1870年成立的德意志银行。德意志银行在1879年帮助克虏伯钢铁公司包销了2250万马克的债券；1886年又对巴斯夫公司的股票进行了包销；19世纪90年代末还协助西门子公司完成了股份制改革。同时，为了降低包销风险，德意志银行与其他银行展开合作，组成银行团体来对公司的股票和债券进行包销。因为工业企业的主要经营资金来源于银行，所以在工业革命期间，德国的银行部门与工业部门之间形成了相互渗透、相互影响的密切关系。比如，银行通常会派遣银行员工进入企业的监管董事会，参与工业的战略性决策工作和对未来投资进行评估与认定。

在银行体系的支持下，德国在第二次技术革命期间兴起的产业部门有深井采煤、新型炼钢厂、化工、电器产品以及重型工业机械和机床的生产，其中机械类产品是投资重点。

二、美国

与德国以银行体系为主导的融资方式不同，美国在第二次技术革命期间主要依靠的是股份公司在资本市场上的直接融资模式。第二次技术革命期间，钢铁、电力、石油、汽车、航空和化工等重工业不断兴起，对巨额资金产生了极大的需求，然而美国的银行业权力分散、规模较小，无法为重工业的发展提供足够的资金支持，因此，股份制公司纷纷成立，开始通过资本市场来筹集资金。以华尔街为代表的美国资本市场依托重工业发展起来，而美国的重工业则又通过资本市场进一步发展壮大。二者之间的良性互动不仅帮助美国在短期之内完成第二次技术革命成为重工业强国，还帮助纽约取代伦敦成为世界第一大金融中心。除此之外，美国对企业家精神和科技研究的鼓励以及通过采取保护性关税政策来促进商业资本转向工业资本等一系列举措，都为美国成功完成第二次技术革命起到了不可磨灭的作用。

1.1.3 第三次技术革命

第三次技术革命开始于20世纪40年代，它是以原子能、航天技术、电子计算机、空间技术和生物工程的发明和应用为主要标志，涉及信息技术、新能源技术、新材料技术、生物技术、空间技术和海洋技术等领域的一场信息控制技术革命。由此可知，在第三次技术革命中兴起的产业主要以知识密集型产业为主。

一、美国

在第二次世界大战期间，美国因为优越的地理位置免遭炮火的蹂躏，甚至成为其他国家的“军工厂”，攫取了大量的财富。同时，欧洲许多科学家也在此期间移民美国，成为美国军工科技研发的支柱。这些都成为第三次科技革命首先发生在美国的原因。随后，科技革命的浪潮席卷至东亚的部分国家，如日本、韩国等，促进了这些国家的经济崛起。

第二次世界大战期间，美国研发的原子弹爆炸成功，宣告了“原子时代”来临，这为美国将核能应用于工业、农业、医学和科技领域开辟了广阔前景。第二次世界大战结束后，美国与苏联之间的冷战推动了美国“阿波罗计划”的成功实施，从此美国的航空与宇宙技术得到了巨大发展。1945 年，美国成功发明了世界上第一台计算机，电子计算机的发明和使用帮助工厂实现了生产自动化，极大地提高了劳动生产率。同时，电子计算机与通信卫星的综合使用，也推动了信息产业的兴起，促使人类步入了“信息时代”。

由于第三次技术革命中兴起的产业均为知识密集型产业，因此建立适当的科技体制十分关键。美国在第三次技术革命的初期实行的是政府直接干预的科技体制。由于一些科技项目投资周期长、风险大、耗资巨大，所以政府成为投资科学研究和发展的主力军。据统计，1980 年以前，美国联邦政府的研发投入占比均高于企业部门的研发投入占比。由此可见，政府干预的科技体制和巨额的科研投资经费是美国新兴技术革命兴起的重要保障。之后，美国开始鼓励企业增加研发创新的投入。因为高新技术产业的研发成本高、风险大，为了解决这些企业的融资瓶颈，降低企业的风险，风险投资机制成为美国发展高新科技产业的重要融资机制。[①] 早在 1958 年，美国就颁布了《中小企业投资法》，从法律上确定了风险投资制度；1971 年，纳斯达克股票交易市场正式成立，该股票市场为高科技企业提供了广阔的融资平台；1993 年，克林顿总统发表政策声明《技术为经济增长服务：建设经济实力的新方针》，旨在营造一个有利于企业研发创新和竞争的商业环境；美国在 1996 年颁布了《公众风险投资基本法》，允许高科技产业组建共同基金，向社会公开募集资金。在完善的科技体制和研发投资体制之下，美国的信息技术、新能源技术、新材料技术、生物技术、空间技术和海洋技术均走在世界前列。

二、日本

第二次世界大战结束后，日本为了振兴国内经济，确立了发展科技的战略目标。1949 年，日本发布《技术白皮书》，指出要“把振兴科技作为国家政策的主要轴心之一”。从此，日本走上了一条引进、吸收、创新科技的发展之路。在科技革命的初期，日本主要实施的是“技术引进—消化—模仿—改进—创新”这一模式，这使日本在短时间内缩短了与技术发达国家之间的差距。据统计，日本在 1950—1975 年共引进国外先进技术 25777 项。然而，随着技术先进国家加大了对技术外流的控制，日本逐渐增强了发展基础研究能力的意识，所以在 20 世纪 80 年代，日本提出了“科技立国”的基本国策。

同时，日本还是全世界第一个由政府明确制定产业政策的国家。1957 年日本制定了《电子工业振兴临时措施法》以扶持电子工业。20 世纪 70 年代，日本加大了对知识密

① 邱询旻，程楠．美国、日本、印度提升信息产业竞争力的有效机制［J］．贵州财经大学学报，2009（5）：88－94.

集型产业的扶持力度，其中主要包括对集成电路、电子计算机等产业的扶持。20 世纪 80 年代，日本则致力于对尖端技术产业的发展，1986 年日本内阁会议通过了“科学技术政策大纲”，规定了 7 个重点开发的领头科技领域：物质材料科技、信息电子技术、生命科学技术、软件技术、宇宙科学技术、海洋科学技术和地球科学技术。① 1996 年，日本提出了《电子信息技术研究开发基本计划》和《21 世纪信息通讯技术研究开发基本计划》。1999 年，日本发布《关于推进并开拓未来信息科学技术的战略措施》，提出要从物质资源社会走向依靠信息资源的社会，要在信息技术领域培养研究、开发和应用方面的人才，加强研究开发体制，建立研究开发基础，开展国际合作。2000 年，日本 IT 战略本部提出了“E－Japan”（电子日本）战略，希望能提升日本整体的信息基础建设。②

为促进科技产业的发展，日本设立了《产业振兴融资制度》和《中小企业技术开发促进临时措施法》，要求银行对公司研发提供低息贷款并设立专项贷款。同时政府也为科技研发进行了投资，但在全国的研发投入中占比较少，主要依靠的还是民间投资。这样的投资模式使日本的技术研究具有很强的实用性，可以快速实现商品化。同时，政府还实行了鼓励中小企业科技研发的税收减免和财政补贴政策。

在此次技术革命中，日本虽然在很多科技研发能力上弱于美国，但是在科技应用方面，日本的竞争实力要强于美国。

三、韩国

20 世纪 50 年代，韩国还在贫困线上挣扎。然而在短短的 40 年之后，韩国通过工业化实现了经济迅速增长，建立起发达的电子产业，成为“亚洲四小龙”之一。韩国发展如此迅速，最根本的原因在于其抓住了新一轮世界产业调整的机遇，利用后发优势实施了出口导向型的工业化发展战略。③ 20 世纪 50 年代末，韩国开始发展轻工业，生产劳动密集型产品；70 年代，发布《重化工业宣言》，开始集中精力发展重工业；80 年代，重点扶持了汽车和电子工业等资本密集型产业的发展；90 年代，调整了工业发展目标，将注意力集中于知识密集型产业，确定了“调整产业结构，实现科技立国”的战略目标，同时还发布了《尖端技术开发基本计划》，该计划要求大力扶持发展十大领域的尖端科学技术，即信息产业技术、机电一体化技术、新材料技术、生命科学及生物工程技术、精细化工技术、新能源技术、航天和海洋工程技术、21 世纪交通系统、尖端医疗和环境保护技术、尖端基础材料技术。

为了在短时间内利用后发优势促进工业的发展，韩国政府建立起了“强人金融”制度，其特点就是该国全部的金融机构都牢牢掌握在政府手中。并且这一制度一直持续到

① 黄先荣．日本发展新兴技术及其产业所采取的措施［J］．现代日本经济，1992（4）：24－27.
② 李怡，罗勇．韩国工业化历程及其启示［J］．韩国研究论丛，2006：51－55.
③ 同②。

20世纪80年代初，贯穿了韩国经济起飞和工业化的全过程。在“强人金融”体制下，韩国政策金融主要由金融支持政策和金融稳定政策两部分组成。其中，金融支持政策主要由各类特殊银行和开发金融机构来执行，这些金融机构要根据经济发展战略和产业政策对工业企业进行有区别的资金支持。而金融支持政策的有效实施需要金融稳定政策密切配合，为此韩国通过提高存款利率、价格规制、抑制投机行为和外汇改革等金融稳定政策来确保满足该国经济发展所需的长期资金。①

1.2 第四次技术革命

第四次技术革命是以人工智能、清洁能源、机器人技术、量子信息技术、虚拟现实以及生物技术为主的全新技术革命，它以制造业数字化、网络化、智能化为核心，来实现对信息技术、生物技术、新材料技术和新能源技术的广泛渗透。

2013年3月4日，习近平总书记在全国政协科协、科技界委员联组会上发表重要讲话时指出，现在世界科技发展有这样几个趋势：一是移动互联网、智能终端、大数据、云计算、高端芯片等新一代信息技术发展将带动众多产业变革和创新；二是围绕新能源、气候变化、空间、海洋开发的技术创新更加密集；三是绿色经济、低碳技术等新兴产业蓬勃兴起；四是生命科学、生物技术带动形成庞大的健康、现代农业、生物能源、生物制造、环保等产业。这是对世界科技创新发展革命引发新一轮产业变革的深刻洞察。

2013年，德国在汉诺威工业博览会上提出了“工业4.0”（Industry 4.0）这一新概念。它描绘了未来制造业的愿景，提出继前三次技术革命后，人类将迎来以信息物理融合系统为基础，以生产定制化、数字化、网络化、机器自组织为标志的第四次技术革命。乌尔里希·森德勒在《工业4.0：即将来袭的第四次工业革命》这本书中提出了“工业4.0”的全景展望，认为“工业4.0”包含着三个层面的主题：智能工厂、智能生产和智能物流。其中智能工厂重点研究的是智能化生产系统和过程以及网络化分布式生产设施的实现；智能生产，主要涉及整个企业的生产物流管理、人机互动以及3D技术在工业生产过程中的应用；智能物流，主要是通过互联网、物联网、务联网整合物流资源，充分发挥现有物流资源供应方的效率，而需求方则能够快速获得服务匹配，得到物流支持。“智能工厂”将不会再制造统一、无差别的产品，而是在同一流水线上生产千万种个性化产品。“工业4.0”时代意味着，生产原料、智能工厂、物流配送和消费者全部被编织在一张大网里，消费者只要通过手机下单，网络就会自动将其对产品的个性化要求发送给智能工厂，智能工厂再去采购原料、设计并进行生产，最后通过智能配送直接交付给消费者。②

---

① 李晓．论韩国工业化进程中的政策金融［J］．世界经济，1996（4）：51－55．

② 河东．工业4.0时代的展望及我国的应对举措——读《工业4.0：即将来袭的第四次工业革命》［J］．中国高新区，2015（6）：164－166．

克劳斯·施瓦布在《第四次工业革命：转型的力量》中提到，第四次技术革命将数字技术、物理技术、生物技术有机融合在一起，可植入技术、数字化身份、物联网、3D打印、无人驾驶、人工智能、机器人、区块链、大数据和智慧城市等技术变革，对我们这个社会产生着深刻的影响。哈佛大学经济史学家尼尔·弗格森认为，第四次技术革命的独特之处在于，它的发展不再是以线性速度，而是呈几何级增长，它不仅将改变人类的行为方式，还将改变人类本身。

1.3 主要经济体的产业政策

2008年国际金融危机发生以后，世界经济格局发生深刻调整。改革创新成为各国化解挑战、谋求发展的方向。以信息技术为引领，信息技术、智能技术、制造技术、新材料技术、新能源技术、生物技术等交叉融合、深度渗透，带动以绿色、智能为特征的群体性技术突破，引发了全球新一轮的技术革命。

主要发达经济体以及新兴市场国家为了寻找促进经济增长的新动能、新出路，竞相布局以重振制造业为核心的“再工业化”战略。全球新一轮科技创新和产业革命呈现出“一主多翼”的重要特征，“一主”是制造业的数字化、网络化和智能化，IT互联网技术和制造领域的深度结合；“多翼”是其他学科技术不断出现，包括能源、生物、新材料，不同技术间产生协同和耦合效应。

部分发达国家和新兴市场国家近年来再工业化战略如表1-1和表1-2所示。

表1-1 部分发达国家近年来发布的再工业化战略

发布时间	战略名称	主要内容	战略目标
2011年	美国先进制造业伙伴关系计划	创造高品质制造业工作机会以及对新兴技术进行投资	提高美国制造业全球竞争力
2012年	美国先进制造业国家战略计划	围绕中小企业、劳动力、伙伴关系、联邦投资以及研发投资等提出五大目标和具体建议	促进美国先进制造业的发展
2013年	美国制造业创新网络计划	计划建设由45个制造创新中心和一个协调性网络组成全国性创新网络，专注研究3D打印等有潜在革命性影响的关键制造技术	将美国打造成世界先进技术和服务的区域中心，持续关注制造业技术创新，并将技术转化为面向市场的生产制造
2013年	德国工业4.0战略实施建议	建设一个网络：信息物理系统网络；研究两大主题：智能工厂和智能生产；实现三项集成：横向集成、纵向集成与端对端的集成；实施八项保障计划	通过信息网络与物理生产系统的融合来改变当前的工业生产与服务模式；使德国成为先进智能制造技术的创造者和供应者

续表

发布时间	战略名称	主要内容	战略目标
2014 年	日本制造业白皮书	重点发展机器人、下一代清洁能源汽车、再生医疗以及 3D 打印技术	重振国内制造业，复苏日本经济
2015 年	英国工业 2050	推进服务 + 再制造（以生产为中心的价值链）；致力于更快速、更敏锐地响应消费者需求，把握新的市场机遇，可持续发展，加大力度培养高素质劳动力	重振英国制造业，提升国际竞争力
2013 年	“新工业法国”战略	解决能源、数字革命和经济生活三大问题，确定 34 个优先发展的工业项目，如新一代高速列车、电动飞机、节能建筑、智能纺织等	通过创新重塑工业实力，使法国处于全球工业竞争力第一梯队

资料来源：《中国制造 2025 解读》白皮书。

表 1－2　　部分新兴市场国家近年来发布的再工业化战略

发布时间	战略名称	主要内容	战略目标
2015 年	中国制造 2025	确定未来要实行的五大工程和重点扶持的十大领域。其中，五大工程包括制造业创新建设工程、强化基础的工程、智能制造的工程、绿色制造工程和高端装备创新工程；十大领域包括信息技术产业、高档数控机床和机器人、航空航天装备、海洋工程装备以及高技术船舶、先进轨道交通装备、节能与新能源汽车、电力装备、农机装备、新材料、生物医药及高性能医疗器械等	成为制造业强国
2014 年	韩国的“制造业新增长动力”战略	重点发展能源与环境、新兴信息技术、生物产业等六大产业，以及太阳能电池、海洋生物燃料、绿色汽车等 22 个重点方向	促进制造业与信息技术（ICT）相融合，提升韩国制造业的竞争力
2013 年	俄罗斯发布《2018 年前信息技术产业发展规划》	创建创新研发中心、建设 IT 基础设施、提高 IT 程序员综合素质和减税	支持信息技术产业发展
2014 年	印度出台“制造业国家”战略	力争到 2022 年将制造业产值提高到 GDP 的 25% 以上	将印度打造为制造业大国
2018 年	巴西工业 4.0 计划	该计划将提供 86 亿雷亚尔的信贷给相关企业，并且将免去相关机器人的进口税	—

1.3.1　美国：“再工业化”战略

美国在国际金融危机后，推出“再工业化”战略，先后出台《重振美国制造业框架》(2009)、《2010制造业促进法案》、《先进制造业伙伴计划》(AMP,2011)、《先进制造业国家战略计划》(2012)、《美国创新战略:推动可持续增长和高质量就业》(2009)、《美国创新战略:确保我们的经济增长与繁荣》(2011)、《推进美国网络和信息技术研发法案》(2013)、《清洁能源制造业及出口补贴法案》、《美国创新战略》(2015)等,明确重点发展领域,产业领域重点发展先进制造业,技术领域重点发展高科技,并提出了实施先进制造业战略和科技创新的基本原则和目标。优先支持智能制造、新能源、信息、生物、航天、新材料等高端制造业、新兴产业,以保持在高端制造领域的研发领先、技术领先和制造领先。同时把大力发展工业互联网作为重要战略任务,力促信息技术与制造业的深度融合,以重振国家制造业体系。

1.3.2 欧盟:“欧洲2020”战略

在美国启动重振制造业的同时,欧盟及欧盟各国也制定并实施了重振工业或打造未来工业的政策。2010年,欧盟提出“欧洲2020”战略,其中包括三大重点发展方向:一是发展以知识和创新为主的智能经济;二是提高能源使用效率,实现可持续发展;三是提高就业水平。其中,“发展智能经济”体现了欧盟进行再工业化的决心。在公布2020战略后,欧盟制定了全球化时代的统一工业政策,内容涉及改善产业环境、强化统一市场、新工业创新政策、国际资本化、促进工业现代化五方面,确定了未来工业政策的基本框架。2012年10月,欧盟发布《指向增长与经济复苏的更强大的欧洲工业》(以下简称“新工业政策”),提出要大幅增加对新技术和创新的投入,进一步完善工业研发与创新体系,优先发展清洁生产的先进制造技术、关键使能技术(Key Enabling Technologies,KETs)、生物基础产品、可持续产业政策与建筑原材料、清洁车辆和智能电网等六大技术和产业,明确设定了“再工业化”战略的目标,即到2020年将工业占欧盟国内生产总值的比重由当时的15.6%提高到20%;2013年12月11日批准实施“地平线2020”(“Horizon 2020”,2014—2020)科研计划,预计耗资770亿欧元,规划几乎囊括欧盟所有科研项目,其主要目的是整合欧盟各国的科研资源,提高科研效率,促进科技创新,推动经济增长和增加就业。其内容主要包括基础研究、应用技术、应对人类面临的共同挑战三个方面,其中应用技术领域包括推动信息技术、纳米技术、新材料技术、生物技术、先进制造技术和空间技术等领域的研发等;应对社会挑战领域包括医疗健康、食物安全、清洁能源、绿色运输、气候变化等。

1.3.3 德国:“工业4.0”战略

德国政府制定了以“智能工厂”为核心的“工业4.0”战略,“工业4.0”概念被认为是以智能制造为主导的第四次技术革命,旨在通过深度应用信息技术和网络物理系统等技术手段,推动制造业向智能化和服务化转型。2011年汉诺威工业博览会提出

“工业 4.0”的概念，2013 年德国政府将其纳入“高技术战略”的框架之下。德国“工业 4.0”的核心是智能生产技术和智能生产模式，强调制造业的信息化、数字化、智能化和服务化，即通过“物联网”和“务（服务）联网”，实现产品全生命周期和全制造流程的数字化、智能化。“工业 4.0”作为德国高技术战略十大未来项目之一，其目的在于奠定德国在关键技术上的国际领先地位，夯实德国作为技术经济强国的核心竞争力。

1.3.4 英国：工业 2050 战略

2011 年，英国发表《强劲、可持续和平衡增长之路》，提出了 6 大优先发展行业；2013 年 10 月发布《制造业的未来：英国面临的机遇与挑战》《英国工业 2050 战略》。《英国工业 2050 战略》定位于 2050 年英国制造业发展，认为制造业并不是传统意义上“制造之后进行销售”，而是“服务加再制造（以生产为中心的价值链）”，提出科技改变生产，即信息通信技术、新材料等科技将在未来与产品和生产网络的融合，极大改变产品的设计、制造、提供甚至使用方式等制造业新趋势和相应的政策建议。2017 年 1 月 23 日，英国政府发布了“现代工业战略”绿皮书，这项计划涵盖十大重点，包括加大对科研与创新的投资，提升技能，基础设施升级，支持初创企业，提高能源供应效率及绿色发展，培育生命科学、超低排放车辆、工业数字化、核工业、创意产业等世界领先产业，促进产业集聚和地方发展等，并针对重点领域提出了新的举措。英国“现代工业战略”的目的在于，调整升级产业结构，提高劳动生产率，奠定英国工业在全球领先的地位。

1.3.5 法国：“新工业法国”战略

2010 年 9 月，法国政府出台了“新产业政策”，明确将工业置于国家发展的核心位置，提出了法国必须进行“再工业化”，并计划到 2015 年把法国的工业生产量在现有基础上提高 25%。2012 年新成立了生产振兴部，用以重振法国工业。2013 年提出“新工业法国计划”，并于 2015 年进行了调整，调整后的法国“再工业化”的布局优化为“一个核心，九大支点”。其中，一个核心，就是所谓的“未来工业”，主要内容是实现工业生产向数字化、智能化转型，以生产工具的转型升级带动商业模式转型；“九大支点”包括新资源开发、可持续发展城市、环保汽车、网络技术、新型医药等，一方面旨在为“未来工业”提供支撑，另一方面重在满足人们日常生活的新需求。

1.3.6 日本：“日本复兴”战略

2009 年 4 月，日本推出“新增长战略”，提出重点发展环保型汽车、电力汽车和太阳能发电等产业。2009 年 12 月至 2012 年 10 月的 3 年间，日本政府提出了五轮经济振兴对策，旨在强化日本工业的竞争力。2013 年 6 月，日本政府提出了“日本复兴”战略。该战略将产业复兴战略作为三大重点战略之一，并提出了紧急结构改革、雇佣制度改革、推进科技创新、实现世界最高水平的 IT 社会、强化地区竞争力和支持中小企业六项具体措施。随后，日本政府又在《2014 年制造业白皮书》中提出，日本制造业要转型为利用大数据的“下一代”制造业；在《2017 年制造业白皮书》中提出，将推进“工业 4.0”（Industry 4.0），即通过网络化创造附加价值，并且灵活运用技术力和现场力的以人为本的工业之路。

1.3.7 韩国：“制造业新增长动力”战略

韩国制定了“制造业新增长动力战略”，走上创新驱动之路。针对不同行业，韩国政府采取了不同的措施：对于从发达国家转移来的、在韩国已经发展成熟并具有比较优势的产业（如纺织、钢铁、汽车、造船等），政府通过技术升级增加产业附加值，提高国产化率，将其打造为出口主力产业；对在发达国家处于成长期而韩国仍处于吸收、引进阶段的产业（如计算机、精密仪器、精密化学、航空航天等），政府将其作为“战略产业”，集中资金予以重点扶持；而对在发达国家仍处于开发阶段、在韩国处于萌芽阶段的新兴产业（如信息、新材料、生物工程等），政府将其列入“未来产业”，积极予以发展。韩国在《新增长动力规划及发展战略》中提出，重点发展能源与环境、新兴信息技术、生物产业等六大产业，以及太阳能电池、海洋生物燃料、绿色汽车等 22 个重点方向。经过产业政策的不断调整，韩国经济得到了飞跃式发展，虽然经历了亚洲金融危机的打击，但目前仍然是造船、合成纤维和纺织、钢铁、汽车等产业的主要出口国，网络通信、电子产品、生物科技、航天工程等产业和技术也居于世界领先地位。

1.3.8 中国：中国制造 2025

中国于 2015 年 5 月印发了《中国制造 2025》，这是中国政府实施制造业强国战略的第一个十年行动纲领。“中国制造 2025”提出要坚持“创新驱动、质量为先、绿色发展、结构优化、人才为本”的基本方针，坚持“市场主导、政府引导，立足当前、着眼长远，整体推进、重点突破，自主发展、开放合作”的基本原则，通过“三步走”（2025 年迈入制造业强国行列；2035 年中国制造业整体达到世界制造强国阵营中等水平；在中华人民共和国成立 100 周年时，综合实力进入世界制造业强国前列）实现制造业强国的战略目标。该行动纲领指出了中国未来要实行的五大工程，包括制造业创新建设工程、强化基础的工程、智能制造的工程、绿色制造工程和高端装备创新工程；同时，“中国制造 2025”还具体确定了重点发展的十大领域，包括信息技术产业、高档数控机床和机器人、航空航天装备、海洋工程装备以及高技术船舶、先进轨道交通装备、节能与新能源汽车、电力装备、农机装备、新材料、生物医药及高性能医疗器械等。

1.3.9 其他新兴市场经济体

从其他国家来看，2010 年，西班牙制定了再工业化援助政策，2011 年以“再工业化援助计划”的方式，由政府出资约 4.6 亿欧元资助国内的再工业化项目等。俄罗斯 2013 年发布了《2018 年前信息技术产业发展规划》。印度出台了“制造业国家战略”，力争到 2022 年将制造业产值提高到 GDP 的 25% 以上。巴西发布了“工业 4.0 计划”，该计划将提供 86 亿雷亚尔的信贷给相关企业，并且将免去相关机器人的进口税。该套计划涵盖的内容分别是：3D 打印、人工智能、物联网等，目的在于使本国的工业水平能够与国际接轨。

第 2 章

金融创新促进新一轮产业革命

当前全球正在经历新一轮技术变革，人工智能、清洁能源、机器人、量子信息、虚拟现实以及生物等技术不断迭代升级，并逐渐渗透于经济社会各个领域。这些高新技术不断被产业化运用，孕育出新兴产业，同时改造升级传统产业，不断催生出新的业态。可以说，新一轮技术变革正在引发新一轮产业革命，新的产业变革又对金融服务提出新的需求。

2.1　金融支持对产业升级和发展的重要意义

2.1.1　金融发展与产业升级相互促进、相辅相成

金融发展和产业结构升级的关系是国内外学者关注的重要课题。一方面，金融发展可以通过“收入效应”和“替代效应”促进产业发展。另一方面，产业结构升级可以通过直接改进金融发展机制和创造巨大的财富推动金融发展（Jeanneney 等，2006；Greenwood，2013）。熊彼特（Schumpeter）提出的经典内生增长理论认为，创新活动形成的“创造性毁灭”机制所带来的技术进步推动经济增长。众多学者（Sylla，2002；Bagehot，1873；Hicks，1969）的研究认为，世界历史上，在几次技术革命中崛起的国家都离不开金融体系的支持。金融是现代经济的核心，是实体经济的血脉，是市场经济运行中融通资本、合理配置社会资源的主要手段。制造业是实体经济的实体所在，而金融业则是实体经济中的“实心支柱”，其本质是把资金需求方和供给方以直接、透明、有效的方式连接起来，深度介入制造业发展的每一个环节。实体经济的发展离不开金融的支持和保障，金融是实体经济发展的血脉，两者是利益共同体，一荣俱荣，一损俱损。因此，产业金融是制定产业政策过程中必须考虑的重要因素，也是产业政策得以成功实施的重要保证。

2.1.2　高效的金融市场是产业升级的推动力

1973 年，麦金农和肖分别提出“金融抑制”和“金融深化”理论。金融抑制理论认为，在发展中国家中所存在的金融市场不完全、利率管制和信贷配给、资本市场扭曲和政府对金融的干预等问题，使社会资本被大量配置给低效率的产业部门，进而导致中小企业被排斥在金融市场之外，这种资源错配使中小企业不得不依赖内源融资进行技术创新和发展；同时，实质上的负利率政策和国民储蓄率降低，使投资减少。金融深化理

论认为，金融规模不断扩大，金融工具、金融机构的不断优化，金融市场机制或市场秩序的逐步健全等金融深化能够有效动员储蓄资金并将其引导到生产性投资上；同时，发展良好的经济同样也可通过国民收入的提高和经济活动主体对金融服务需求的增长来刺激金融深化发展，由此形成二者相互促进的良性循环。根据金融抑制和金融深化的理论，适当的金融改革、消除金融抑制能有效地促进经济的增长和发展，使金融深化与经济发展形成良性循环。

此外，金融体系发展能够通过激发企业家精神、提高资源配置效率、促进技术进步（King & Levine，1993；Beck & Levine，2004；Levine，2004）等重要功能，从供给端推动产业结构转型（Baumol，1967；Ngai & Pissarides，2007；Acemoglu & Guerrieri，2008；陈体标，2007，2008）。

2.1.3 合理的金融结构是产业升级的加速器

Allen 和 Gale（2000）提出，银行（中介）主导型金融结构论和金融市场主导型金融结构论二者的最终选择取决于每种经济的特定性质和对不同金融制度安排的需求。不同的金融产品（市场），如信贷市场、股票市场、债券市场，所承担的功能各有侧重，匹配于产业发展的不同阶段。不同的金融结构在分散金融风险、降低交易成本等方面各有利弊。傅进和吴小平（2005）从信用催化、资金导向和资金形成等金融发展的不同方面研究了金融推动产业结构调整的作用机制。在现实中，由于不同产业、行业所处的技术阶段并不相同，因此就一国而言，并不存在一个绝对的最优金融体系，再加上产业、行业的发展也是动态的，这也就意味着与之相匹配的金融体系也应动态调整。无论如何，一个好的金融结构应该对处于成熟期的企业起到有效的监督作用，同时还能够很好地激励创新技术。

2.1.4 健全的金融功能是技术进步的必要条件

科技创新是支撑和引导制造业持续高速发展的动力，制造业作为创新的载体要以技术进步为动力。制造业的技术创新可分为研发阶段、转化阶段和产业化阶段，企业在这三个阶段均离不开金融的支持与驱动，而且不同阶段存在的风险和资金需求各不相同，健全的金融功能才能满足技术创新不同阶段的需求。传统的机构金融观主要从金融机构的角度来着手研究金融体系。1997 年诺贝尔经济学奖获得者罗伯特·莫顿认为，资源配置是金融体系最重要的基本功能，并将金融体系的功能总结为清算支付、资金融通、资源配置、风险管理、价格发现、激励等六个方面。在第四次技术革命浪潮到来之际，应该不断健全金融功能，加强科技与金融的结合力度，注意科技金融的协调发展和统筹规划，使制造业的技术创新与资本市场都取得良性发展。

2.1.5 积极的产业金融政策是产业升级的重要保障

产业政策是有效配置资源、弥补市场缺陷的政策，即当市场调节配置功能失效时，政府会采取干预政策。政府政策主要起引导作用，市场调节仍占主要地位。如市场恶性竞争导致资源分配不合理、经济效率低下时，政府为实现本国经济目标会出台相关宏观调控政策；又如国家鼓励发展战略性新兴产业和高科技产业，而市场无法合理配置相应的社会资源，政府必须出台相关政策引导资金、技术、人才流向相关行业。赫尔曼、默多克和斯蒂格利茨提出“金融约束论”，主张政府针对存贷款利率、无序竞争和市场准入对金融机构和市场进行适当的干预，一方面可以防止金融压抑的危害，调动金融机构、生产企业和居民等各个部门的生产、投资和储蓄的积极性；另一方面又能促使金融机构主动规避风险。因此，政府要发挥积极作用，采取一定的政策为金融发展创造条件。

2.2 技术革命与金融发展的关系：历史经验与教训

2.2.1 第一次技术革命与英国银行体系

回顾历次技术革命的过程不难发现，技术革命与金融发展基本上是步调一致的。17世纪，英国在中央银行和商业银行体系的支持下，完成了第一次技术革命，成为世界强国。1694年，“九年战争”期间英国政府入不敷出，于是成立了特许经营的英格兰银行开展战后募资，拉开了英国金融革命的序幕。在第一次技术革命中，英格兰银行发挥了重要作用，并逐渐发展成为中央银行，形成了英国现代金融体系的雏形。1720年，为应对“南海泡沫”，英国政府制定《泡沫法案》，限制英国股票市场发展，该举措进一步推动了英国商业银行体系的发展。1825年，英国已建立超过700家银行，遍布英国的每个村庄，形成了初步的银行体系，有效地将居民储蓄转移给工业生产。实际上，第一次技术革命的技术早已存在，但因为缺乏大量及长期资金支持，无法转为规模化生产。随着英国金融革命的推进，由中央银行和商业银行共同构建的银行网络体系成为英国近代的金融体系，推动了第一次技术革命的发生，使英国实现了工业的跨越式发展。引领英国第一次技术革命的谢菲尔德钢铁、纽卡斯尔煤矿等均得益于英国商业银行体系的支持，劳埃德银行、米德兰银行、国民地方银行等为棉纺织企业、煤炭企业、钢铁企业提供工业贷款，满足了工业化过程中大规模的资金需求。围绕英格兰银行建立的遍布全国各地的商业银行体系推动英国在第一次技术革命中实现了工业化。工业发展的资本需求推动了金融革命的发生，金融革命为技术革命提供资金支持，二者相辅相成，推动英国成为当时的头号大国。但是在第一次技术革命中，英国商业银行体系累积了大量资本，走向垄断，失去效率和活力，最终难以支撑技术持续创新和产业结构升级，无法适应新经济内在需求，英国经济逐渐走向衰落。

2.2.2 第二次技术革命与德、日全能银行

19 世纪 70 年代，第二次技术革命使电力、化学、石油开发和汽车、轮船、飞机制造等重工业出现，人类进入电气化时代。德国和日本的全能型银行制度成为这一时期最重要的金融制度。19 世纪 70 年代，德意志帝国建立中央银行制度，为全能银行体系的发展奠定了基础。全能银行制度允许银行与企业深度融合，允许银行业与工商企业联合经营，银行家担任企业董事，企业家担任银行董事，银行与企业的联营为企业的发展提供了资金保障。德意志银行既经营政府贷款、铁路证券，也经营工业、建筑业和保险业，有力支持德国工业的发展。全能银行制度使德国在第二次技术革命的短短 30 年间，实现了从落后农业国到世界工业强国的飞跃。日本工业化进程与德国有异曲同工之处，主要依靠银行资本推动工业资本的积累。例如，日本三菱银行与三菱财阀、三菱企业集团为近代日本推动工业化做出了重要贡献。

2.2.3 第三次技术革命与美国投资银行

1933 年，美国制定《格拉斯—斯蒂格尔法案》以应对经济大萧条，采用分业经营，一方面限制商业银行投资业务，同时推动投资银行体系的发展，促使金融体系实现从“银行主导型”向“市场主导型”的转变，支持美国完成了第三次技术革命，成为全球霸主。20 世纪 50 年代以来，电子计算机、核技术、纳米技术、航空等高新技术产业的发展对信息技术进行了运用和实践，风险投资基金和私募股权投资基金推动这些高新技术直接转化为现实生产力。中小企业的初创期和扩张期主要吸引风险投资基金进入，私募股权投资基金则为企业提供期限相对较长的投资。产业投资基金汇聚了金融机构、保险基金、社保基金等，通过利益共享、风险共担的现代投资机制，帮助高新技术中小企业迅速成长壮大。得益于风险投资的帮助，美国硅谷成功孵化出微软、苹果、惠普、雅虎等著名企业，硅谷成为世界上最重要的高科技企业聚集地和最具有创新能力的高新技术产业群。

美国的市场主导型金融模式资本运营能力较好，有助于实现资本的市场化流动和有效配置，有效推动了美国经济结构调整和产业转型升级。投资银行不断进行金融创新，通过资产证券化为经济增长提供了更高的流动性，推动了五次并购浪潮，淘汰落后产能，实现产业结构优化。因此，投资银行体系的发展与其金融创新对于美国的崛起具有重要的推动作用。但该体系存在的金融泡沫化风险不断集聚并于 2007 年引发国际金融危机，该体系也因此宣告破产。刘鹤（2013）认为，根据长周期理论，技术创新带来繁荣，而繁荣又导致萧条，技术革命引起的大繁荣终将引起大萧条。2000 年纳斯达克泡沫的破灭是对互联网狂热的致命打击，几个月后美国经济开始受到影响，很快扩散到日本

等其他经济体。由此可见，金融业在支持产业发展的过程中，应当注意防范由于金融脱实向虚，阻碍产业升级的情况。金融体系的改革和金融结构的调整应始终以促进经济发展和推动产业升级为目标。

2.3 第四次技术革命所需的金融支持

2.3.1 可满足新兴产业不同时期金融需求的金融市场

第四次技术革命是以人工智能、清洁能源、机器人技术、量子信息技术、虚拟现实以及生物技术为主的全新技术革命，将会使整个经济社会的产业结构、产品市场、商业模式以及消费方式发生颠覆式的变化。在此次技术革命中新兴起的产业具备知识技术密集、产品个性化以及更新迭代快等特点，留给企业研发创新的时间周期大大缩短。但这些新兴产业仍旧遵循产业周期理论的一般规律（顾海峰，2011），其演进需经历培育、发展、升级等过程。我们可以将新兴产业的企业发展划分为种子期、创业期、成长期、成熟期和退出期。企业在不同发展阶段需要不同的金融支持，不同金融资金对企业所处不同时期的偏好也有差异。如何满足企业不同阶段的资金需求，对于推动产业发展和结构升级尤为重要。

第四次技术革命初期对应于企业发展的种子期，这个阶段的创业者正在进行产品的研发和创新，即实现基础研究到商业化产品的开发，资金需求量较大。一旦技术研发成功，将会革命性地开辟出新市场，带来巨额的商业利润；如果创新失败，前期的投入将付诸东流，带来极大损失。这种不确定性给资金需求者和资金供给者之间带来严重的信息不对称，导致普通社会资本望而却步，不敢投资。如果这一问题不能得到有效解决，将导致一个国家的科研成果难以转化成商业优势，产业失去核心竞争力。为保护产业的研发和创新能力与动力，美国、日本等发达国家主要通过政府扶持政策有意识地为高科技企业提供早期的资金支持，美国同时还建立起完善的风险投资制度，利用财政杠杆撬动更多风险资本进入高科技企业。

专栏2－1 美国政府参与高科技企业资本投入的四种模式

美国联邦政府参与高科技企业种子期资本投入的模式是多样化的，具体包括小企业投资公司计划、小企业创新研究计划、In－Q－Tel（政府股权投资的非营利性混合杂交创新组织）和国防风险投资促进计划（沈梓鑫、贾根良，2018）。

小企业投资公司计划是美国联邦政府在1958年发起的首个联邦政府投资基金，美国小企业管理局（SBA）是该项基金的实际管理部门。该计划采取的是财政资金与社会风险资本合作的模式，双方以4:1的融资比例投资小企业投资公司，小企业投资公司再根据 SBA 的计划指导，将尽可能多的资金投入正处于种子期或初创期的高科技小企业。

小企业创新研究计划（SBIR）是美国在 1982 年通过《小企业创新发展法案》（以下简称法案）时启动的一项财政支持小企业技术创新的风险投资基金。该计划旨在直接向小企业技术创新活动提供财政支持，资金全部来源于政府部门的财政预算。法案规定，只要年度研发经费超过 1 亿美元的政府机构，必须按固定比例从研发经费预算中留出一部分资金形成一个资金池，这一资金池由 SBA 负责统一管理，用于资助处于种子期或初创阶段的小企业。微软、戴尔、英特尔、康柏和联邦快递等都曾受到过该计划的资助。这一计划中的“资金池”概念，使各政府机构之间存在着联合筹资、风险共担和协调统一的关联。

In－Q－Tel 是美国中央情报局（CIA）在 1999 年设立的政府支持型风险投资基金公司，是一个由政府出资、私人运营的独立非营利性机构。CIA 每年提供约 3500 万美元的财政资金对 In－Q－Tel 公司进行注资，该公司再通过股权投资的形式将这笔资金投入对那些能够为政府情报机构带来前沿信息技术、有助于突破情报技术瓶颈的初创企业。Keyhole 公司曾在 2003 年接受过 In－Q－Tel 公司的资助。

2006 年美国国防部启动了国防风险投资促进计划（DeVenCI），成立了一家政府风险投资公司。该公司不直接以股权投资的形式投资高科技型企业，而是作为一个信息中介机构，发挥着将国防部、高科技初创企业和私人风险资本连接起来的枢纽功能，实现研发需求、资金需求以及资金供给之间的对接。①

在创业期，企业开始筹建公司并进行试生产和销售。此时的产品只是小批量生产，由于是新产品，所以市场定位、客户群体以及市场营销模式都存在极大的不确定性，带来较大的市场风险。此外，产品尚未形成规模化生产，市场份额较低，企业经常处于入不敷出的难堪境地，财务状况难以达到申请银行贷款的标准，因此需要政府的财政支持以及风险资本的投入。对日本这样以间接融资为主导的国家来说，为了帮助具有潜力的中小企业获得银行贷款，其早在 1953 年就逐步建立起完善的中小企业担保体系，有效降低了初创企业的融资难度。

在成长期，企业已经度过艰难的产品商用化推广阶段，企业产品已经有了准确的市场定位，并拥有了一定规模的客户群体，市场份额和销售量急剧扩张，企业的财务状况也逐渐好转。为扩大生产并进一步对产品进行更新迭代，企业此刻需要大量的资金。由于良好的财务状况以及发展前景，企业此时比较容易获得银行贷款支持，同时也可以在资本市场寻求直接投资，如发行债券或直接上市融资。

① 沈梓鑫，贾根良．美国在颠覆式创新中如何跨越“死亡之谷”？[J]．财经问题研究，2018，414（5）：92－100.

经过生产规模的急剧扩张，企业步入成熟期，拥有稳定的生产规模、市场份额以及盈利水平，财务状况良好，经营风险下降。与此同时，新一轮的技术革命正在孕育，一些企业尝试转型，面临着新一轮的技术研发。不同于初创期，企业此时极少面临融资困境。一方面，企业可利用前期自身积累形成的资金进行内部融资；另一方面，由于经营风险下降，企业信誉度提升，所以无论是在信贷市场还是在资本市场，企业都能较为容易地融到资金。

2.3.2 能解决“轻资产”产业融资难问题的金融产品创新

新一代信息技术、高端装备、新材料、生物智能、新能源汽车、节能环保和数字创意等战略性新兴产业中的高科技公司大多为中小企业，正处于生命周期中的种子期和初创期，需要投入大量资金用于公司研发，但是较高的研发风险和产品市场化风险常常使其面临融资难、融资贵等问题。为促进科技型企业的发展，各国需结合金融体系的现实情况，注重金融产品与服务等方面的创新。

一、知识产权质押贷款

对于在社会融资中间接融资占据主导地位的国家，在当前风险投资市场尚不发达的情况下，很多尚未成长起来的科技型中小企业的资金来源主要还是依靠传统银行的贷款。但是，这些中小企业正处在种子期和初创期，产品成熟度不够，财务状况较差，难以达到银行平时的贷款要求。20 世纪 80 年代，随着知识产权在美国、日本等发达国家受到重视，成为一种有价值的无形资产后，以知识产权质押贷款的方式逐渐兴盛起来，这种新兴的贷款方式为缺乏固定资产但具有一定知识产权优势的科技型中小企业拓宽了融资渠道。

值得注意的是，知识产权作为一种无形资产，在质押的过程中存在一定的风险。一是估值风险，知识产权价值评估具有极强的专业性，这要求评估机构的人员必须具备专业背景，否则评估出来的结果很容易产生误差；二是变现风险，如果没有一个健全的知识产权交易市场，银行在处置知识产权时会面临一定的变现风险；三是法律制度风险，知识产权质押贷款的细则落实需要法律保障，法律制度不健全会限制知识产权质押贷款业务的开展。

因此，为推动知识产权质押贷款业务的发展，需尽快完善相关的法律法规，建立起成熟的知识产权交易市场，同时学习日本的经验，构建完善的担保体系。

专栏 2－2 日本的信用担保体系

日本是最早推出知识产权质押贷款业务的国家，但因为该项业务在实施的过程中存在较大的风险，所以日本就形成了以政府为主导的信用担保体系，这一担保体系主要由信用保证协会和日本政策金融公库两部分组成。

日本信用保证协会是一个政策性融资服务机构，旨在为中小企业融资进行担保。该协会的资金来源主要包括三部分：一是财政出资，各地方政府按照当地实际业务需求，从每年的财政预算中拿出一部分进行注资；二是金融机构出资；三是基本准备金，主要来自于地方政府借款和中小企业信用保险公库。中小企业信用保险公库是日本政府于1958年成立的，2008年并入日本政策金融公库，旨在以保险的形式为日本的信用担保机构形成再担保。

日本政策金融公库是日本政府全额出资的金融机构（JASME）。2008年10月1日，由中小企业金融公库、国民生活金融公库、农林渔业金融公库和国际协力银行的国际金融部门等四家政策性金融机构合并而形成日本政策金融公库，专门为中小企业提供长期而低息的贷款。

二、投贷联动

投贷联动是指将信贷投放与股权融资相结合的一种新型融资方式，资金供给者主要包括商业银行和风险投资机构。商业银行可自行成立一个具备投资功能的子公司，在向企业投放信贷的同时，通过子公司对企业进行股权投资；商业银行也可寻求专业的风投机构进行合作，共同开展投贷联动业务。

这种融资方式具备以下几个优势：

一是将企业的现有风险与未来风险相结合。银行通过参与股权投资，可利用未来的股权投资收益补偿现有的信贷风险，有助于分散风险和平滑收益。

二是企业的资产负债表得以改善，更容易获得后续贷款。商业银行和投资机构通过股权投资，可降低企业的资产负债率，有利于企业进一步获得银行贷款。

三是提高企业的研发效率。刘渝琳和贾继能（2018）的研究表明，投贷联动模式可以优化资本结构，产生较强的股权激励和债务压力效应，有助于提高企业的研发效率。

目前，中国的投贷联动业务尚处于起步阶段，仍存在诸多问题和障碍。第一，金融机构依旧是分业经营，这为商业银行开展投贷联动业务带来限制；第二，传统商业银行缺乏既具备债券投资理论又具备股权投资理论的复合型人才；第三，投贷联动业务的投资对象是具有高风险、高成长性的科技型公司，传统商业银行的风控机制主要针对的是具有抵（质）押品的传统行业，亟待提高和完善；第四，商业银行、风投机构、证券公司之间缺乏成熟的信息合作共享机制，使投贷联动业务开展的难度有所增加。为此中国需借鉴国际经验尽快完善相关顶层设计，鼓励商业银行开展投贷联动业务；商业银行也应该尽快完善内部的风控体系设计，有意识地培养具有相关专业背景的人才，同时加强与风投机构之间的沟通和合作。

专栏2-3　美国硅谷银行的投贷联动业务

美国的硅谷银行成立于1983年，是全世界最早开展投贷联动业务的商业银行。硅谷银行的投贷联动业务模式有以下几大特点：第一，硅谷银行的投资领域主要集中于高科技、生物医疗、高端葡萄酒和风投产业。第二，硅谷银行的主要投资对象是处于初创期和成长期的中小企业。第三，硅谷银行的投资方式主要有直接投资和间接投资，直接投资是指股权直投和债权直投，间接投资是指硅谷银行先投资于风投机构，风投机构再将资金投向科技型中小企业。

硅谷银行拥有一套成熟的风控体系：(1) 接受硅谷银行贷款的中小企业需在硅谷银行开设账户，这有助于硅谷银行对这些企业的资金使用情况进行监控；(2) 接受硅谷银行贷款的企业必须将硅谷银行排在债权清偿顺序的第一位；(3) 硅谷银行与风投机构之间有着完善的信息共享合作机制，硅谷银行只会将贷款发放给接受过风投公司投资的中小企业，这有助于降低信息不对称带来的风险；(4) 硅谷银行隔离贷款业务与投资业务，这有利于避免银行内资金的随意流动，导致资金占用风险。①

三、供应链金融

供应链金融是指以真实贸易为前提，依托核心企业的实力和信用，运用自偿性贸易融资的原理和动产质押、物流监管等手段，对供应链参与企业提供综合性的、全面的金融服务。②

供应链金融主要服务于处于成长期的科技型中小企业。这一阶段的中小企业已经很好地融入一个完整的供应链中，供应链金融可以基于科技型中小企业与核心企业之间的物流、信息流和资金流等信息，减少企业和银行之间的信息不对称，有助于缓解中小企业的融资困境。

然而，供应链金融在推广的过程中也存在一些问题，比如只能顾及核心企业的一级、二级供应商，更多级的供应商则难以共享核心企业的信用。为解决这一问题，平安科技和中国人民银行深圳市中心支行将区块链技术引入供应链金融。区块链技术能够对全流程的数据信息进行存储、处理和传递，借助大数据和智能算法实现全流程的可视化管理，同时确保数据的不可篡改和真实性。这些特征可将核心企业的信用传递至更多级的供应商，彻底解决了中小企业和银行之间因信息不对称造成的融资困境。

---

① 叶文辉．投贷联动运行模式的国际实践及对我国的启示 [J]．金融纵横，2017：45.

② 文慧，邓爱民，李红．供应链金融风险及其可视化控制 [J]．物流技术，2015，34 (6).

2.3.3 促进传统产业转型升级的政府扶持

第四次技术革命除了开拓互联网、大数据等新技术领域外，还需运用信息技术改造提升传统产业，即传统领域的信息化、智能化、绿色化改造。信息技术的发展正使传统产业从产品到生产方式都发生着深刻变化，传统产业创新驱动、转型升级、迈向中高端迫在眉睫。目前传统产业转型升级缺乏市场动力，当商业性金融机构无法为未上市企业提供融资贷款支持并承担相应风险时，政府性融资将成为促进产业发展的有力杠杆，为企业进行科技创新提供资金保障，对经济转型起到积极作用。当国家优先发展某种产业时，政策性融资通过投资工具来调整产业发展中的资金流通数量，为企业成长营造有利环境，并且借助差异化的投资收益，引导社会资本走向并鼓励产业发展。因此应该加大政府扶持力度，发挥政策性融资的引导作用，通过国家开发银行、政府投资基金、国家融资担保基金的作用，实现政府和市场的有效结合，通过直接融资方式、市场化运作，投资于促进工业转型升级的项目和技改工程。

一、国家开发银行

作为国家的开发性金融机构，国家开发银行长期以来发挥开发性金融在市场建设、创新发展、引领资金等方面的功能和优势，聚焦高新技术领域，围绕创新驱动发展战略，聚焦科技创新和先进制造业，培育新的经济增长点，激发传统优势产业活力，拓展新的发展空间。重点支持传统产业特别是过剩产能行业大型骨干企业兼并重组、技术改造、品牌建设和产品升级，积极支持集成电路、战略性新兴产业、军民融合、传统产业升级改造等领域发展。以国家创新驱动发展战略为导向，加大对重大创新工程的投融资支持，支持高端装备、智能制造、新能源汽车、新材料等领域重大科技创新工程及科技成果转化项目。

国家开发银行采取调整细化行业准入政策，坚持有扶有控、有保有压、有增有减，重点支持产能过剩行业企业兼并重组、转型升级。充分利用国内、国际两个市场协同作用，支持国际产能合作和装备“走出去”。以钢铁行业为例，2015 年国家开发银行钢铁行业贷款余额比 2014 年下降 8.8%，贷款主要投向支持中国钢铁骨干企业国际产能合作项目。

2016 年，国家开发银行与工业和信息化部签订《工业和信息化部　国家开发银行共同推进实施“中国制造 2025”战略合作协议》。根据协议，“十三五”期间，国家开发银行将为“中国制造 2025”实施提供不低于 3000 亿元的融资总量，并提供贷款、投资、债券、租赁、证券等综合金融服务。

二、政府投资基金

近年来，为支持新兴产业发展，服务传统产业转型升级，各类政府引导基金不断涌现。目前中央一级的政府专项基金有 17 只，总量超过 8000 亿元，其中主要有战略性新兴产业发展基金、国家新兴产业创业投资引导基金、国家中小企业发展基金、国家科技成果转化引导基金、先进制造业产业投资基金、军民融合发展基金等。截至2018年3月，政府投资基金总量已达1851只，募资总额超过3.1万亿元。投资基金规模从2014年的不到3000亿元上升到2017年的3.5万亿元。政府投资基金的规模不断扩大，运作模式的日趋完善，明显增强了政府促进产业升级的引导作用。例如，2018年6月，国家发展改革委与中国建设银行共同发起设立战略性新兴产业发展基金，目标规模约3000亿元，通过设立子基金等方式进一步吸引社会资金。该基金具体投向新一代信息技术、高端装备、新材料、生物、新能源汽车、新能源、节能环保和数字创意等战略性新兴产业领域，支持战略性新兴产业重大工程建设，突出先导性和支柱性，优先培育和大力发展一批战略性新兴产业集群，构建产业体系新支柱。

三、国家融资担保基金

2018年7月底，国家融资担保基金有限责任公司正式成立，注册资本661亿元，经营范围包括再担保业务项目投资、投资咨询、监管部门批准的其他业务，由财政部联合20家机构共同发起设立，财政部作为第一大股东，出资300亿元，持股比例为45.39%，其他股东还包括五家国有大型银行、两家政策性银行和一家开发性银行、部分大型股份制商业银行以及中国人寿保险公司和北京金融界资本运营中心，其中18家银行业金融机构共出资350亿元。

国家融资担保基金采取股权投资、再担保等形式支持各省（自治区、直辖市）开展融资担保业务，即国家融资担保基金主要与省级再担保公司开展业务，支持辖区内的担保机构提供贷款担保。此外，通过对省级再担保公司进行股权投资，以增厚省级再担保公司资本，壮大担保机构的风险抵御能力和业务拓展能力。

国家融资担保基金以“政府支持、市场运作、保本微利、管控风险”为原则，定位于准公共性金融机构，采用市场化方式进行经营和决策。据财政部测算，今后三年国家融资担保基金累计可支持相关担保贷款5000亿元左右，重点解决小微企业、“三农”等普惠金融领域融资难、融资贵问题，支持发展战略性新兴产业。

专栏2-4 日本产业转型升级中的政策性金融支持

第二次世界大战后，日本为尽快实现经济复兴与发展，从“倾斜生产方式”的产业政策开始，政策性金融就开始对政府确立的主导产业倾斜，提供低利率、长期贷款等优惠政策，注重对产业内中小企业的资金支持，日本的造船、钢铁、机械、汽车、石油化工等行业都正是受益于政策性金融而蓬勃发展起来的。

日本的政策性金融机构主要包括“二行九库”，其中“二行”指两家政策性银行，即日本开发银行和日本进出口银行，“九库”则包括国民金融公库、中小企业金融公库、中小企业信用保险公库等向中小企业、农业和社会福利事业提供金融支持的九个金融公库。

政策性银行为特定的贷款对象提供贷款，以日本两家政策性银行为例，日本开发银行通过对大型企业进行长期贷款，支持国家战略中的重点产业以及新兴产业的发展，弥补了民间金融机构的长期资金不足并提供一般商业银行不愿贷款的开发资金；而日本进出口银行则主要是对进出口商提供长期低利率的贷款，从而鼓励出口，促进本国厂商的海外进口，带动私人在海外进行投资，从而补充民间金融机构在这些业务中贷款能力的不足。

金融公库则主要对融资更为困难的中小企业提供资金支持，帮助中小企业度过暂时的困难，提升竞争力。如中小企业金融公库主要向中小企业提供设备贷款和周转贷款，侧重于支持重点发展产业；国民金融公库则侧重于向中小企业提供小额流动资金贷款；还有政府和民间共同运营的商工组合中央金库，通过发行债券融资，向中小企业团体提供贷款。同时，政策性金融机构的投资也有利于增强市场信心，引导民间资本投向优先发展的产业，保证产业发展中的大规模资金需求。

日本以产业政策为依托，发展出口导向型经济，通过在引进的技术上进行改良和创新的方式，在较短时间内实现了应用型高科技产业的发展。日本在第二次世界大战后的几十年中实现了经济的复兴、发展和飞速的增长，同时涌现出了一大批具有高精尖技术的企业，产业优势至今仍在保持。

2.3.4 全球范围推进第四次技术革命的国际金融协调

相较于前几次技术革命爆发于个别主要国家或地区而言，第四次技术革命是全球性的，无论是发达国家还是新兴市场国家，都在积极参与全球产业链的重新布局。大数据、人工智能、物联网等新兴技术加强了全球各国之间的联系，新技术和新产业的发展亦需要全球科技前沿领域重大成果的共同推动。没有国际大市场的依托，要发展技术领先的大企业、大产业是难以实现的。随着国际产业分工专业化程度的提高，任何一个国家都很难在产业链上的每一个环节都具有绝对优势。通过国际产业合作实现生产要素在世界范围的自由流动、优化组合，各个国家集中优势生产要素发展具有绝对竞争优势的产业和价值链环节，可以大幅提高劳动生产率。

国际产能合作是推动全球产业结构调整升级、优化全球产能空间布局的重要途径。“一带一路”倡议为加强国际区域产业合作提供了千载难逢的机遇与平台，沿线国家和地区资源禀赋不同、产业结构互补，合作发展的潜力巨大。全球产业链的合作要求金融领域也要建立国际协调合作新机制。随着“一带一路”倡议和全球产能合作等的提出，中国企业大规模“走出去”整合全球资源，中国正在积极参与全球治理与金融合作。2008年国际金融危机之后，世界各国在国际经济金融领域的合作不断深化，通过国际政策协调实现世界经济可持续增长已成为全球共识。当前世界先进技术呈现多国共同投资、联合开发的特点。

一、国际产能合作

推进国际产能合作是保持中国经济高质量发展的重大举措，但是国际产能合作项目大都属于资金密集型，投入大、周期长，企业融资能力直接决定国际市场竞争力。国际产能合作的重点国家往往是亚非拉新兴市场国家，优惠融资条件往往是合作项目成败的关键。在国际产能合作的推进过程中，要发挥金融支持的作用。

国际产能合作项目通过吸引专项基金的介入，可以获得稳定的资本金来源，并调动和引导其他渠道的资金，形成多层次的融资支持体系。当前，国内多层次、宽领域的支持国际产能合作基金已经形成，但是推进国际产能合作是产业资本全球化配置的过程，需要利用好全球资源，进行各国间的协调配合。首先是推动人民币国际化，鼓励国际产能合作项目使用人民币结算，充分发挥人民币跨境支付系统（CIPs系统）的作用，发展人民币离岸市场，为国际产能合作提供强有力的货币支持。其次是推进多层次资本市场建设，探索设立国际产能合作板块，鼓励对开展国际产能合作的企业进行针对性的直接融资支持，稳步提升企业融资能力。同时，还应与“一带一路”沿线国家和地区共同完善当地金融市场，为当地的合作项目提供直接融资支持。

二、“一带一路”倡议

“一带一路”倡议涵盖亚非欧三大洲近70个国家和地区，沿线国家和地区的生产要素、资源禀赋情况各不相同，通过产业合作，实现生产要素流通互动、产业链环节有机衔接、产业优势互补，共同提升产业效率和社会福利。完成产业结构从低端到中高端，从规模速度到质量效益的转型，“一带一路”是必经之路。“一带一路”不仅扩大了中国传统产业转型的迂回空间，而且通过与全球大跨国公司共同开拓第三方市场，培育壮大新兴产业。

产能过剩是一个世界性现象。美欧发达经济体产能过剩程度要高于中国等新兴经济体，而“一带一路”相关经济体产能短缺仍是最大的发展瓶颈。“一带一路”本质上是通过提高有效供给来催生新的需求，实现世界经济再平衡。这既是破解当前世界经济“缺需求、缺动力、缺合作”发展困境的一把金钥匙，也是中国经济“新常态”下培育壮大新兴产业、改造提升传统产业的一剂良药，还是构建全球人类命运共同体的主动作为。只要有同舟共济的合作意愿，主动进入“一带一路”的“朋友圈”，就可以共商共建共享合作大计。

第3章 各国的新技术产业政策及金融实践

在全球化不断深入的背景下，人才、技术、资本等要素在全球范围内加速流动，先进的技术和生产手段也伴随着全球价值链、供应链和产业链的形成不断融合、推陈出新。内生经济增长理论认为，内生的技术进步和创新是促进经济发展的重要因素（Romer，1986；Lucas，1988）。在第三次技术革命的背景下，全球分工体系产生了深刻的变化，金融业与产业的相互渗透也成为这一时期的一个特点。与此同时，第四次技术革命正在全球兴起，新技术必将会催生一批新业态、新产业，为金融发展和金融国际合作提供了新机遇，也对其提出了新要求。各国将会在新技术革命的初期积极布局，通过适时的经济与金融政策保证更高水平的发展。

3.1 明确支持引导重点的产业政策

产业政策是政府为了实现一国经济增长、结构优化、资源有效配置以及综合竞争力提升，对产业、企业和要素等进行引导和协调的政策手段（联合国贸发组织，2018）。从历史发展来看，产业政策对于推动一国经济快速发展发挥了重要作用（张夏准，2006；林毅夫，2016）。不论是从16世纪到17世纪，英国赶超荷兰成为“日不落”帝国，还是从19世纪中叶美国赶超英国成为超级大国，甚至是从第二次世界大战后日本乃至“亚洲四小龙”追赶美国实现了跨越式发展，其中都离不开产业政策对新产业的支持。

迄今为止，不论是发达国家还是发展中国家，普遍在实践中仍会制定相应的产业政策。联合国贸易和发展会议（UNCTAD）的调查显示，过去10年中，全球有80多个经济体正式实施了产业政策，这些经济体的总产值占全球GDP的90%以上，并且各个经济体面对不同的国际环境和自身的发展阶段会对产业政策适时作出调整。

3.1.1 旧产业政策的演进和主题

整体来看，21世纪之前的产业政策历经了工业化和结构性改革、去工业化和自由放任主义的阶段（UNCTAD，2018）。这个阶段，美国、德国、英国等发达国家率先发起工业革命，利用产业政策扶持弱小产业，促进产业部门的发展壮大。20世纪80年代以来，全球化程度提高，产业在国际间梯度转移，发达国家大力发展金融业等服务业，将劳动密集型产业逐渐向新兴经济体转移，制造业比重不断下滑。此时，产业政策以市场为导向，主张开放竞争，而限制政府过度干预（见表3－1）。

表 3－1　　产业政策的演进和主题

项目	旧产业政策	现代产业政策	
	21 世纪之前	21 世纪以来	近期兴起的主题
主题特征	□ 工业化、结构化改革 □ 去工业化、自由主义	□ 知识经济 □ 全球价值链（GVCs）	□ 新工业革命（NIR） □ 可持续发展
政策组成	工业化阶段： □ 进口替代 □ 幼稚产业保护 □ 逐渐开放、有限竞争 去工业化阶段： □ 外国直接投资（FDI） □ 政府有限参与 □ 相对开放竞争	□ 开放环境下的产业政策 □ 数字信息技术（IT）信息通信技术（ICT） □ 支持中小企业 □ FDI 与保护战略产业	□ 可持续发展产业（SDG） □ 生产创新（OT） □ 学习型经济 □ 收购外国技术 □ 公私结合的技术知识体系

资料来源：联合国贸易和发展会议、作者整理。

从国别来看，欧美等发达经济体通过产业政策支持先一步完成工业革命，而日韩等国家通过学习追赶西方发达国家，相继出台自己的产业政策，促进了自身的快速发展。美国工业革命兴起于 18 世纪末，并在 20 世纪中期达到巅峰，在钢铁、汽车等多个制造行业，技术处于领先地位。此后美国进入“去工业化”进程，传统制造业流向海外，国内服务业迅速扩张，制造业劳动人口占比不断下降。2013 年，服务行业的产出比重达 76%；而制造业部门的产出占比仅为 12.1%，呈现出非常明显的去工业化特征。日本在第二次世界大战后为尽快实现经济复兴与发展，从“倾斜生产方式”的产业政策开始，以产业政策为依托，发展出口导向型经济，通过对引进技术的改良和再创新，在较短时间内实现了应用型高科技制造业的发展。韩国从 20 世纪 60 年代开始吸引外资和引进技术，优先培育重化工业，大力推进高新产业的发展，直接引导韩国进入了重化工业结构高级化的阶段。

3.1.2　现代产业政策的演进和主题

21 世纪以来，产业政策也大致经历了两个阶段，首先是 21 世纪初，随着知识经济的兴起与全球价值链、供应链、产业链的完善和成熟，各国推出的产业政策旨在追求在本国的专业化分工领域获得更高的生产率。近几年，随着第四轮技术革命的兴起，现代的产业政策都是以一揽子政策计划为主，旨在建立综合的工业系统和生产能力，激发企业、产业的活力和潜能，拓展海内外市场。不论是发达国家还是发展中国家，都相继出台产业政策，力图在新工业革命的初期拔得头筹。具体而言有以下几个特点。

一、再工业化趋势和制造业回流

2008 年国际金融危机的爆发引起了各界对经济增长模式的反思。在此背景下，从奥巴马政府开始，就提出了以重振美国制造业为核心的再工业化战略，出台了《美国制造业促进法案》《国家制造业战略法案》等法案，将经济增长重心从虚拟经济转向实体经济。特朗普政府更是将振兴美国制造业作为核心政策之一，其提出的制造业回流政策就是奥巴马政府再工业化政策的延续和深化。

英国为快速提振经济及促使产业结构“再平衡”，相继提出“回归制造业”以及“再工业化”的系列计划。2013 年，英国政府在《英国工业 2050 战略》中正式提出了英国制造业发展与复苏的政策。2017 年 1 月，英国首相特雷莎·梅在“现代工业”战略中再次强调制造业的发展，该计划旨在提振英国的工业生产，并刺激科技和研发投资，平衡之前非常侧重的服务业经济。

法国在萨科齐任总统期间逐渐确立了“再工业化”政策，其目标是促进产业回归、增加就业和经济复兴。奥朗德在出任总统期间提出了“重新振兴工业生产”的经济计划，并在政府中专门设立了“生产振兴部”，其目标锁定在研究与开发、发展中小企业、地区发展和环保与节能之上，旨在发展第二产业的某些经济活动和促进结构性转变。

韩国在 20 世纪 90 年代，通过政策引导，将以纺织和皮革加工为代表的劳动密集型产业和以非金属制品为代表的资本密集型重工业转移到中国，增强对以电子设备为代表的技术密集型产业的政策支持和资金投入，2000 年后韩国交通设备、机械设备、精密仪器等高端制造行业增加值明显拉升；2015 年，电子设备、交通设备、机械设备、精密仪器占制造业增加值比重分别提升至 26.0%、15.5%、9.0% 和 1.9%，半导体和工业机器人行业达到世界领先水平（长江证券，2018）。

围绕实现制造强国的战略目标，中国政府于 2015 年发布“中国制造 2025”，计划明确了 9 项战略任务和重点，提出了 8 个方面的战略支撑和保障。后续，中国又提出了一系列规划，包括《装备制造业标准化和质量提升规划》《智能制造发展规划（2016—2020 年）》《高端智能再制造行动计划（2018—2020 年）》等。此外，中国正在布局打造“中国制造 2025”国家级示范区，并注重与德国工业 4.0 战略的合作对接。

从其他国家来看，2010 年，西班牙制定了再工业化援助政策，印度出台了“制造业国家战略”，力争到 2022 年将制造业产值提高到 GDP 的 25% 以上；巴西成立了“国家工业发展理事会”，公布了“工业发展业强国计划”。

二、支持中小企业的发展

美国政府从 20 世纪 40 年代开始着手扶持中小企业政策性金融体系，1953 年出台《国家中小企业法》，并成立了小企业管理局，为中小企业提供政策性融资服务。此后，历届政府又陆续制定了十几个维护中小企业权益的法律，主要包括《中小企业政策法》《扩大中小企业输出法》《中小企业投资奖励法》《中小企业资本形成法》等，进一步加强对中小企业的融资支持。

德国政府自20世纪以来，非常注重对中小企业和高科技企业发展的金融支持。1978年出台了《对中小企业科技政策的总体构想》，根据此规定成立了成果转化机构，加快科技成果转化。德国联邦经济部制定的《为投资和创新提供经济资助》明确规定，中小企业开展技术创新活动时可获得政府资金补贴，1992年德国设立了中小企业技术革新贷款资助计划，为中小企业的高新技术产品研发提供低息贷款。

日本中小企业数量庞大，它们也是技术改良和创新的重要力量，日本政府长期以来坚持对中小企业实施扶持政策。1948年，日本在经济产业省设立了中小企业厅，依据《中小企业基本法》设立了负责研究审议有关中小企业的政策和法律的审议委员会。

韩国最早于1961年就出台了《中小企业银行法》，用以支持中小企业融资，之后陆续出台了《信用担保基金法》《新技术企业金融支持法》《支援中小企业创业法》等一系列法律法规，中小企业融资保障法律体系逐渐完善。目前，韩国专门针对中小企业发展的法律和条例多达16部，为中小企业融资提供了极大的保障。

中国由国务院牵头成立了促进中小企业发展工作领导小组。2018年8月20日，在领导小组成立后的第一次会议中，明确要求加大金融支持力度，缓解融资难、融资贵问题，拓宽中小企业直接融资渠道，做好税费减免、融资担保等工作，解决当前中小企业发展中的突出问题。并且，针对中小企业提出了涵盖金融、融资、税收、出口等一系列的政策支持。

三、科技创新和新工业革命战略

德国的“工业4.0”战略是由本国产、学、研各界共同制定、以提高德国工业竞争力为主要目标的战略。2013年12月19日，德国电气电子和信息技术协会提出了“工业4.0”标准化路线图，战略聚焦于智能化和网络化的先进制造业发展。

日本政府于2010年发布“未来十年新经济增长战略”，目标直指提振日本经济，围绕经济、财政和社保三个方面，在生命健康、绿色环保、科技等七个领域，制定了21个国家级的战略项目。预计在新经济增长战略的帮助下，日本未来十年的经济能够实现2%以上的增速。

英国政府推出的促进高端制造业产业政策包括“高价值制造发射中心”（High Value Manufacturing Catapult Centre），主要利用七家位于英国各地的研究中心为公司开发、营销产品提供设备、技术和信息；“高级制造供应链计划”（Advanced Manufacturing Supply Chain Initiative）鼓励供应链和主要生产商的协同分布；“制造咨询服务机构”（Manufacturing Advisory Service）为制造商提升生产力和竞争力提供专业指导。

法国于2013年正式推出“新工业法国”（NFI）战略规划，旨在支持企业的各种结构性计划，特别是在“添加式制造”和“增强现实”方面。该战略规划的第一阶段包括34项旨在发展法国优势领域的新产品或新业务的计划和1项名为“2030创新”的创新支持政策。第二阶段的“未来工业计划”明确提出了以工业工具现代化和通过数码技术改造经济模式为宗旨的“未来工业”即“新工业法国”的模型。

进入21世纪以来，韩国就十分重视已有创新能力的维持和发展，为向第四次技术革命转型做准备。2017年上台的文在寅政府继续推进第四次技术革命相关政策。2018年，韩国政府进一步细化了以支持第四次技术革命为重点的产业政策。例如，继续以信息通信技术行业为发展重点，以大数据、网络、人工智能三大技术为基础，推进智能城市、智能工厂、能源新产业、互联网金融、智能农场和无人机等行业的建设。另外，在细分产业领域，将重点培养新能源和智能化汽车、物联网（IOT）家电、新能源新产业、生物健身、半导体和类显示器产业。

2015年，中国发布《国务院关于积极推进“互联网+”行动的指导意见》，积极推进互联网和传统行业的融合创新，构建跨界融合、创新驱动、智能连接的开放生态。2017年，国务院发布《新一代人工智能发展规划》，该规划构筑中国人工智能发展的先发优势，抢抓人工智能发展的重大战略机遇，加快了中国建设创新型国家和世界科技强国的步伐。

表3－2列示了各国面向新工业革命的产业政策。

表3－2　各国面向新工业革命的产业政策一览

分类	国家	产业政策和发展规划	
发达国家	美国	□ 先进制造业国家战略计划 □ 国家出口计划（NEXT） □ 重振美国制造业框架	□ 小企业就业法案（2010年） □ 美国创新战略（2015年） □ 美国复兴和再投资法案
	英国	□ 高价值制造发射中心 □ 高级制造供应链计划 □ 制造咨询服务机构 □ 工业战略挑战基金	□ 现代工业战略 □ 英国工业2050战略 □ 地区发展基金
	德国	□ 工业4.0——未来智能制造 □ 中小企业核心创新计划 □ 中小企业数字化 □ 新高科技战略创新计划	□ 德国制造 □ 数字战略2025 □ 产业集群激励项目 □ 产业集群研究（IGF）
	法国	□ 新产业政策 □ 新工业法国（NFI） □ 提高竞争力和就业减税法案	□ 2030创新计划 □ 未来工业计划 □ 再工业援助计划
	日本	□ 促进制造业技术基本法 □ 提高产业竞争力法案 □ 中小企业商业支持计划 □ 工业4.0计划	□ 新机器人战略 □ 日本复兴战略 □ 促进创新计划 □ 产业集群政策
	韩国	□ 制造业新增长动力战略 □ 长期科技发展规划——2025年构想	□ 未来产业计划 □ 科学技术革新五年计划 □ 科学技术振兴法

续表

分类	国家	产业政策和发展规划	
新兴市场国家	巴西	□ 国家科学技术创新战略 □ 巴西数字化战略（E – Digital） □ 先进制造业未来生产计划	□ 信息技术和通信总规划 □ 战略信息技术规划 □ 数字治理战略（EGD）
	印度	□ 国家技术发展政策 □ 国家电子化联通政策 □ 国家制造业政策	□ 国家钢铁业政策 □ 科技创新政策（2013 年）
	南非	□ 中小微企业共同发展战略 □ 南非先进制造业技术战略 □ 国家统一出口战略（2030 年）	□ 汽车生产发展项目 □ 国家工业政策框架 □ 工业政策行动规划
	中国	□ 中国制造 2025 □ 互联网 + □ 装备制造业标准化和质量提升规划	□ 智能制造发展规划（2016—2020 年） □ 高端智能再制造行动计划（2018—2020 年）

资料来源：联合国贸易和发展会议、作者整理。

3.2 适应产业发展需要的货币政策

3.2.1 货币政策对产业发展的传导机制

产业的升级和结构的优化与经济增长相互促进、相互影响，而在产业升级和结构变动的过程中，政策支持的力量不可或缺。货币政策作为政策体系中的重要组成部分，自然会对产业结构产生影响。国内外学者的研究表明，央行调整货币政策对于促进产业结构调整、优化均有一定的作用（Ishikawa，2004；栗书茵和康莹，2009；姜松，2018）。

一般而言，货币政策对产业的传导机制多从宏观出发，央行运用货币政策工具，通过影响中介目标，实现经济增长、物价稳定和充分就业等总量层面的目标。此外，由于货币政策的“结构效应”和“非对称效应”，其对不同产业的影响程度也不同。从要素分配的角度来看，资本密集型和技术密集型产业受货币政策影响更大，而劳动密集型产业受货币政策影响较小；从三次产业划分的角度来看，第二产业受货币政策影响较大，第一产业和第三产业受货币政策影响较小。也有研究表明，货币政策对产业的影响也受空间地理位置的影响（吉红云和干杏娣，2015；郭晔和赖章福，2010；庞念伟，2016）。从微观层面来看，货币政策通过信贷渠道和利率渠道传递到企业和消费者，产生的“要素替代效应”和“收入—消费效应”进一步影响到企业成本、产出和居民消费，最终引起经济的增长环境和产业结构的变动（詹新宇和方福前，2011；彭俞超和方意，2016）。货币政策对产业结构的传导机制如图 3 – 1 所示。

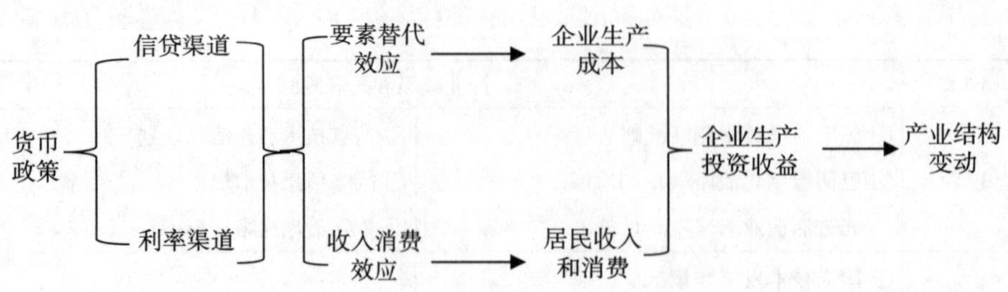

图 3-1　货币政策对产业结构的传导机制

3.2.2　货币政策支持产业发展的国际经验

在美国，政府通过充分使用公开市场业务，调节市场上货币的供给和流通，引导资金流向高新技术产业。此外，相对宽松的货币政策增加了流动性，为市场主体减轻了融资压力。通过商业银行向技术创新企业贷款，美国一大批具有潜力的创新企业发展壮大。据统计，美国约有 15000 家商业银行提供面向中小企业的贷款，并且美国政府机构——中小企业管理局也会直接承办一些低于 2.5 万美元的小额贷款业务。

在德国，央行具有极高的独立性，货币政策与其他经济政策相配合，实现经济发展、结构调整和国际收支平衡等目标。对于中小企业和高新技术产品研发，德国政府通过风险担保的方式，促使银行为中小银行提供低息贷款，甚至对中小企业的科研开发提供贷款贴息。以德国最大的政策性银行——德国复兴信贷银行（KfW）为例，其十分重视对初创企业、中小型企业的融资支持，对新兴产业和高科技企业也有相应的融资倾斜。

在日本，央行推行的低利率政策以配套日本的“出口导向”型产业政策，较低的利率不仅促进了企业的投资，还降低了企业的成本。进一步地，日本的“二行九库”，即两家政策性银行和九家面向中小企业的金融公库，配合政府的政策意图，向大型企业、中小企业、国家支持的重点产业提供了全面的贷款支持，既包括长期低息贷款，也包括短期周转贷款等，优惠的信贷支持对本国厂商的海外出口、私人投资都有显著的带动作用。

在英国，银行也向面对科技型中小企业的长期贷款提供低息优惠，政府也进行风险担保和补贴。按照规定，中小企业向经过认定的金融机构申请贷款，政府为新创企业 25 万英镑以下、一般企业 10 万英镑以下贷款额的 85% 提供 2～10 年的贷款担保，中小企业为政府的担保支付担保余额 1.5% 的额外年利息，对固定资产贷款的利率一般只有 0.5% 的溢价。

在韩国，政府也主要通过信贷优惠扶持和培育中小企业经营，促进中小企业发展。韩国政府在 1961 年出资设立了韩国企业银行，为符合条件的中小企业提供商业贷款、为政策性支援的特定行业提供财政基金资金贷款，还大量向技术类中小企业提供贷款支持，包括持有优秀技术的创业企业、评级机构提供的技术评价信用等级企业、银行自评的一般技术评价等级企业。

中国人民银行多次利用定向降息、定向降准等货币政策工具，旨在优化商业银行和金融市场的流动性结构，引导金融机构加大支持小微企业、民营企业和创新型企业的力度。通过优化信贷结构，辅以结构性降准等工具，能够降低中小企业的融资成本进而支持实体经济发展，有助于企业获得新的资金来源。2018年6月，人民银行、银保监会等部门联合印发了《关于进一步深化小微企业金融服务的意见》，加大货币政策支持力度。

3.3 鼓励新兴产业的财政政策

3.3.1 财政政策对产业发展的传导机制

财政政策同货币政策类似，是政府宏观调控政策的重要工具之一，与产业结构变动有较强的关联性。由于市场机制的不完善以及市场微观主体的自利行为，长期以往必将会导致产业结构的失衡和扭曲，因此完全依赖市场机制优化产业结构、调整产业布局会面临诸多局限。政府运用财政政策，直接通过政府投资进行干预，抑或间接通过财政补贴与税收优惠进行引导，对产业结构和产业升级产生乘数效应，一方面可以对社会投资和私人投资的方向起到导向功能；另一方面还可以直接影响不同产业的资金供求，从而改变不同市场主体的投资决策和生产行为，最终达到促进产业升级、调整产业结构的目的（储德银和建克成，2014）。

财政政策促进产业发展的机制是通过利用政府税收和财政支出两类工具，作用于市场主体的需求结构和投资收益率，对企业的投资、生产结构产生总量效应和结构效应，进而对产业升级和产业结构调整产生不同的作用。从传导机制上来看，政府税收和财政支出又通过各自的渠道对产业产生直接或间接的影响（刘力和张丽丽，2018）。

政府税收政策主要利用税制结构和税收优惠政策两类工具产生的产量效应和替代效应作用于企业的投资收益。具体地，政府通过调整税率，设置税种、税基或者税收减免、差异化征税等手段进行调控。对企业来说，这能够改变个别企业或整个行业的税负水平，从而改变企业或行业整体的生产成本和销售价格，最终引起企业的产量变动；对于消费者来说，由于税负变动引起产品价格和收入的变化，这都会影响消费者的购买决策，反过来影响企业的生产决策。最终，税负水平对行业的产出和需求的调整都会实现资源在该产业的配置，最终引起产业结构的调整（见图3-2）。

财政支出政策主要通过调整资本性支出、经常性支出和转移性支出对产业的需求结构产生乘数效应和引导作用。具体地，政府直接投资会对产业发展和调整产生直接引导作用，特别是在政府扶持幼稚产业的过程中，直接投资的政策倾斜不仅会保护产业的发展，促进产业的快速发展，还会引导私人和社会的投资流向该产业，为产业提供充足的资本支持。政府对教育和科技的经常性支出，会直接影响到教育水平的提升和人才素质的提升，对于技术进步和企业创新能力也有明显的推动作用。劳动力素质和企业的研发

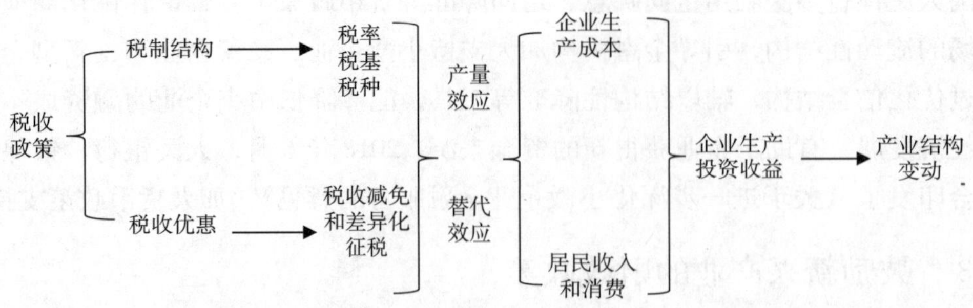

图3－2　税收政策对产业结构变动的传导机制

创新能力，也会直接影响企业的要素生产率以及产业的长期发展能力和竞争力。政府对产业的政府补贴和转移支付可以弥补企业的资金缺口，通过专项基金或直接奖励的方式，提高市场主体的创新能力并激发生产潜能（见图3－3）。

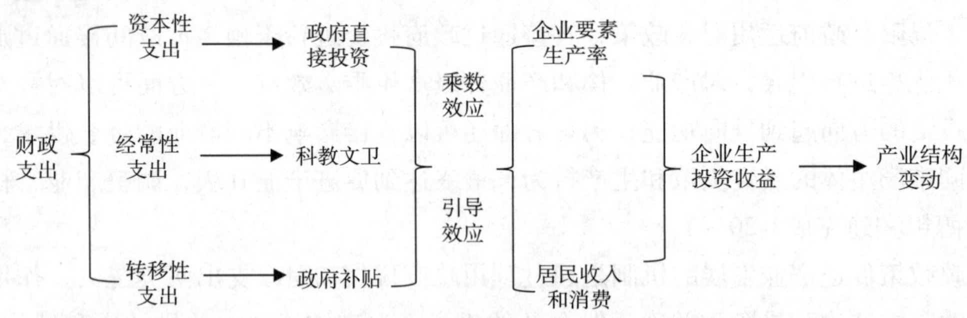

图3－3　政府支出对产业结构变动的传导机制

3.3.2　财政政策支持产业发展的国际经验

美国的小企业管理局，在为中小企业获得商业银行贷款提供担保的同时，直接提供风险资金，并通过政策引导民间资本向中小企业投资。此外，小企业管理局是政府职能部门，因此对投入小企业的各种资金重在发挥其杠杆作用，并不刻意追求高额回报，因而为中小企业发展创造了更广阔的空间。除了小企业管理局的担保支持外，美国地方政府和社区层面也组建了区域性或社区性的担保体系，覆盖全国范围内所有中小企业，提供不同性质、不同类型的担保。

德国为了促进银行向中小企业提供贷款，政府以风险担保的形式，对面向科技企业和中小企业研发活动提供的贷款进行贴息，以此鼓励企业创新。为了扩大企业的资金来源，德国政府通过“小型高技术企业投资计划”，确保在中小企业研发的整个周期都有充足的资金支持。此外，政府还在高科技企业的建设过程中注入资金，为企业的厂房扩建、采购设备等建设活动提供资金帮助。

英国设立担保企业基金，旨在对冲银行和风险资本在对高科技企业和中小企业投资时面临的风险；设立高科技基金，主要投向初创的高科技企业，政府通过部分参与，吸引私人投资作为投资主体；设立商业孵化基金（SBS），直接面向中小企业，向初创的中小企业注入资金。为了吸引更多的之前将生产环节迁至海外的本土生产力回流，英国政府利用税收优惠政策直接降低英国公司的税费。

日本政府在财政预算中拨出专款，引导社会资源流向为中小企业提供融资担保、信息咨询和免费培训等服务的管理机构。这些机构遍布全国，采取“自上而下”的方法，通过“官助民办”“官办民营”或“官民协办”等形式，自成体系。

法国政府设有一些针对企业的贷款减税优惠机制。以“科研税收减免政策”为例，这是一项国家对不同领域和规模企业研发活动（R&D）的财税支持措施，符合条件的企业可以向国家申请减免其研发开支的部分税款。奥朗德政府还从2013年起推出“提高竞争力和就业减税方案”，旨在通过降低劳动力成本，为企业投资、创新、研发、创造就业岗位、促进资金流动、加快转型和开拓国际市场提供援助。

韩国政府为降低民营企业的风险敞口提供了大量的资金支持，推行了低利率的“无限金融配给”政策。特别是1974年成立的“国民投资基金”，在金融配给中起到了重要作用。外资引进也成为培育重化工业的重要手段。在提供金融援助的同时，1975年韩国还为支援重化工业设立了《税减免法》，赋予了重化工业各种税制上的优惠。

中国政府采用降低企业税负等更加积极的财政政策支持新兴产业的发展。近几年，中国为了促进实体经济发展，支持科技创新，宏观税负逐年降低，国务院在2018年9月上旬的常务会议中强调，在社保征收机构改革到位前，各地要一律保持现有征收政策不变，同时抓紧研究适当降低社保费率，确保总体上不增加企业负担，以激发市场活力，引导社会预期向好。此外，中国对研发的投入强度逐年提高，2013年投入总量首次超过欧盟，仅次于美国，居全球第二。为了引导科技创新和产业发展，中国积极出台了各项科技计划并设立产业引导基金。

3.4 保护和促进高新技术的贸易政策

3.4.1 贸易政策对产业发展的传导机制

全球化背景下，不论是从事出口贸易的企业还是不从事出口贸易的企业，都会面临来自全球范围内的竞争。随着研究的不断深入，新贸易理论和新新贸易理论提出，产品的差异不仅仅存在于产业间，产业内企业的异质性也会导致产品存在明显差别。另外，各国的发展水平不同，在产业链和价值链当中所处地位不同，面临外生冲击的影响自然也不相同。根据利润转移和外部经济理论，在不完全竞争的市场结构下，政府就需要对具有技术创新的高新技术产业进行扶持，从而享受知识溢出效应对国民经济带来的正外部性。

基于以上认识，克鲁格曼于20世纪80年代提出了战略性贸易政策，在丰富传统自由贸易理论的同时，消除了在自由贸易背景下对贸易政策合理性的质疑。战略性贸易政策理论认为，发展中国家可以基于产业的比较优势大小，选择性地对劣势产业提供贸易政策支持，如采取生产扶持、出口补贴、税收优惠等贸易和产业政策手段，以此加速产业结构的优化升级，提高本国的国际竞争力。

在实践中，贸易政策不仅长期出现在发达国家的发展史中，也频繁出现在当今的政策框架中。张夏准（2005）认为，具有保护性质的贸易政策和产业政策是保证欧美日韩等发达经济体崛起的重要原因之一。

3.4.2 贸易政策支持产业发展的国际经验

从 1930 年起，美国政府干预贸易市场的行为始终存在，历届政府都存在通过高额关税等手段保护本国产业发展的案例。2017 年，新任总统特朗普上任以来，更是频繁发起“双反”调查，对汽车、钢铁等行业提高税率，以期强化本国的制造业和工业出口。美国还设立了专门的贸易政策与产业政策协调机构——美国贸易代表办公室（USTR），由贸易谈判代表负责。美国贸易代表办公室下属两个具体执行机构，分别是贸易政策评估团（TPRG）和贸易政策工作委员会（TPRC），由 19 个联邦政府机构和办公室组成，属于次内阁层次的一种协调机制，负责制定和协调美国国际贸易政策及与贸易相关的投资政策。此外，美国的利益集团也常常游说政府对整个产业实施保护主义措施，如美国的牛奶业向政府申请建立卡特尔组织。其他经济部门也常常利用《不公平贸易法》，敦促政府对进口产品设立门槛，从而保护自身免受国际竞争。

日本在第二次世界大战后也开始推行战略性贸易政策。20 世纪 50 年代前后，日本成立了日本贸易振兴会来实施国家出口战略。采取限制进口措施保护国内厂商，通过征收战略性关税政策，加大了对化学、钢铁和有色金属等产业的政策保护。日本的通产省是制定贸易政策的主要部门，下属不同的“局”和“课”分管不同产业下的不同行业。具体的贸易政策由通商政策局制定，并由通商振兴局监督实施，二者配合进行外贸管理，共同协调贸易政策和产业政策之间的关系。这种纵向职能机构搭配横向职能机构的体系，是一种比较彻底的贸易政策与产业政策的协调模式。

韩国的经济快速发展开始于 20 世纪 60 年代，在美国援助下经历了第二次世界大战后的经济恢复时期。韩国为了解决收支逆差的问题，制定了出口导向型的工业化发展战略。当时美国和日本正在进行产业结构升级，希望将一些劳动密集型产业和污染较重的工业转移到其他国家，韩国抓住了这一机会，通过吸引外资和引进技术，首先实现了以劳动密集型产品出口推动的经济增长，继而完成了资本密集型原材料工业产品的进口替代，并使资本密集型产品出口逐渐成为推动经济增长的主要动力。出口导向型的经济战略很快在韩国取得了成功，经济快速增长，国民收入显著提高。韩国与当时采用类似发展战略并取得成功的中国台湾、中国香港和新加坡一同并称为“亚洲四小龙”。

中国2013年建立上海自贸区，自贸区成立以来取得了显著的成效，建立了以负面清单管理为核心的外商投资管理制度、以贸易便利化为重点的贸易监管制度。对于引进先进的技术设备，中国政府提供了关税优惠，2018年，国务院关税税则委员会发布公告，自2018年11月1日起，降低1585个税目的进口关税。新的关税措施较大范围地降低了部分工业品的关税，包括机电设备、零部件等国内亟需的工业品。至此，我国关税总水平将由上年的9.8%降至7.5%，自助降税对于降低我国企业生产成本，助力产业升级大有裨益。

3.5 金融支持模式比较：市场主导与银行主导

3.5.1 金融支持产业发展的机制和模式

金融支持促进产业发展的机制有三个层面：其一，金融支持可以发挥从储蓄向投资转化的功能，通过影响和调整产业存量和增量结构，直接推动产业结构优化；其二，金融支持可以通过激励技术创新、优化资源配置，辅助产业政策间接引导产业发展；其三，产业与金融的相互渗透使金融支持成为支持产业升级本身的一个重要组成部分（王海兵，2018）。

在国际上，金融支持产业的发展总体上有两种模式：一种是以美国、英国为代表的市场主导型金融支持体系，更多表现为产业部门与直接融资部门的结合；另一种是以德国、日韩为代表的银行主导型的金融支持体系，更多地表现为产业部门与银行部门的结合。整体而言，发达国家金融支持产业无外乎风险投资、证券市场、商业银行和政策性金融机构四条路径，同时辅以相应的政策制度和法律法规（见表3－3）。

表3－3　金融支持产业发展模式

<table>
<tr><th>项目</th><th>两种模式</th><th>代表国家</th><th>特点</th><th>共同点</th></tr>
<tr><td rowspan="6">金融支持产业升级</td><td rowspan="3">市场主导型</td><td>美国</td><td>□ 产权关系扩展</td><td rowspan="6">□ 法律体系和风控机制完善
□ 资本市场发达，层次丰富
□ 产融结合趋势明显</td></tr>
<tr><td rowspan="2">英国</td><td>□ 商业银行持股比重下降</td></tr>
<tr><td>□ 风投和贷款体系成熟</td></tr>
<tr><td rowspan="3">银行主导型</td><td>德国</td><td>□ 全能银行制</td></tr>
<tr><td>日本</td><td>□ 主办银行制</td></tr>
<tr><td>韩国</td><td>□ 政府主导制</td></tr>
<tr><td>四条路径</td><td colspan="4">□ 风险投资
□ 证券市场
□ 商业银行
□ 政策性金融机构</td></tr>
<tr><td>传导机制</td><td colspan="4">□ 直接影响：储蓄向投资转化功能
□ 辅助功能：优化资源配置，激励技术创新
□ 产融结合，相互影响</td></tr>
</table>

3.5.2 市场主导型模式的国际经验

在以市场为主导的金融支持体系中，以美、英为代表，其中美国最为突出。

美国金融业起步早，金融市场和金融中介发展成熟。作为市场经济体制最完善的国家之一，美国的资本市场发达，风险投资活跃，为企业的创新活动提供了充足的融资渠道。对于在技术创新中起到“孵化器”作用的中小企业，美国政府也为其提供了法律和信用担保上的支持，为高科技中小企业的发展提供了良好的环境。美国产业金融模式的实质是市场主导型的产融结合模式。主要特征表现为以自由市场运行为基础，银企间产权制约较弱，主要依靠短期的债权联系并靠系统的法制来解决争端。其具体特征如下。

（1）产权关系的扩展。产业金融模式的核心问题是产权关系。产权关系尤其是股权关系必然会导致大股东派代表参加董事会。较为普遍的情况是几家大金融机构联合控制一家大公司。实际上，在美国五百家最大工业公司的股权结构中，都有美国几十家大型银行和保险公司的身影，并且占比较大。随着 20 世纪 60 年代以来美国的一些大财团瓦解，产业金融模式突破了之前领域的束缚，控制范围随之扩大，金融资本与产业资本融合交汇，形成网状结构，大型银行、保险公司和各行业巨头就是这种网状模式中的关键节点。

（2）商业银行持股比例不断下降。美国在经历了经济大萧条之后，相继出台了《格拉斯—斯蒂格尔法案》和《证券交易法》。两部法案规定了商业银行只能从事中短期贷款、存款和买卖政府债券，不能从事发行、买卖有价证券等投资银行业务，阻碍了商业银行对其他产业的渗透和控制。随着 20 世纪 60 年代非银行金融机构开始迅速崛起，各种基金发展迅速，商业银行面临严峻的市场竞争压力，其在企业中的持股比例及其相关的股权地位明显呈下降趋势。《美国经济调查》中记录，1980 年，商业银行在工商企业中的持股比例仅有 8.8%，大大低于 20 世纪 60 年代年金基金的比例，到 1995 年商业银行的持股比例只有 2.9%。

（3）成熟的风险投资和贷款市场。美国拥有发展成熟的风险投资与贷款市场，其市场规模约占全球私募股权投资总额的一半，尤其投向企业的成长期以及扩张期。美国的风险贷款市场现已形成以四家银行风险贷款和九家非银行型风险贷款为主导的市场局面，其中著名的机构有硅谷银行。与一般商业银行贷款不同的是，风险贷款在资金来源上主要是专业的风投公司以及科技企业自身的存款，而且客户定位也主要为科技型企业；在业务模式上，风险贷款主要采取股权投资和债权投资，在提高收益的同时有效降低了融资风险。

3.5.3 银行主导型模式的国际经验

在以银行为主导的金融支持体系中，德、日、韩的代表性较强。

德国的银行主导体系又可以称为全能银行制，即德国的银行采取混业经营模式，不受金融分业经营的限制，业务涵盖的范围从传统银行到证券、保险，又到衍生品和其他金融业务，再到实业投资，通过持有非金融企业的股权，参与到国家产业结构调整的过程中。德国产业金融模式主要以“社团”或“社会”市场经济为运行基础，银行与企业间产权制约较强。企业以间接融资为主，在经济和企业经营中主要由银行发挥作用，而资本市场作用较小。主要有以下几个特点。

（1）主持银行模式。德国的产业金融模式在发展过程中形成了特色鲜明的主持银行模式，大银行在公司经营和企业治理结构中发挥着重要作用。所谓主持银行模式，主要是指银行能够参与到公司经营和管理过程中，大银行通过对公司持股或贷款的方式，与企业产生密切的联系，并且大银行还通过向公司派遣监事等方式，对公司进行监督和指导。主持银行与公司的关系比较稳定，对持有的公司股票一般很少出手。

（2）银行在企业中的直接产权投资。德国主持银行模式下的银行对企业参股数额较大，并且该模式风险较小，而且比较稳定。这些特点源于德国法律对银行投资企业的持股比例限制较为宽松，只要其控股比例不超过银行自有资本的一半即可。银行参与公司经营决策，长期持有企业大量股票，能够减少交易中的逆向选择和道德风险。在银行与公司的利益紧密关联的情况下，银行会对出现经营危机的企业尽可能地提供帮助，帮助企业制定和追求长期发展目标，实现双赢并且避免短视行为。

（3）银行在企业中的投票权和广泛的人事参与。在德国，委托投票权的权重较高，成为银行参与企业经营决策的重要依靠，20 世纪 60 年代的一次政府调查显示，代理投票权制度使银行对上市企业的投票控制权超过六成。1992 年，德国银行对德国百强企业投票控制权超过一半的就有 57 家，占企业总数的 45.6%。在投票权的基础之上，银行还向企业派遣人员，参与到企业的经营决策中，通过人事参与或直接或间接地影响企业融资，是德国银行主导模式的集中体现，德国银行在企业治理体系中占据重要地位。

日本的银行主导型支持模式又可称为主办银行制，即主要以“财团”模式为支撑，即财团通过各种程度的参控持股形式，渗透到产业链的上下游企业中，将产业资本和金融资本有机结合起来，以支持本国的制造业发展。在日本，财团是由金融机构和企业（尤其是制造业企业）有机联合在一起形成的垄断集团。其中，金融机构涵盖银行、证券公司、保险公司等，企业包括综合商社和制造业企业。主要有以下几个特点。

（1）主办银行模式为主。在日本的众多向企业提供贷款的银行中，主办银行（Main Bank）是唯一对公司有监督职能的银行。虽然日本其他银行也可以共同持有企业的股份，但是主办银行的资金容量最大，在资金的筹集和运用方面，与企业保持着长期稳定的合作关系。由于主办银行持有企业股份，向企业派遣管理人员，而企业也有向银行报告信息的义务，二者保持长期稳定的关系，银行也因此对企业的经营、重组等活动拥有主导权，在企业面临财务危机时，也会积极组织救助。

（2）大银行成为金融资本集中的中心，产业资本严重依赖金融资本。第二次世界大战后，日本的银行始终在与工业资本互相持股的进程中处于主导地位，产业资本对金融资本的依赖程度逐渐加深。银行在金融资本金融集团中的核心地位，使以大银行为代表的金融机构在股票上占优势地位。1988 年，在日本上市的 1900 多家垄断大公司中，银行等金融机构的持股比例高达44. 58%，而其他国内法人仅占24. 85%。由此可见，银行持股比重大大超过工业资本的持股比重。

（3）大企业间的持股关系主要形式是网状的横向持股。一方面，大银行在金融体系内部处于中心地位；另一方面，各个企业的持股关系呈网状的多边结合关系，即各企业互持股份，这使各大企业之间的关系相对平等，避免了一方完全处于另一方控制之下的情况发生。

韩国的银行主导型支持模式又可以称为政府主导型。韩国的银行系统长期以来受到政府政策的影响，为战略性产业，尤其是其中的大企业，提供了大量低息的长期贷款，促使这些企业在短期内实现了飞速增长并迅速扩张。如韩国政府对重化工业的融资需求，采取了通过银行直接提供大规模贷款的政策。到后期，大企业为推进集团的发展，也纷纷设立非银行金融机构，如信托投资公司、储蓄机构、保险公司等，进一步拓宽融资渠道。通过政府扶持成长起来的以三星、现代等为代表的韩国大型企业集团在韩国经济腾飞和产业发展发挥了重要的作用，其雄厚的资金实力也使它们可以增加研发投入，进而使韩国在电子产品、汽车、合成纤维等行业长期保持着科技领先的地位。面对产业调整过程中陷入财务困境的企业，韩国政府提供了金融援助。如在 20 世纪 80 年代中期不良企业的整顿过程中，根据“全部补偿超过资产的负债”的支援标准，实行了部分减免本金及延期偿还、利息缓期等措施。

韩国政府为第四次技术革命中的重点产业提供了全方位的金融支持政策。首先，促进风险投资的发展，激活股市，并计划创立总额 10 万亿韩元的“创新风险基金”，为科技创新企业提供资金基础；其次，提高科研经费的投资，2015 年韩国研发经费的 GDP 占比从 21 世纪初的2. 3%迅速提至4. 2%，企业研究所在2004 年就突破了 1 万家，科研人员也在2007 年突破了 30 万人。

中国在第四次技术革命的背景下，坚持金融服务实体经济的原则，在对创新型产业提供金融支持方面进行了积极探索。随着“互联网 +”“中国制造 2025”“大众创业、万众创新”等战略的实施，中国的先进技术、先进制造和战略性新兴产业发展向好。在金融支持方面，中国不断探索，设立了国家集成电路产业投资基金、中国先进制造产业投资基金、中国农业产业发展基金、国家科技成果转化引导基金、国家中小企业发展基金、中国文化产业投资基金、中国政府和社会资本合作融资支持基金、国家新兴产业创业投资引导基金、国家战略性新兴产业基金等多项国家级基金，各地也都出台了相应的产业引导基金。商业银行配合产业政策和战略，对重点行业、高科技领域，加大了信贷投放力度，以此促进产业转型升级，如加大向“中国制造2025”涵盖的高端制造业等产业的投放力度。此外，中国在绿色金融、科技金融、供应链金融等方面的探索和尝试，也为助力产业升级、中小企业发展、科技创新，构建了良好的金融生态。

3.5.4 两种金融支持模式的相同点

不论是以银行主导还是以市场主导，这些模式在发达国家取得成功都离不开以下几点。

一、完善的法律体系和风险管控机制

美国政府不仅从20世纪40年代就开始着手打造扶持中小企业的政策性金融体系，此后的历届政府又陆续制定了十几个维护中小企业权益的法律，使保护中小企业的法律体系不断完善。在法律体系外，美国对中小企业担保贷款的风险分散和规避机制也相对完善，一方面国会对小企业管理局的中小企业信贷担保计划的预算和执行状况进行监督；另一方面，担保业务操作过程规范，担保比例也有一定的规定，担保机构和商业银行在贷款期间也要监督和控制企业的风险。同时，美国各级股票市场间相互竞争，相互补充，有着严格的退市制度和转板制度，为成长性企业提供良好的上升通道，也为经营不善的企业提供完备的退出机制。

德国政府自20世纪以来就非常注重对中小企业和高科技企业发展的金融支持。构建了完善的法律体系保障中小企业的融资渠道和科技转化。在贷款的风险控制方面，德国复兴信贷银行的业务模式充分考虑了风险分散问题。德国复兴信贷银行允许客户指定商业银行进行相关业务，而自身与贷款企业不产生直接的业务关联，从而将贷款风险局限在商业银行的违约风险。对商业银行来说，通过要求贷款人提供抵押，将贷款的风险额控制在20%以内。

韩国政府在经历了亚洲金融危机之后，对传统的政府主导型的金融制度也开始反思，对大企业集团的过度融资予以限制，成立金融监督机构，加强监管，进一步提升银行贷款决策的自主性和风险控制意识。此后，韩国的银行营运状况得以改善，许多银行机构也将重心转向对个人和中小企业的融资，政府也相应提供了中小企业在投资和研发上的优惠政策，并优先中小企业参与公共机关的企业招标，鼓励科技类中小企业的技术开发和应用。

二、发达的、多层次的资本市场

美国的资本市场发达，股票市场和债券市场发展完备，风险投资活跃。美国高技术产业的研发投入和创业投资正是依赖于其多层次的市场融资体系，从企业创建到成熟的每一个过程中，都能够得到充足的孕育和发展。场外市场、创业板市场与主板市场共同构成了多层次的股权资本市场体系。场外市场主要为创业过程中处于初创阶段中后期和幼稚阶段初期的企业筹集资本性资金，同时解决这些企业的资产价值评价、风险分散和创业投资的股权交易问题。经过了场外市场一段时间的培育后，如果满足创业板市场要求，则企业可以申请转入为幼稚阶段中后期和产业化阶段初期企业服务的创业板市场。美国纳斯达克市场成立于 1971 年，是全世界最具影响力的创业板市场。主板市场则是为已经进入稳定发展阶段、盈利状况良好的大型成熟企业提供融资途径，美国最大的主板市场是纽约证券交易所，这也是世界上最大的股票市场。此外，美国拥有全球规模最大的债券市场，债券发行也较为自由，企业只要与证券公司协商好发行总额和发行条件，就可以发行债券。企业债券作为美国资本市场中的主要品种之一，也为需要资本性资金的高新技术企业提供了一种重要的外源融资方式。

德国复兴信贷银行在为新兴产业输送优惠贷款以外，还对中小企业进行风险投资等资本合作。以企业资源计划（ERP）初创企业基金和高科技种子基金为例，德国复兴信贷银行仅在 2012 年就为这两项计划提供了多达 7400 万欧元的资金支持。其中，德国复兴信贷银行管理下的 ERP 初创企业基金，采取联合投资的模式，德国复兴信贷银行与至少一方风险投资资本合作，以提供不超过一半的投资额为限，不仅分散了风险，还能引导私人资本参与，在调动市场力量的同时，达到支持高科技企业的目的。2012 年，德国复兴信贷银行共计为初创企业提供了 5800 万欧元的资金支持。

英国伦敦股票交易所早在 1981 年就为未上市债券设立了交易市场——未上市债券交易市场（USM），又于 1995 年针对中小企业的投融资需求，开设了二板投资市场（AIM）和三板市场（OFEX）。二板市场降低了中小企业进入资本市场的门槛，免除了主板市场关于信息披露、分散股权等方面的一些规则，拓宽了中小企业的外源性融资渠道。三板市场对于不能进入伦敦证券交易所主板市场或 AIM 挂牌交易的中小企业提供了融资服务，并将筛选出发展良好的中小企业，纳入 AIM 进行交易。

三、产融结合：金融资本与产业资本的相互转化

在美国，产融结合通过两种途径实现。一种是以摩根财团、第一花旗银行财团为代表的产融型财团，这类财团以金融资本为主，通过将金融资本向产业资本的转化，实现对产业资本的控制。另一种是以通用电气公司（GE）、洛克菲勒财团为代表的产融型财团，这类财团以产业资本为主，通过将产业资本向金融资本的转化，达到产融结合的目的。

在德国，第二次世界大战后的产业金融模式发展是通过相互参股与人事结合来实现的。德国对于银行业的业务限制相对宽松，这极大地促进了德国银行对非银企业的持股活动。德国银行不仅对金融市场上证券发行和转让业务形成了垄断，还涉足工商企业的股权投资，甚至直接进入企业董事会，参与到企业的经营决策当中。

在日本，银行与企业相互交叉持股形成的网状结构，一方面，银行作为企业的大股东，既关心企业短期营收，也关心企业长期发展；另一方面，企业也持有银行股份，确保资金来源稳定，提高抗击风险的能力，这种形式帮助银行和企业建立起长期稳定的交

易关系。这种模式的微观经济风险小，产融结合的稳定性较强。第二次世界大战之后，日本一些大型的产融型企业集团逐步出现，如三菱集团、三井集团、芙蓉集团、住友集团、第一劝业集团与三和集团等。这些企业集团都有着自己的核心大银行，集团内部的重要大企业相互交叉持股，大股东多为本集团内部的大企业。

3.6 产业政策与金融政策需要关注的问题

3.6.1 促进不同产业的协同发展、融合发展

要鼓励将先进的技术运用到现代产业体系中，促进先进技术与三次产业的有机结合。同时也要促进三次产业相互融合，协同发展，不能顾此失彼，避免产生产业空心化，在发展过程中“跛足前行”。借鉴美国现代农业的成功经验，将农作物种植、农产品加工制造，以及生产销售过程中的物流服务和金融服务三者有机结合，紧密联系第一、第二、第三产业，提高农产品的规模经济。

3.6.2 确保产业政策与金融创新、科技创新相适应

借鉴德、日、英等国的成功经验，促进产、学、研的合作机制，提高科技成果的转化率，提高研发的投入并构建全球研发网络。此外，通过产业政策和金融工具的创新，丰富企业的融资来源，构建多层次的资本市场体系。如美国风险投资、政策基金相互配合，不断丰富的金融工具，为企业的孵化期、成长期、扩张期和稳定期提供全覆盖的资金支持。可以说，正是科技创新、金融创新为发达国家的产业转型升级的成功提供了持续的动力。

3.6.3 解决中小企业发展的金融支持难题

中小企业一方面在新兴产业和科技创新领域始终处于比较重要的地位，另一方面又时常面临融资难、竞争力弱的问题。对此，欧美和日韩等经济体在促进产业转型升级过程中都对中小企业技术创新提供了政策支持，如税收优惠、贷款担保、风险投资等，及时为中小企业提供了融资、经营和法律等方面的服务。在政策的保护和刺激下，分担了中小企业的风险，激发了中小企业的活力，加速了科技成果的转化。

总之，正如徐林（2018）所说的，政策模式及其政策工具的选择、政策机制的设计，都会受制于特定时期的内外环境、体制基础和技术支撑。在学习借鉴别国政策模式和工具时，特别需要把握本国与别国在发展阶段、技术支撑、政策环境等方面的差异。简单以别国的经验和做法作为本国政策制定的样板照搬照抄，属于政策制定领域的东施效颦，不仅难以取得成效，有时还会导致不必要的麻烦。

第4章

中国推动"双创"和"互联网+"的金融实践

当前，在全球经济增长面临下行风险、产业亟待转型升级的关键时期，第四次技术革命为新一轮产业变革提供了机遇与动力。随着经济步入新常态，中国积极转变经济发展方式，树立创新、协调、绿色、开放和共享五大发展理念，明确提出要加快培育和发展七大战略性新兴产业，助力"中国制造"转向"中国创造"，积极拥抱第四次技术革命。创新是中国经济增长的"新引擎"，是经济结构转型成功与否的关键，"双创"和"互联网+"便是中国鼓励创新创业、培育经济新动能、驱动产业升级的两大突出亮点。

金融作为现代经济的核心，是引领资源和要素汇聚新兴产业、带动传统产业转型升级的关键力量，新一轮产业革命必然对金融功能和金融服务提出新要求。在第四次技术革命的浪潮中，中国在推动金融创新支持"双创"和"互联网+"，进而助力科技发展等方面的有益经验，为世界提供了"中国智慧"与"中国方案"：一是发展多元化资本市场，搭建"双创"支撑平台；二是提高机构创新能力，增强金融普惠性；三是深化制度改革，改善产业升级的营商环境；四是转变理念，构建适应金融创新和产业升级的监管新模式。中国积极推动供给侧结构性改革，转变发展观念和经济模式，以技术进步引领经济新常态，焕发金融服务的新活力，同时防范金融风险，加强审慎监管，探索出了一条发展中国家积极参与第四次技术革命的道路。

4.1 培育新兴产业可持续发展

4.1.1 经济发展模式转型升级

21世纪初，随着以电子计算机技术为代表的互联网泡沫破灭，第三次科技革命浪潮逐步退去，世界各主要经济体处于迎来第四次技术革命的窗口期。彼时，中国主要采取"跟随模式"，积极追赶发达经济体的步伐，重视信息、生物工程、新能源、新材料、环保等新兴产业和高技术产业的发展，将"引进技术"作为发展科学技术的重要手段之一。2008年国际金融危机爆发后，全球经济下行，传统发展模式难以为继，各主要国家和地区重新审视经济发展和产业转型问题，将目光聚焦于既可推动科技创新，又能引领未来发展的新兴产业。国际金融危机推动了世界经济结构调整，发展战略性新兴产业已成为国际社会应对金融危机、实现可持续发展的共同选择。在走出危机的重要时点，中国明确提出要加快培育和发展以重大技术突破、重大发展需求为基础的七大战略性新兴产业，将其作为推进产业结构升级和经济发展模式转变、促进经济社会可持续发展的重大战略，并从强化科技创新、培育市场主体、深化国际合作、加大财税金融支持等多方面予以推进，取得了积极成效。

4.1.2 以技术进步引领经济新常态

随着中国经济步入新常态，贯彻五大新发展理念、深化供给侧结构性改革等举措成为中国适应和引领经济“新常态”的科学指引与发展主线。在此框架下，新一代信息技术、高端装备制造、新材料、生物、新能源汽车、新能源、节能环保和数字创意等战略性新兴产业成为中国培育发展新动能的重要抓手，是提高供给体系质量、推动产业结构转型升级的重要途径。中国各地区更为重视新兴产业的发展，在政策、财政、金融等层面积极扶持。深圳是中国创新发展示范区和战略性新兴产业的集聚区，在全国率先制定了战略性新兴产业发展规划，布局了新一代信息技术、生物、新材料、海洋等新兴产业，设立专项基金，通过直接资助、股权投资、贷款贴息等多元化扶持方式支持项目建设，涌现出一批如华为、腾讯、海能达、大疆等行业领军企业，形成了“雁阵式”全新创新梯队。

近年来，高新技术产业开发区作为科技创新的重要引擎，已成为中国各地区发展高新技术产业的重要载体和培育战略性新兴产业的重要阵地，在新一轮技术革命与产业变革中发挥了引领作用。当前，中国国家级高新区数量已达168家，有力推动了新兴产业蓬勃发展。例如，成立于1988年的中关村科技园是中国第一个国家级高新技术产业园区，园区内的各类孵化器已成为科技成果转化和高新技术企业成长的“摇篮”。为推动战略性新兴产业发展，中关村陆续实施了“十百千工程”，聚焦电子信息、生物、新能源和环保、新能源汽车等战略性新兴产业领域，扶持一批该领域的创新型企业做强做大，实施重大科技成果产业化工程，形成高端产业集群。苏州工业园区是改革开放的试验田与国际合作示范区，目前已基本形成以电子信息和装备制造业为主导产业，以生物医药、纳米技术和云计算为战略性新兴产业的“2+3”产业发展格局，呈现主导产业高新化、服务产业现代化和战略性新兴产业规模化的良好发展态势。

4.1.3 全国范围积极发展新兴产业

在全社会的共同努力下，中国战略性新兴产业发挥出越来越强的引领带动作用，呈现出“快、高、优、活”的特点，即产业规模快速壮大、产业水平迈向中高端、整体效益不断优化、产业创新持续活跃。2017年底，中国战略性新兴产业占GDP的比重已超过10%，产业增加值5年来平均年均增长15%，在高速铁路、航天工程、超级计算机、量子通信、大飞机工程、国产航母、人工智能、新能源汽车等高技术和高端制造领域取得了一批有国际影响力的重大成果。国家统计局数据显示，2018年工业战略性新兴产业增加值同比增长8.9%，比规模以上工业高出2.7个百分点。战略性新兴产业作为经济增长新引擎的作用愈发明显，已成为中国经济增长新动能的主要支撑力量。

从区域分布来看，中国东部、中部和西部地区结合当地特点，积极推进战略性新兴产业发展，取得了不同建设成效。具体地，东部地区的引领示范作用显著，一些省市已成为加快发展战略性新兴产业的“标杆”。自2016年起，深圳市战略性新兴产业增加值占GDP的比重已超过40%，成为名副其实的经济增长“主引擎”。同时，江苏省战略性新兴产业工业部分产值占工业总价值比重达到30%；浙江、山东等多个省份战略性新兴产业产值突破万亿元大关。中部、西部和东北地区的推动进程相对较慢，但其表现也可圈可点，一些地方形成了各具特色的新兴产业集聚发展态势，如湖北的集成电路、安徽的新型显示、湖南的轨道交通装备、江西的航空装备、吉林的生物医药等。可以说，战略性新兴产业已成为带动区域经济转型升级的重要力量。

4.2 “双创”和“互联网+”推动产业升级

4.2.1 鼓励创新创业培育经济新动能

2014年9月夏季达沃斯论坛上，“要在中国960万平方公里土地上掀起‘大众创业’‘草根创业’的新浪潮，形成‘万众创新’‘人人创新’的新势态”的声音振奋人心。“大众创业、万众创新”是经济活力之源，也是转型升级之道。“双创”的内涵在于，以简政放权的改革为市场主体释放更大空间，激发和保护创新精神、企业家精神，调动社会全员的积极性，鼓励更多个体投身创新创业，让中国人民在创造物质财富的同时实现精神追求，让中国真正迈入到自主研发、创新大国的行列中去。

为了鼓励“大众创业、万众创新”，中国政府坚持创新为本、高端引领，改革先行、精准施策，人才优先、主体联动，市场主导、资源聚合，价值创造、共享发展。以优化创新创业生态环境、拓展创新创业的覆盖广度、提升创新创业的科技内涵、增强创新创业的发展实效为目标，着力推动“放管服”改革，促进政府职能转变；着力推动创新创业群体更加多元，发挥大企业、科研院所和高等院校的领军作用；着力激发专业技术人才、高技能人才等的创造潜能，加速科技成果向现实生产力转化；着力推进创新创业与实体经济发展深度融合，结合“互联网+”“中国制造2025”和军民融合发展等重大举措，促进新技术、新业态、新模式加快发展和产业结构优化升级。

经过几年的努力，“大众创业、万众创新”蓬勃发展，创新创业环境持续改善，主体日趋多元，各类支撑平台不断丰富，社会氛围更加浓厚。创新创业实现了从局部到整体、从现象到机制的跨越，已经成为推动经济增长、促进转型升级的重要力量。具体来看，主要体现在以下几个方面。

一是充分激发了市场主体活力。大量优秀的创业团队不断涌现，一大批创新型企业高速成长。2018 年上半年，国家市场监督管理总局的统计数据显示，截至 2018 年底，全国实有市场主体达 1.1 亿户，其中企业达 3474.2 万户。2018 年新增市场主体 2149.58 万户，新增企业 670 万户，平均每天新增企业 1.83 万户，有力地带动了高质量就业。

二是培育壮大了发展新动能。创新催生创业，创业也带动创新，在创新创业的相互促进下，高技术产业和战略性新兴产业快速成长。根据国家统计局发布的《中华人民共和国 2018 年国民经济和社会发展统计公报》，2018 年全年高技术制造业和规模以上工业战略性新兴产业增加值分别同比增长 11.7% 和 8.9%，分别高出规模以上工业增加值增长率 5.5 个百分点和 2.7 个百分点；全年规模以上服务业中，战略性新兴服务业营业收入比上年增长 14.6%；全年新能源汽车产量 115 万辆，同比增长 66.2%；全年网上零售额 90065 亿元，同比增长 23.9%。互联网、大数据、人工智能与实体经济正在深度融合，新业态、新模式向生活性服务业全面渗透。

三是创新创业的平台支撑能力不断提升。当前，120 家双创示范基地加速建设，众创空间数量已达到 5500 多家，科技企业孵化器超过了 4000 家，创业投资机构超过 3500 多家，资金管理的规模已接近 2 万亿元，中国已经成为世界上第二大创业投资市场。创业咖啡、创新工场、创业博客、创业社区、天使投资联盟、创业实验室等创业服务平台，在企业成立初期或遇到发展瓶颈的时候，提供资金、管理、资源、策划等支持，从而帮助企业做大或转型。

四是全面推动了体制机制创新。“放管服”改革持续深化，“不见面审批”“最多跑一次”“一门式一网式”的便捷政务服务大量涌现，营商环境不断优化。大中小企业融通发展，“产研用创服”五位一体，线上信息和线下服务协同，一批行之有效的创新创业发展经验在各地区、各部门得到了有效推广。

五是全社会创新氛围日益浓厚。“双创”活动周、“创响中国”等活动成功举办，创新风尚广泛弘扬，敢为人先、追求创新、百折不挠的创业精神已经成为全社会的共同追求。①

从简政放权到减轻税负再到政策激励，中国政府努力为“双创”营造公平、宽松的环境。未来，按照高质量发展的要求，中国将总结经验教训，把握市场特点，持续深入推进“双创”，进一步深化体制机制改革，加强产权保护，为各类市场主体营造市场化、

① 国务院新闻办公室网站. 发改委举行2018 年大众创业万众创新活动周发布会 [EB/OL]. (2018-09-28). [2018-10-14]. http://www.scio.gov.cn/xwfbh/gbwxwfbh/xwfbh/fzggw/Document/1638824/1638824.htm.

法治化、国际化的创业创新生态。

4.2.2 “互联网+”推动新一轮产业革命

“互联网+”是指依托互联网信息技术实现互联网与传统产业的深度融合，特别是应用大数据平台和人工智能等前沿技术，充分发挥互联网在社会资源配置中的优化和集成作用，将互联网的创新成果深度融合于经济、社会各领域之中，提升全社会的创新力和生产力，以优化生产要素、更新业务体系、重构商业模式等途径来实现经济转型和升级。

“互联网+”是中国拥抱第四次技术浪潮的前奏，是驱动经济转型升级的关键要素。“互联网+医疗”借助互联网连接、智能的特性，开展以互联网为载体的医疗信息查询、电子健康档案、在线疾病咨询、电子处方、远程会诊、治疗和康复等多种形式的健康医疗服务，有利于解决中国医疗资源不平衡和人们日益增加的健康医疗需求之间的矛盾。“互联网+教育”的结果是智慧教育，以教育信息化带动教育现代化，实现教育双向互动、实时交互，为学生提供个性化教学和服务，优化教学资源，实现资源共享，促进高等教育，发展职业教育，促进教育公平。“互联网+矿业”有利于解决矿业产能过剩的问题，高度网络化、大数据化、协同工作、分布式服务将重塑地质、勘查、开采、洗选、加工、运输、冶炼、贸易链条结构，以市场导向为出发点，以柔性生产为原则，以信息共享为基础，建立新型的上下游合作伙伴关系，形成安全、高效、绿色、可持续发展行业生态模式。“互联网+智能制造”代表着未来先进制造业的发展方向，以“信息深度自感知、智慧优化自决策、精准控制自执行”为特征，打通端到端数据流，从关键制造环节和工厂两个层面实现智能化，从速度、质量、成本三个方面提升制造业核心竞争力。“互联网+传统行业”的例子不胜枚举，互联网大数据思维、云计算等高科技可以被运用到各个传统产业，主动创造市场需求，挖掘传统产业的新运营模式，推动其向智能化不断升级。

专栏4－1　阿里云ET工业大脑引领新产业

随着互联网信息技术的不断发展，互联网与传统产业深度融合，通过应用云计算、大数据、人工智能等前沿技术，攻克产业核心难题，优化中间环节，提升产业的效率效益与创新能力，助力新一轮产业革命。

作为阿里巴巴集团旗下的人工智能科技公司，阿里云充分运用人工智能技术，在工业互联网领域积极探索，开展创新，研发了ET工业大脑、阿里巴巴淘工厂、云市场工业互联网分发平台、阿里云大学、“淘富成真”智能产品赋能平台以及斑马汽车、天猫精灵等一系列智能互联产品。

ET工业大脑结合了人工智能（AI）技术、云计算大数据能力和垂直领域行业知识，是阿里云将研发平台建在车间的实践成果。通过计算与挖掘工业大数据信息，ET工业大脑实现了工业智能化，将传统工业生产中的人工机理推导转向基于全数据链的大数据分析，突破了良品率提升、故障率预测等制造业核心难题，在工艺创新、流程优化、智能生产、风险预警、降低成本等方面发挥积极作用。

目前，ET工业大脑已经在光伏、橡胶、能源等五个行业落地，帮助协鑫光伏、中策橡胶、天合光能、盾安新能源等大型制造企业创造利润上亿元。在协鑫光伏，阿里云ET工业大脑应用于太阳能电池硅片生产制造领域，监控切片生产参数曲线，通过对太阳能电池切片制造流程进行最优参数推荐，提升了1%的切片良品率，从而提高了生产效率，降低生产成本。在中策橡胶，阿里云ET工业大脑将生产端的各类数据进行深度运算和分析，形成资源最优利用的方案组合，提升了5%的混炼胶合格率。在天合光能，阿里云数据科学家通过研究光伏电池的业务流程和制作工艺，构建出数据分析模型，对工艺参数进行调整，最终在丝网印刷环节捕获到了关键因子，优化后A品率提升了7%。在盾安集团，风力发电机维护通常在故障发生后进行，不仅维修复杂，维修周期长，而且停产损失大、维修费用高昂。针对该痛点，阿里云ET工业大脑通过海量风机历史运行数据，构建风电机组异常智能监控预警和故障预测模型，提前发现微小故障并预警，将风机维护费用从30万~50万元每台减少至2万元每台。

阿里巴巴集团副总裁刘松指出，工业互联网的意义在于，通过将移动互联网领域沉淀了多年的关键技术，与传统制造业业务相结合，由此在微笑曲线的研发与设计、生产与制造、营销与服务三个区间带来更大的增益。阿里云充分发挥技术优势，将互联网信息技术融入传统工业，通过数据和算法在未知领域探索创新、实现价值，引领传统工业智能升维。

经过短短二十几年，从活力无限的网上购物到蓬勃发展的云计算技术，从随处可见的移动支付到“一扫即达”的共享出行，中国互联网领域实现了跨越式发展，已经成长为名副其实的互联网大国。以电子商务为例，阿里巴巴、京东、苏宁等电商企业充分发挥人工智能、大数据等新兴技术的创新优势，打造电子商务产业链和生态链，推进网络零售标准化建设，促进电商与物流协调发展。中国走在了全球电商发展潮流的前沿，电子商务成为全球经济增长的新焦点。2017年，中国电子商务在数字经济加快发展的新形势下，步入新一轮创新增长空间。国家统计局数据显示，2018年全国电子商务交易额达到31.63万亿元，同比增长8.5%，增长态势良好（见图4-1）。

数据来源：《中国电子商务报告 2017》、国家统计局电子商务交易平台。

图 4－1　2011—2018 年中国电子商务交易总额及增长率

专栏 4－2　晋煤网上超市助推传统产业升级

近年来，随着供给侧结构性改革的不断推进，降本增效、推进产业升级成为传统能源企业的转型之道，晋煤集团也不例外。

作为山西省属的骨干煤炭企业，晋煤集团是一家跨区域、跨行业、跨所有制的现代综合能源企业集团，拥有 69 个二级子公司、12 个分公司、1 个托管企业，在岗员工总数 14 万余人，经营范围覆盖全国 11 个省份 30 多个地市。物资采购需求量大、覆盖范围广是晋煤集团生产运营的突出特征，但是传统的采购模式周期长、流程复杂，而且成本居高不下，企业的运营效率和效益受到严重影响。在此背景下，京东企业购为晋煤集团深化供给侧结构性改革、加快产业调整转型升级提供了重要抓手。

作为国内领先布局企业采购市场的电商平台，京东企业购发挥技术优势，以采购为切入点，通过资源整合及技术驱动的一站式、智能化服务，不断延伸对企业的智能服务路径，推动企业实现模式升级和价值创新。当前，京东企业购与晋煤集团签署了合作协议，通过共建“晋煤京东网上超市”，京东企业购可为晋煤集团提供从办公用品、低值易耗品等通用标准物资，到劳保、工业品等商品的一站式采购服务。此外，针对晋煤集团在采购管理、财务等环节的实际需求，京东企业购还可提供一站式解决方案，实现统一对账、统一结算、统一开票，极大提升晋煤集团的采购管理效率。除了智能采购，未来京东企业购与晋煤集团还将在供应链升级、大数据共享、无界零售等领域开展合作，通过技术驱动与管理革命，实现“成本做减法，效率做加法”，探索煤炭企业转型升级的新路径，打造探索煤炭行业与互联网深度融合的范本。

传统能源企业具有利润空间低、产业规模大、覆盖范围广、员工数量多的特征，晋煤集团只是其中的一个缩影，从企业采购的源头降低成本、提高效率是实现转型升级的关键要点。当前，京东企业购还与西山煤电、华北油田、辽河油田、阳煤集团等业内知名能源企业进行了广泛的合作，针对这些传统能源行业的实际需求，推出了系列智能化解决方案，推动着传统能源行业向“互联网+”的转型。

“互联网+金融”的实践，正在让越来越多的企业和百姓享受到高效的金融服务。2013年，互联网金融从“互联网+金融”模式中脱颖而出，一定程度上解决了中小企业融资难题，加速了战略性新兴产业的培育。战略性新兴产业具有发展性、长远性、高效性、集约性、动态性等特征，是中国经济社会发展和产业结构升级的重要推动力量。然而，作为战略性新兴产业主体，中小企业融资“难、贵、慢”问题突出，这也是互联网金融拥有如此强大生命力的原因。互联网金融使信息整合利用率提高，资金流动更容易借力市场调剂，倒逼传统行业自身的转型升级。互联网金融的发展更好地发挥了金融服务在推动中国经济转型、消费升级中的关键性作用，从而帮助数以百万计的金融消费者和中小微企业更加便捷、高效地实现资金融通，为实体经济发展作出贡献。

专栏4-3 苏州综合金融服务平台：“互联网+”强化融资功能

2015年9月，苏州市政府印发《苏州市金融支持企业自主创新行动计划(2015—2020)》(以下简称计划)，同年12月，苏州综合金融服务平台应运而生，为苏州本地及周边地区的企业，尤其是成长快、资产轻的创新创业型中小微企业提供综合金融服务方案，解决其融资难题，大力支持实体经济的转型升级。

苏州佳祺仕信息科技有限公司创立于2011年，专注工业智能设备领域，业务涵盖研发、生产和销售计算机软硬件、自动化设备等，消费电子行业全球前5强都是该公司的客户。目前，该公司正处于快速发展期，销售额从2016年的3000万元增加到2017年的近1亿元，再到2018年的超过2亿元，如此惊人的发展速度，与2015年的一笔“救命钱”息息相关。

该公司的客户基本不付预付款，这导致公司每年上半年都面临较大垫资压力，股东们过去主要通过个人名下房产抵押及科技小贷公司的商业保理来募集资金，速度慢、成本高。直到2015年，通过苏州综合金融服务平台，佳祺仕与苏州银行成功“牵手”。该公司的技术能力强，市场发展前景广阔，因此苏州银行通过信保贷专项服务方案，为其提供1年期、总金额200万元的信贷支持。2016年，由于该公司订单持续爆发，苏州银行上调其流动资金贷款额度至300万元。资金“活水”的到来解决了公司原材料采购、研发投入等需求，有力保障了其业务的顺利实施。

苏州综合金融服务平台正是为解决像佳祺仕一样的众多民营小微企业融资满足率偏低、金融机构与企业信息不对称、银行授信评分体系严重滞后等问题而生的。该平台是涵盖丰富金融产品和增值服务的一体化“互联网+综合金融”的服务平台，采用“线上+线下”的金融服务模式，企业在线上发布融资需求、金融机构发布产品创新等信息，充分依靠市场，实现企业与金融机构自主对接、双向选择；在线下，根据企业的融资需求统筹银行、保险、金交等资源的有效撮合，为企业定制个性化融资解决方案，并实现企业、机构和主管部门间信息实时对接反馈、互联互动。

苏州政府部门积极作为，为综合金融服务平台提供了有力支持。目前，政府帮助平台对接了包括国税、地税、工商、海关、环保等98家信息源单位组成的企业征信系统，助力打破银企信息不对称局面；建立平台企业准入标准及信贷评审制度，引导企业聚焦特色产业发展，打造特色产业集群及生态圈，吸引知名金融机构及优质企业加入平台，提升平台影响力和知名度；设立融资支持、产业投资等专项财政基金，引入风险投资（VC）、私募股权基金（PE）等机构拓宽融资途径；制定人才激励政策，例如税收激励、住房津贴等，为金融机构和高新产业吸引高端人才。

苏州综合金融服务平台向全市符合创新驱动发展方向的所有企业开放，在平台上找资金，犹如淘宝交易一样便捷。打开苏州综合金融服务平台网站，最先映入眼帘的便是“我要贷款”选项，企业可自由选择贷款金额、期限以及担保方式，确认之后点击“搜索贷款”，立刻会跳出符合条件的银行贷款产品。平台还推出了微信公众号、手机客户端，使企业更加方便快速地获取信息、按需申请资金。

平台实时发布融资对接的统计数据显示，截至2019年1月5日，注册企业27880家；包括中国农业银行、中国建设银行等在内的银行、保险以及担保机构共计56家金融机构登录平台，发布金融产品165项；银行和苏州金交中心共计解决35170项、6879.16亿元融资需求。其中知识产权、高新技术、文化创意、专精特新等企业累计共实现融资金额近3000亿元，总占比超过40%，充分体现了“互联网+金融”服务模式加速培育战略性新兴产业、推动实体经济转型升级的宗旨（见图4－2）。

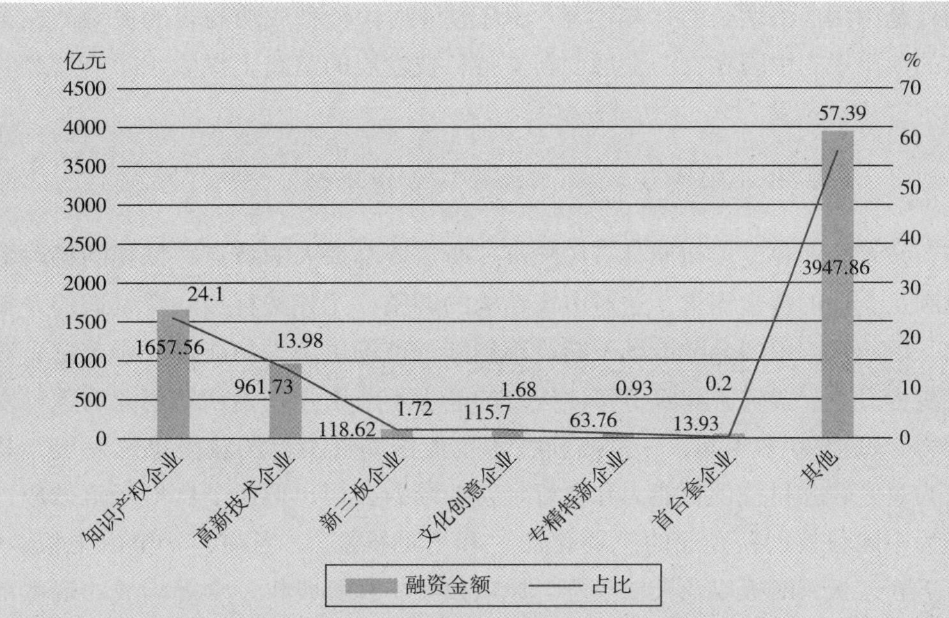

数据来源：苏州综合金融服务平台网站。

图4－2　不同行业的银行融资金额及占比（截至2019年1月5日）

2018年8月，苏州股权融资服务平台正式上线。通过“企业项目资源库”和“股权投资机构库”两大数据库，企业可以在线发布股权融资需求，并且自主选择将融资需求有针对性地推送给一家或多家投资机构；股权投资机构可以在线上对发布需求的企业进行初步筛选，锁定目标企业后，再一对一地进行线下洽谈。作为苏州综合金融服务体系的重要组成部分，该平台将帮助初创型、成长型企业拓宽股权融资渠道，帮助符合国家相关规定的投资机构深挖优质创新创业项目，通过“线上＋线下”的联动服务模式，实现资金供需双方低成本、高效率的合作对接。今后，以提供“股权融资”服务为主的苏州股权融资服务平台还将与以提供“债权融资”服务为主的苏州综合金融服务平台互为补充，共同为企业提供“股权＋债权”的一揽子综合融资解决方案，多渠道提升企业的金融服务满足率。

苏州的成功经验为全国各地的地方金融改革树立了模范典型。中国正处于经济转型升级、产业创新发展的关键阶段，运用“互联网＋”创新金融工具和金融产品，优化金融资源配置，引导更多资金流向实体经济、流向战略性新兴产业，是推动新旧动能加速转换、赢得新发展优势的一大亮点。

4.3　全方位推进第四次技术革命的金融创新

“金融活，经济活；金融稳，经济稳。”金融在经济发展和社会生活中承担重要职能。创新是中国经济增长的“新引擎”，是经济结构转型成功与否的关键。在第四次技术革命的浪潮中，中国在推动金融创新支持科技发展的道路上探索出了有益经验，为世界提供了“中国智慧”与“中国方案”。

4.3.1 多元化金融市场构建“双创”支撑平台

高新技术企业在发展初期具有风险高、所需资金量大的特点，依托间接融资模式难以有效满足企业的资金需求，这对市场结构的调整，尤其是直接融资渠道的开拓提出了新要求。近年来，中国金融市场不断改革创新，市场层次与功能进一步丰富，对外开放程度逐步提升，配置资源和服务实体经济的能力不断增强，为创新创业的蓬勃发展注入强劲动力。过去20多年间，一批高新技术企业借助资本市场获得迅速发展，其中不少已成长为具有较强科技创新能力和良好经营业绩的公司，形成了良好示范效应，资本市场已成为中国科技创新企业的“孵化器”和“助推器”。当前，一个由主板、中小板、创业板、新三板、四板以及天使投资、风险投资、私募股权、众筹构成的资本市场多元化投融资体系，为创投企业提供了便捷的投融资渠道。

数据显示，2018年，在全球范围内上市的中国企业共243家，其中A股市场上通过IPO审核的企业数量达111家，105家企业实现IPO，募资总额合计1378.15亿元。数据显示，2018年A股上市的IPO企业数量排在前列的行业中，计算机、通信和其他电子设备制造业，专用设备制造业，软件和信息技术服务业，化学原料及化学制品制造业，电气机械及器材制造业，汽车制造业，通用设备制造业，医药制造业等行业涵盖了一半以上的上市新股，这些行业的融资量占比也超过了募资总额的50%，反映出A股市场上以信息技术、生物科技等为主的高新技术企业较为活跃（见图4－3和图4－4）。

截至2018年11月底，战略新兴行业上市公司已达1268家，总市值约11.9万亿元，在全市场占比分别为35%、26%；65家高新技术企业实现IPO，占新上市企业数量的71%，融资规模达812亿元、占比为63%。① 社会资金逐渐向新一代信息技术、高端装备制造、新能源、生物医药等关键领域集聚，具有自主创新能力的高新技术企业在IPO中的占比明显提升。此外，深交所创业板的国家级高新技术企业占板块的比重超过九成，战略性新兴产业企业占比超过七成，创业板在落实国家自主创新战略实施方面起到了明显的推动作用。新三板市场作为中国多层次资本市场建设的重要组成部分，主要为中小企业发展提供股权激励、股票转让、债券融资等融资服务。自2006年1月诞生以来，新三板市场不断深化发展，其挂牌企业数量、成交额、成交量均呈现井喷式增长。截至2019年3月22日，新三板挂牌企业已达到10368家，为解决中小企业融资难、融

① 中国证监会．发挥资本市场功能　更好服务经济高质量发展——阎庆民副主席在第十七届中国经济论坛上的讲话[EB/OL]．（2018－12－29）．[2019－03－20]．http：//www.csrc.gov.cn/pub/newsite/zjhxwfb/xwdd/201812/t20181229_348998.html.

注：本表只列出2018年IPO数量在2家（含）以上企业的行业。

数据来源：Wind。

图4-3　2018年A股市场各细分行业IPO企业数量

行业	%
计算机、通信和其他电子设备制造业	28.77
货币金融服务	9.31
资本市场服务	8.85
专用设备制造业	8.14
电气机械及器材制造业	6.57
保险业	4.42
化学原料及化学制品制造业	4.27
软件和信息技术服务业	3.26
酒、饮料和精制茶制造业	2.49
汽车制造业	2.14
研究和试验发展	1.65
水上运输业	1.54
铁路、船舶、航空航天和其他运输设备制造业	1.49
通用设备制造业	1.44
医药制造业	1.35
纺织服装、服饰业	1.23
非金属矿物制品业	1.12
土木工程建筑业	1.09
零售业	1.08

注：本表只列出2018年IPO募资总额占比在1%（含）以上的行业。

数据来源：Wind。

图4-4　2018年A股市场各细分行业IPO募资总额占比

资贵发挥了重要作用。四板市场是中小微型企业尤其是科技创新企业实现股权转让和直接融资的又一新渠道。目前，上海、深圳、广州、浙江等地的四板市场相对较为发达，天津、北京股交中心发展势头也较为强劲，京沪两地四板市场相继推出了“科技创新板”，对科技创新小微企业的扶持作用更加显著。

2019 年 3 月 18 日，上交所科创板发行上市审核系统正式运行。首批完成上市申请受理的企业基本情况如下：新一代信息技术 3 家，高端装备和生物医药各 2 家，新材料、新能源各 1 家。证监会在《关于在上海证券交易所设立科创板并试点注册制的实施意见》中强调，在上交所新设科创板，坚持面向世界科技前沿、面向经济主战场、面向国家重大需求，主要服务于符合国家战略、突破关键核心技术、市场认可度高的科技创新企业，重点支持新一代信息技术、高端装备、新材料、新能源、节能环保以及生物医药等高新技术产业和战略性新兴产业；另外，科创板设置多元包容的上市条件，允许符合科创板定位、尚未盈利或存在累计未弥补亏损的企业在科创板上市，允许符合相关要求的特殊股权结构企业和红筹企业在科创板上市。① 科创板富有包容性的 IPO 标准，对关键核心技术创新与高端创新企业的发展将会起到较高的激励与扶持作用。同时，对二级市场交易管制的放松有助于提升市场交易活跃度，提升价格发现功能，树立投资者价值投资理念。科创板的顺利运行，是深化资本市场体系改革的重要一环，将鼓励金融资源更多地配置到创新型产业中，推动互联网、大数据、云计算、人工智能和制造业深度融合，引导国家创新优势和创新发展路径的形成，激发以资本市场为中枢的新发展动能，推动经济的质量变革、效率变革、动力变革。

中国银行间债券市场和交易所债券市场不断探索创新，推出和完善“双创债”、绿色债等品种，发展可交换债、可续期债等股债结合融资方式，为企业提供多样化的直接融资服务。“双创债”是针对新三板挂牌企业和创新创业中小企业诞生的一种新兴公司债券品种，能够满足创新创业企业融资需求，拓宽融资渠道，降低融资成本，进一步提高债券市场服务实体经济的能力。自 2016 年首批“双创债”在上交所正式落地以来，“双创债”发行增长态势十分明显，2018 年上半年 9 只“双创债”发行金额达到 28.15 亿元，同比增长 77.38%。

随着金融体系改革的不断推进，中国金融市场结构日益丰富，参与主体规模不断扩大，投资者更趋多元化，金融产品和工具品种迅速增多，为创新创业企业提供了广阔的发展前景。但应认识到，与主要发达国家相比，中国金融市场改革还有很长的路要走，金融法制、支付清算体系、征信体系、反洗钱制度等金融基础设施有待加强，资本市场的包容度和覆盖面需进一步拓宽。

---

① 中国证监会．中国证监会发布《关于在上海证券交易所设立科创板并试点注册制的实施意见》［EB/OL］．（2019－01－30）．［2019－03－20］．http：//www.csrc.gov.cn/pub/newsite/zjhxwfb/xwdd/201901/t20190130_350500.html.

4.3.2 提高机构创新能力和金融普惠性

以国有商业银行为主体的银行主导性金融体系，是中国改革开放40年来史无前例的制度转型和经济快速崛起的必然选择。然而，在新旧动能转换之际，随着各项金融政策的陆续出台、金融市场的逐步拓宽开放和金融试点工作实践的开展，在竞争加剧、环境变化的多重压力下，银行和证券、保险及其他非银行金融机构均显示出了较大的创新热情，并不断摸索逐步深化，助力新发展战略，为中国金融体系的健康发展以及国民经济的稳步增长提供有力保障。

一、充分发挥政策性银行的基础支撑作用

政策性银行的产品和服务创新“内外兼修”，既将服务创新理念植根于心，更以实实在在的项目为载体力践于行。国家开发银行在“十三五”期间将安排不低于1.5万亿元的融资总量，重点支持实施“十三五”国家战略性新兴产业发展规划中21项重大工程和创新平台建设，发挥开发性金融在市场建设、创新发展、引领资金等方面的功能和优势，积极支持集成电路、战略性新兴产业、军民融合、传统产业升级改造等领域的发展。中国进出口银行通过提供出口买方和卖方信贷、境外投资贷款、进口信贷、转型升级贷款等多种信贷产品，并灵活运用银团贷款、融资担保、咨询顾问、选择权贷款等业务模式，通过内外合作、银政合作等途径，满足企业多元化和个性化的融资需求，实现了金融产品服务与企业需求的有效对接。

二、商业银行创新业务渠道和模式

中国商业银行的金融业务创新重点围绕扶持小微企业、“三农”等客户群体以及区域性金融改革和综合服务能力的提升。当前，各大银行纷纷提出普惠金融战略。例如中国建设银行依托金融科技构建了普惠金融新模式。近年来，针对普惠金融客户“缺信息”“缺信用”等特点，中国建设银行借助模型设计、数据积累与系统开发，建立起有别于银行传统业务的“数据化、智能化、网络化”服务新模式；针对小微企业信息不透明，客户群体广、小、杂的难点，依托大数据技术，实现内外部数据信息整合直连，不断提高普惠金融业务流程效率；针对“双创”、扶贫、涉农等银行传统模式下较难惠及的“长尾”客户，整合政府与产学研以及各类金融机构的资源、创新电商扶贫模式和涉农业务担保方式，构建出特色化的普惠金融产品体系。

商业银行逐渐重视探索投贷联动模式，破解融资难题。投贷联动主要是指在私募股权基金（PE）对企业已进行评估和投资的基础上，商业银行以“股权+债权”的模式对企业进行投资，形成股权投资和银行信贷之间的联动融资模式。2016年4月，上海张江国家自主创新示范区被列为第一批投贷联动试点地区，辖内三家银行被列为第一批投贷联动试点银行。截至2017年末，投贷联动项下贷款存量家数315家，较2016年末增加132户，增长率为72.13%。投贷联动项下贷款余额合计60.90亿元，较2016年末增加34.77亿元，增长率为133.06%。投贷联动试点开展以来，稳妥推进，发挥了银行在客户资源、风险评估和资金供给等方面的优势，也为科创企业赢得了较好的发展动力。

在经营环境深刻变化的背景下，中国的商业银行根据自身业务发展的需要，结合金融科技不断进行资金渠道的转型。一是线上渠道创新与建设，以适应客户需求的变化为目标，并深入到业务模式和产品创新层面。目前，中国商业银行网上银行、手机银行、微信银行、直销银行和自助渠道业务量逐年上升，特别是手机银行已经取代PC端成为线上交易的主要入口。近年来，银行业务办理离柜率快速提升，2018年提升至88.67%。二是物理网点向智能化、轻型化和社区化转型。以客户需求为中心而打造的远程视频柜员机（VTM）、智能机器人、自动客户识别系统、互动触屏、网点移动终端（PAD）、自动业务处理设备在各家商业银行广泛运用。商业银行依靠轻型网点将渠道下沉，充分利用信息技术来实现线上、线下的互动与协调，以有效解决社区金融服务"最后一公里"的问题，使银行零售业务进一步向社区拓展。

三、运用金融科技设立新型网络银行

网络银行的出现拓展了传统银行的边界。网络银行是指借助现代数字通信、互联网、移动通信及物联网技术，通过云计算、大数据等技术在线实现为客户提供存款、贷款、支付、结算、汇转、电子票证、电子信用、账户管理、货币互换、P2P金融、投资理财等全方位无缝、快捷、安全和高效的互联网金融服务机构。庞大的客户基础和信息优势以及资产端的金融变现能力是网络银行最大的亮点。分别于2014年12月、2015年6月和2016年12月成立的网商银行、微众银行和新网银行作为中国互联网银行"三大巨头"，充分展示了金融机构创新推动金融发展的巨大潜力。

微众银行专注普惠金融的战略定位，持续探索民营互联网银行发展之路和业务模式，取得了良好成效。作为中国首家线上互联网银行，微众银行采取开源技术，建成了国内首个分布式银行系统架构，在底层技术、场景应用两个层面以及风控、服务、营销等方面积极探索和运用人工智能、区块链、云计算、大数据四大领域。微众银行依靠腾讯的大社交生态，陆续创新推出了微粒贷、微众银行APP、微业贷、微车贷、微路贷等产品。截至2017年末，各项贷款余额477亿元，同比增长55%（见图4-5）；2017年末注册用户超过6000万人，仅"微粒贷"一项，主动授信客户超1.3亿人，累计借款客户超过1100万人，笔均贷款8200元，贷款人群覆盖全国31个省、自治区、直辖市，567座城市。主要贷款客户中，78%为大专以下学历，76%为非白领从业人员，92%的贷款余额低于5万元，普惠金融理念得以充分体现。

网商银行是中国第一家将核心系统架构在金融云上的银行。基于金融云计算平台，网商银行拥有处理高并发金融交易、海量大数据和弹性扩容的能力，利用互联网和大数据的优势，给越来越多的小微企业和个人创业者提供了金融服务。网商银行利用在阿里巴巴B2B、淘宝、天猫、蚂蚁金服支付宝平台上积累的客户信息，向这些通常无法在传统金融渠道获得贷款的小微客户发放“金额小、期限短”的纯信用小额贷款以及提供综合金融服务，主要经营“网商贷”“旺农贷”等产品。截至2017年底，网商银行累计向小微企业发放贷款4468亿元。

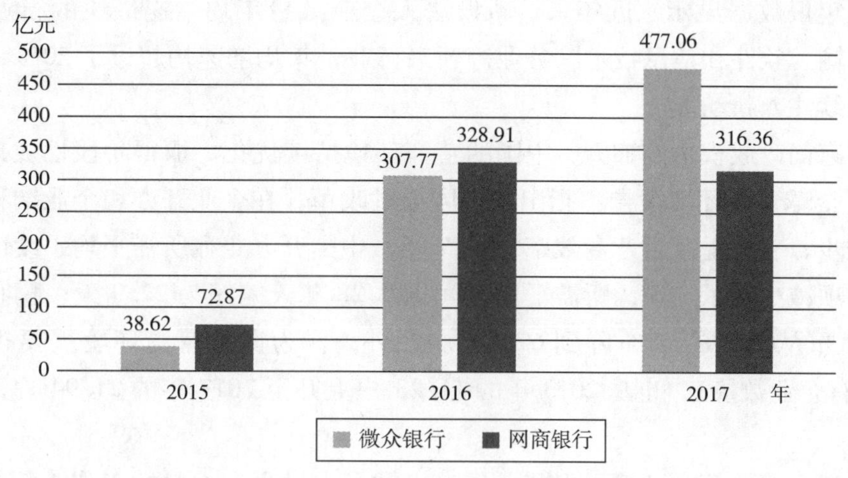

数据来源：微众银行年报、网商银行年报。

图4－5　微众银行、网商银行2015—2017年贷款余额

新网银行作为全国第三家、中西部首家基于互联网模式运行的民营银行，成立一年就实现了惊人的发展速度。新网银行采取平台化策略，以存管业务为切入点，定位于做万能连接器、适配器，为广泛的互联网金融机构提供服务，进而服务更广泛、复杂的客群。数据显示，截至2017年底，新网银行与500多家银行同业、互联网平台机构等进行了连接。截至2018年5月底，该行用户超过1400万，累计放款金额超过700亿元，人均借款金额3300元，笔均借款周期75天，信贷业务99.6%以上均由机器自动审核，日批核贷款峰值超33万笔。新网银行未来的目标是，让金融服务更安全、更方便、更便宜，同时也让金融无处不在、无时不有、无人不享，致力于让数字普惠金融深入落地。

4.3.3　制度改革打造产业升级的营商环境

新一轮产业与技术革命的实现不仅需要金融业态的改革创新，还需要制度完善，培育良好的发展环境。近年来，中国以供给侧结构性改革为目标，紧密围绕“金融服务实体经济、防控金融风险、深化金融改革”三大战略部署，不断优化制度环境，为新一轮技术革命与产业升级保驾护航。

在制度层面，中国一直遵循“市场主导、政府引导”的发展模式，通过简政放权赋予市场更大空间，最大限度地激发市场和社会的活力，为“大众创业、万众创新”清障搭台。从2014年3月起，商事登记制度改革全面实施。从“先照后证”到电子营业执照，从“三证合一”到“五证合一”再到“两证整合”，一系列简政放权、优化服务的

“组合拳”相继推出，提高了企业开办便利度，激发了投资创业热情，活跃了市场的创造力。据统计，北京市60%以上的工商登记业务已经能够通过网上完成，企业创业成本持续下降，平均创业时间较改革前减少10天，平均每150秒诞生1户企业。2013—2017年中国企业年报数据显示，近年来，新设法人企业数量年均增速最快的行业分别是教育、信息传输、软件和信息技术服务业等新兴行业，年均增速均超过了50%，为中国的创新发展持续注入新动能。

随着国家简政放权力度加大，中国的营商环境持续优化，取得阶段性成果。世界银行发布的《全球营商环境报告》指出，中国通过改革，在企业开办和企业纳税两大方面取得明显进步，有效提高了营商效率。2017年，中国开办企业所需平均手续已从上一年评估时的9项减少到了7项；所需平均时间也从28.9天缩短为22.9天；税收占企业盈利的平均比重从上年的68%降到67.3%。此外，作为衡量营商环境重要指标之一的“每千人拥有企业数量”，也从2013年的11.23户上升至2017年的21.94户，企业密度持续提升。

为了营造良好的营商环境，中国各省市也做了大量卓有成效的工作。例如，上海市对企业反映最强烈的企业开办、施工许可证取得等环节进行优化，特别是把重大产业项目的审批作为检验营商环境的“试金石”，积极推行营商环境改革。深圳前海税务部门也推出了系列有效措施，从制度创新、技术运用和深化改革方面发力，实现税企“零距离”沟通，不断优化前海营商环境。宁国经济技术开发区不断瘦身政府权力清单，推进并联审批和网上审批机制，建立“一站式帮办”服务大厅，让“放”的效果持续显现，“管”的制度不断健全，“服”的体系逐步完善。

4.3.4 构建适应创新和产业升级的金融理念和监管模式

10年来，移动互联网的发展以及大数据、云计算、人工智能、区块链等新兴技术的出现对传统金融业带来了变革，快速发展的金融科技（FinTech）推动金融业走向数字化、智能化。中国的金融科技已经成为引领全球金融科技发展的重要力量，催生出了以蚂蚁金服、京东金融、众安保险、陆金所等为代表的金融科技企业，这些企业在P2P、保险科技、第三方支付、财富管理等金融科技细分领域都处于全球领先地位。

区块链是金融科技领域最具代表性的创新。世界知识产权组织的数据显示，2017年，全球有406个与区块链相关的专利申请，其中225项来自中国。工业和信息化部发布的《2018年中国区块链产业白皮书》数据显示，近年来，中国区块链公司数和融资事件数逐年快速增加，如图4-6所示。截至2018年3月底，中国以区块链为主营业务的公司数量已达456家。区块链产业初步形成规模，从上游的硬件制造、平台服务、安全服务到下游的产业技术应用服务、行业投资、媒体宣传、人才服务等产业链环节已基本完备。①

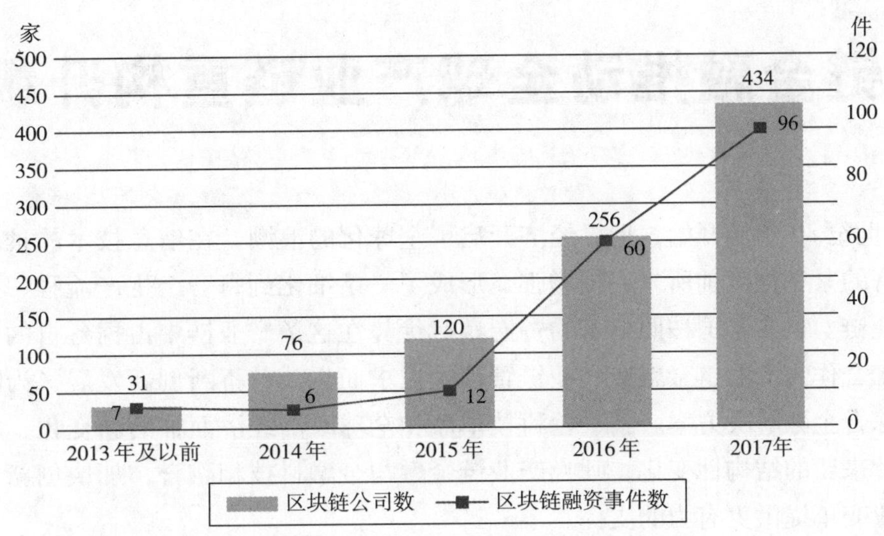

数据来源：工业和信息化部。

图4-6 中国区块链公司数和融资事件数

金融科技拓展现有金融体系的边界，弥补现有金融体系的不足，扩展金融信息采集来源，丰富传统征信、营销、支付、交易和风控等领域的内涵和实现路径；监管科技则通过构建大数据模型，采用人工智能算法进行数据深度挖掘与智能分析，完善监管手段，提高监管效率。在金融科技、监管科技发展大浪潮中，中国金融市场上各主体公司、金融机构及监管部门纷纷发力，在助力企业与个人征信、反洗钱、反欺诈、客户支付清算、电子货币、网络借贷、智能同步、智能合同等细分领域取得一系列重要进展。在衍生品市场，金融科技与监管科技极大推动了各交易所在交易、清算、结算、监控、服务、分析等方面的智能化应用。

持续不断的金融创新也进一步加大了金融风险，金融结构的转变也带来了风险层次的加深。中国的金融监管体系顺应新的发展浪潮，不断加快人才队伍建设，提升科技监管水平和监管工作科技含量。探索建立适应金融科技发展的监管框架，将金融科技与监管科技作为推动全行业跨越式发展的重要手段，积极创造适合金融科技与监管科技发展的条件，推动现代信息技术在风险防范、违规检测、客户服务效率提升、内部运用优化等领域全面应用，致力于实现行业金融科技与监管科技规范、快速、健康的发展。2018年8月，中国证监会发布了中国证监会监管科技总体进程方案，标志着证监会完成监管科技顶层设计，并进入全面实施阶段。

① 中国网络信息中心．第42次《中国互联网络发展状况统计报告》全文［EB/OL］．(2018-08-20)．［2018-10-14］．http：//www.cac.gov.cn/2018-08/20/c_1123296882.htm.

第5章

产业链金融推动全球产业链重构升级

自20世纪80年代开始，世界经济开启了全球化的浪潮，在信息技术的推动下，世界各国经济的紧密程度前所未有地增强，形成了一条细化到每一个生产流程、生产环节的全球产业链。世界各国按照自身的资源禀赋优势在这条产业链中占据各自的位置，进行国际分工合作。产业链金融应产业链管理的需求而生，并不断创新发展，为国际分工网络提供综合金融解决方案。新一轮科技革命和全球政治经济面临的新变化，正在为全球产业链带来新的结构性变化，呼唤产业链金融与金融科技相融合，加快创新发展，为新一轮产业变革提供更有力的支撑。

5.1 全球产业链成为构建国际分工体系的新方式

5.1.1 全球产业链构建国际分工网络体系

国际分工与技术革命和国际贸易息息相关，每一次技术革命都带来生产力的突飞猛进和分工体系的精细化，并促进国际贸易的发展。而资源、资本和商品在国际间的流动，进一步带动社会分工超越国界并在全球范围内扩展。早期，各国主要根据自身资源和要素禀赋的比较优势，从事某类产业或产品的生产，垂直型分工是国际制造业的主要生产方式，且以产业间国际分工为主，国际分工体系表现为：发展中国家出售资源或生产初级产品，发达国家凭借资本和技术等优势生产工业制成品。20世纪40—50年代开始的第三次技术革命，诞生了电子工业、航空航天业、原子能工业、现代化学工业等一系列新兴的工业部门，同时产品的专业化、零配件和部件的专业化、生产工艺过程的专业化，使产品规格更多、加工流程更长、技术要求更高，发达国家之间开始出现水平型分工，且产业内国际分工占据主导地位。第二次世界大战后，大型跨国公司的发展成为推动当代国际分工的主导性力量。20世纪90年代，经济全球化进程大大加快，全球化和区域经济一体化成为世界经济发展的重要趋势，极大地促进了商品和资本在全球范围内的流动。21世纪以来，跨国公司加快在全球范围内布局产业链、配置生产要素，产品的各生产环节被最大限度地细分，通过直接投资、产品外包和服务外包形成新的全球产业链，以及对商品和服务从设计、生产、市场营销、技术支持到最终被消费者使用的全球价值链。当前，国际分工体系表现为，产业内的产品之间，产品内的各个工序、各个任务环节之间的精细化分工，并形成发达复杂的世界分工网络体系，跨国公司的内部贸易也成为全球贸易的重要组成部分。

iPhone 是跨国公司主导的全球产业链和国际分工的典型产物。作为新一代智能手机，其功能和结构更为复杂，硬件数量和多样性显著增加，加工精度和难度更高。苹果公司较早放弃了早期集设计、制造、营销于一体的全产业链经营方式，而是集中打造自己的专利、商标和版权。除了软件和产品设计外，iPhone 的制造、组装都在美国以外进行，依靠海外采购，镜头、芯片、面板和各类机电原件等零部件的生产分散在全球多个国家和地区，所有部件运输到代工厂富士康那里，组装成最终产品，再由苹果公司组织出口到美国和其他地区，通过苹果商店或网上商城出售到销售者手中。其生产过程涉及中国、韩国、日本、德国和美国等 150 多家企业，主要供货商包括韩国三星、德国英飞凌、美国博通、英特尔等企业（见表 5－1）。

表 5－1　　iPhone 7 部件成本及部分供应商　　单位：美元

部件	制造商	价格
处理器	苹果	26.9
基带/射频/功率放大器	英特尔、TDK（东京电气化学工业株式会社）、威讯、博通、思佳讯、安华高	33.9
电池	惠州德赛	2.5
蓝牙/定位/无线	环旭电子、博通	8.0
摄像头	大立光电、LG、欧菲光	19.9
面板	夏普、LG、JDI（日本显示公司）	43.0
机电类元件（马达、印刷线路板、送话筒等）	德州仪器	16.7
胶合	莱迪思	1.3
结构件（外壳、按钮五金件等）	可成科技	18.2
内存	三星、海力士	16.4
电源管理	DIALOG 半导体公司、三星	7.2
交互（近距离无线通信、传感器）	博世、阿尔卑斯、恩智浦、凌云逻辑	14.0
包装配件	光宝科	11.8
组装	鸿海、和硕、广达	5.0
合计	—	224.8

数据来源：中国产业信息网，公开资料整理。

波音公司的商用飞机制造历程也印证着国际分工的发展。20 世纪 60 年代，波音 727 的研发、设计、零件制造和组装均依靠波音公司自主投资、独立完成，进口零部件占比仅有 2%。20 世纪 70 年代开始波音公司将零部件生产逐步转移到国外，波音 787 梦想飞机的零部件和子系统则全依靠全球采购，主要部件供应企业来源广泛，涉及的主要国家包括澳大利亚、加拿大、中国、意大利和日本等。

全球 3D 打印产业链的崛起正改变着传统的分工布局。3D 打印是利用数字模型文件，以粉末状金属材料或塑料等为增材材料，通过高温熔融或其他方式逐层打印构造物体。20 世纪 80 年代诞生了第一台商业 3D 印刷机，1993 年美国麻省理工学院申请获得 3D 打印技术专利。2013 年 11 月，美国得克萨斯州奥斯汀的 3D 打印公司“固体概念”设计制造出首支打印金属手枪。2017 年 4 月，德国阿迪达斯推出全球首款 3D 打印运动鞋并计划量产。3D 打印产业链包括原材料、核心硬件、辅助运行设备、打印设备等前端装备环节，以及服务平台和航空航天、汽车、医疗、教育、文化创意等多个主流应用行业。从产业链各环节的产值看，增材制造装备产值占比为 50% 左右、增材材料占比为 27%、服务占比为 23% 左右。3D 打印为分布式、个性化的制造提供了新的思路，国际分工布局不再局限于大批量的工厂模式。目前，全球 3D 打印已经形成美、欧发达国家和地区为主导，亚洲地区和国家后起追赶的发展态势。

跨国公司仍在主导全球产业链的拓展和升级。联合国贸发会议的数据显示，跨国公司主导的全球产业链占全球贸易的 80%，2010 年美国货物贸易的 2/3 是在跨国公司内部完成的，日本商品和服务出口的 93% 与跨国公司有关。跨国公司还控制了全球跨国直接投资的 80% ~90%（赵瑾，2014）。跨国公司在推动全球范围内的跨国贸易、投资和各类生产要素流动中发挥主导作用，提升了全球资源流动和配置的效率，构成了全球产业链的基础。

融入全球产业链成为发展中国家参与国际分工的重要途径。跨国公司的全球产业链布局带来产业从发达国家向发展中国家转移，改变了发展中国家以往仅作为原材料和资源提供方的角色，提升了自身在国际分工中的地位。尤其是中国坚持对外开放，通过引进外资、加入世界贸易组织，逐步成就了全球“制造工厂”的地位。基于自身发展经验，中国政府提出“一带一路”倡议，一个重要出发点就是让包括非洲在内的沿线沿路发展中国家和地区深度融入全球产业链和贸易链。

5.1.2 产业链金融正成为全球争相布局的融资模式

产业链金融在最近几年引起国内外广泛关注，其概念和内涵有多种界定，包括从早期的贸易金融到后来的供应链金融等，都属于产业链金融的范畴。现代产业链金融的产生与企业尤其是跨国公司对产业链的管理关系密切。跨国公司为确保生产效率和控制成本，需要加强产业链管理。新一代科技革命尤其是信息技术的发展，又为跨国公司的产业链管理提供了更丰富的手段。基于产业链管理的需求，产业链以外的金融企业与产业链及相关物流、信息流、资金流等各参与主体建立协作关系，为产业链运行和发展提供动能和保障，就形成了产业链金融。

从贸易融资、供应链金融到产业链金融，银行服务的内容越发丰富。相对而言，贸易融资属于传统金融服务，是以上下游为依托、银行信用为中心的融资模式。供应链金融则结合核心企业、银行、上下游企业以及第三方物流、仓储等，从早期的“供应链融资1.0”，围绕仓单、应收账款、预付账款和货权、资金流等设计的一系列融资合作，再到当前的“供应链融资4.0”，融入供应链的场景之中，形成“1+N”的模式，即以核心企业为主，满足一个行业上下游交易的各个参与方的金融需求。从供应链金融到产业链金融，形态上从串到了链或者片，从“1+N”拓展到“N+N”，对供应链进行“联通聚合、聚链成网”，发展成为针对整个产业链上生产、贸易、服务端各个环节和各个参与方的金融需求，提供全流程、个性化、综合化金融解决方案的服务模式。

产业链金融的提供商和发展模式呈现多样化。从早期提供国际贸易融资、结算服务，到后来围绕核心企业，为核心企业上下游提供融资的供应链融资，再到结合物流、信息流以及关联企业的产业链融资，银行都是重要的产业链金融提供商之一。跨国企业在对产业链管理过程中，核心企业自身对上下游企业提供资金融通、信息管理等服务，实行产融结合，从银行主导的供应链金融发展到产业核心企业主导的阶段，发展起大型产业金融集团，如通用电气（GE）金融以及日本的大型企业集团计划都是产融结合型集团，下属银行、证券、租赁等牌照齐全，中国的一些产业集团为了开展融资服务，也相继注册了保理、租赁、P2P、小贷公司、财务公司等各类牌照。当前，各类平台企业、物流企业、第三方专业金融服务公司也纷纷利用自身掌握的信息优势，开展产业链金融业务。例如中国的阿里金融、京东、苏宁金融以及一系列第三方专业供应链金融服务公司。与此同时，也形成了以金融企业为主、以产业公司为主和以平台或第三方专业金融服务公司为主，或者金融企业与平台合作、金融企业与产业公司内部的金融板块合作等各种不同的产业链金融模式。

产业链金融成为全球多个商业体的重点发展方向。产业链金融与物流、信息流、资金流和贸易相结合的特点，以及属于资本占用少、风险可控、收益相对较高且可以为客户提供综合服务的模式，也是金融业服务实体经济的重要体现，一直是金融机构金融服务的业务转型方向。据统计，目前全球排名前50名的银行均已开展产业链金融业务，渣打银行等金融机构产业链金融服务排名位居前列。中国各金融机构也将产业链金融作为对公业务转型的重要方向，部分股份制银行开发生态金融、建立产业链金融事业部，深入融入农业、乳业、汽车、钢铁、电子、建筑、医药等产业链，构建专业化产业链金融服务。大型国有银行在原有贸易融资、供应链融资的基础上，利用与核心企业的战略合作关系，创新模式，纷纷开展线上供应链、产业链金融服务。例如，中国农业银行在服务农业产业链时，开展了“政府增信带动模式”“特定融资主体带动模式”“特色产业链带动模式”“专业市场带动模式”和“龙头企业带动模式”等，通过融入不同场景为农业产业链服务。

产业链金融业务发展前景极为广阔。产业链金融伴随世界经济和贸易而生，与全球产业链布局一起成长，发展前景广阔。《2018年全球贸易金融调查报告》指出，83%的国际贸易为赊销方式，全球供应链金融运营额高达8130亿美元。同时，在全球贸易金融中心布局的银行中，60%左右将供应链金融视为优先级业务。据英国产业链金融方案和产业链平台提供商 DEMICA 的研究报告，全球产业链金融可提供融资年均增长速度在30%以上，截至2015 年末融资规模超过2700 亿美元。在中国，供应链金融业务年均增长率达到20%，2020 年市场规模预计将达到15 万亿元。

5.1.3 全球产业链与产业链金融相互促进、相互融合

正如金融发展与产业升级相辅相成，全球产业链与产业链金融也是相互融合促进，产业链金融既是全球产融结合的助推器，也是全球产业链高效运行的保障。

在经济全球化背景下，产业链金融已成为全球产融结合的助推器。20 世纪 80—90 年代，大批日韩企业进军中国，日韩银行业也紧跟企业一起来到中国。在日本国内，银行与企业相互交叉持股，建立起长期稳定的交易关系，形成了一些大型的产融型企业集团，这些集团下属的核心大银行也更注重集团自身在全球的产业链布局。在全球也是如此，日本大量的金融机构尤其是银行紧跟企业在海外投资、设立工厂的步伐，到境外设立分支机构为企业提供金融支持。目前，在华的三大日资银行：三菱东京日联银行、三井住友银行和瑞穗实业银行，其客户较多集中在日资企业，首先满足日资企业在华以及跨境的金融需求。中国金融机构“走出去”的步伐总体慢于企业国际化的步伐，但其提供的跨境服务占比并不低。世界资源研究所的调查显示，中国“走出去”企业在对外投资和全球并购过程中，80% ~90%的融资来源于中国的境内外银行机构。中国银行业也跟随企业步伐，通过设立分支机构或并购的方式加快全球金融布局，为产业企业在境外投资设厂、资源开发、参与基础设施建设以及装备出口、产能转移等提供跨境汇兑、跨境并购、贸易融资、跨境资金管理等全方位的金融支持。目前，中国银行业“走出去”的主体金融机构仍是工商银行、农业银行、中国银行、建设银行、交通银行，股份制商业银行也在加快海外布局。截至2018 年6 月，共有27 家银行在67 个国家和地区设立了263 家一级机构，其中在27 个“一带一路”沿线国家和地区设立了 71 家一级机构。其中工商银行、农业银行、中国银行、建设银行和交通银行在海外一级机构合计超过200家。而欧美系如汇丰、花旗、德意志等银行更是紧跟跨国公司投资步伐，更早完成了全球布局，成为重要的国际化金融机构。

产业链金融的起步和发展源于跨国企业对产业链的管理需求，反过来，产业链金融也保障了产业链的高效顺畅运行。跨国公司之间的竞争已经上升到了供应链和产业链的竞争，为保证成本和质量控制，跨国公司创立了严格的产业链和供应商管理体系。如苹果公司专门发布“供应商责任标准”及“供应商行为准则”，对供应商自身的管理水平提出了严格要求。波音对其供应商也实行认证制度，涉及产品质量和流程管理的复杂程序。其中，产业链上各企业的资金状况也是产业链管理的重要内容之一，而产业链金融，原本就是为了帮助产业链的参与者实现价值，增长价值，成为产业发展的助推者。

除了独立的金融企业主动提供产业链金融服务外，产业企业自身也会主动开展产业链金融服务。例如，大型跨国公司（如西门子、GE）均设立了自身的租赁或金融部门，汽车产业巨头也纷纷成立汽车金融公司，提供产业链金融服务。产业链金融通过为世界国际分工网络提供综合的金融解决方案，成为产业链顺畅高效运行的重要保障之一。

当前，在新一轮技术革命的驱动下，全球产业链正在重构升级，新技术变革和金融科技也在赋能产业链金融创新，以适应和满足全球产业链发展调整的需要。

5.2 新一轮技术革命正推动全球产业链重构

5.2.1 全球产业链具有自修复功能和再生能力

全球产业链并非固定不变，在科技革命、政策变化、市场发展等各种因素的内外冲击下，全球产业链和国际分工不断调整和重构，呈现出持续动态演进的特征。从第一次技术革命至今，全球国际分工历经多次重大变化，从垂直分工到水平分工，从产业内分工到产品内分工，从国家间分工到跨国公司的内部分工，最终演变成当前在全球产业链影响下复杂的国际分工网络体系，并且还在不断深化和发展。

全球产业链的相互依存会传递和放大区域冲击的影响。经济全球化带来了资源的全球配置与产业链的全球延伸，在促进世界经济增长的同时，也加大了全球产业和经济体之间的相互依存度，使区域风险的冲击和传递会扩散到全球产业链，全球化也存在“负面溢出效应”。例如，2011 年日本福岛地震，造成了索尼在日本的 11 个工厂暂停生产，包括生产数码单反相机镜头和手机的美浓加茂工厂，生产摄像机、数码相机的幸田工厂，生产光学部件的登米工厂等，这些工厂为日本和其他海外数码相机制造企业提供重要零部件，当时日本产品占据全球数码相机 80% 左右的市场份额，造成全球数码相机产业链的震动；地震还影响到生产自动变速箱的日本爱信工厂。大众和福特系的部分产品匹配了其自动变速箱，日本电装的系列零部件产品也为宝马、大众等非日系厂家配套。日本爱信工厂的受损，除影响日本丰田汽车外，全球汽车制造业也都受到波及。还有近年来的日本北海道地震，引起内存价格大幅上涨，造成全球电子产业链的恐慌。2018 年 12 月 1 日，荷兰 ASML 公司主要元件供应商（Prodrive）工厂发生火灾，造成 ASML 将延期向芯片制造企业交付光刻机，进而影响到中国芯片产业的转型升级步伐。美国发起的“贸易战”，也给全球产业链带来重大冲击和负面影响，割裂了各国产业之间的联系，使全球产业链面临碎片化的风险；是对世界贸易组织等国际组织的无视，直接破坏了国际经贸规则，使全球产业链陷入秩序打乱的状态；同时降低了国际经济运行的效率。

全球产业链在修复和再生中不断发展壮大。一方面，局部风险在冲击全球产业链的同时，也伴随着后续产业链的重新布局和调整。2011 年福岛地震后，日本企业开始加速将生产向海外转移，全球知名的光学玻璃制造公司 HOYA，地震后就将一部分产能转移到中国山东的工厂，OHARA 也将旗下的工厂迁移到中国生产。这些公司都在地震之后将产能向海外转移，重新开始全球布局，完善更为安全和分散的全球供应链。另一方面，全球产业链自身也有内生性调整的需要，在经济发展过程中，各经济体比较优势和竞争力会发生变化，进而带来对全球产业布局的主动调整。如中国的纺织业，借着国内支持制造业国际产能合作的东风，沿着“一带一路”重点国家和地区，纺织和服装工厂开始向东南亚、非洲等要素成本更低的地方转移。而在此过程中，国内纺织行企业加速向“绿色纤维”产业转型升级，推动国内纺织高质量发展，保持在全球纺织产业链上的优势地位。而中国的航空产业则在承接全球产能的转移，近年来波音、空客相继在中国设立总装厂，国产 C919 大客机也正在加快研制和试飞进度并开始全球采购，形成自身全球供应链体系。此外，除各经济体外，跨国公司作为全球化的主要载体和全球产业链布局的发起方，为确保自身利益的最大化，也会主动促进全球产业链的修复和再生。

5.2.2 全球产业链正经历结构性变化

科技革命、政策变化、市场发展等各种因素共同影响全球产业链，但科技革命是影响全球产业链和国际分工长期和深远变化的决定性力量。每一轮科技革命，都带来生产力的大幅提升和生产方式的变革。在新一轮技术革命背景下，当前全球产业链结构性变化更加突出。

科技进步带动制造业和服务业加速融合发展。新一轮科技革命，尤其是云计算、物联网、移动互联网等新一代信息技术的发展，使人们可以利用信息传感网络和分布控制系统，直接为生产和生活提供全景式的服务，可以使大批量的生产更为精细化、个性化。例如，特斯拉用信息技术和互联网重新定义了汽车，也带来用户参与研发、众包模式研发等商业改变。后续汽车产业链更深层次的改变还有车联网、智能汽车和自动驾驶技术，这些将彻底改变汽车产品与产业组织形态。在工业领域，工业互联网作为新一代信息技术与制造业深度融合的产物，已经成为新工业革命生产方式、资源配置改变和深化“互联网＋先进制造业”的重要基础，发挥着驱动制造业向数字化、网络化和智能化转型的重要作用。同时在产业组织结构上，随着制造业服务化和部分服务企业的逆向控制能力增强，如沃尔玛、宜家等对供应商的组织和管控，现实中很多产业兼具制造和服务部门，已经很难被界定为制造业还是服务业，原有的制造业和服务业“两分法”产业分类面临局限。如物联网产业既包括传感器和芯片制造，同时也包括前端研发设计、中端软件开发、下游应用服务等服务业；大健康产业既包括医疗服务，也包括医疗器械、医疗设备生产等。先进制造业与现代服务业已深度融合，改变着原有行业划分格局。

以全球价值链为核心的产业竞争正在改变全球分工合作。全球产业链的背后是全球价值链。多年来发达国家和跨国公司主导着全球产业链，通过科技、研发、设计和专利占据全球价值链的顶端，拿走了大部分利润，而发展中国家处于价值链的中低端，通过参与生产和服务外包享受部分增值收益。但新一轮科技革命改变了生产方式和要素优势，推动全球产业结构升级突破传统的线性模式，出现新的跨越式路径的选择，部分发展中国家可以通过后发优势和产业政策指引，加快产业的跨越式发展。如中国开启的新能源汽车发展战略，避开发达国家在传统燃油车领域的技术、专利甚至生产优势，主动发力动力电池生产、新能源汽车制造，重启产业竞争赛道并争取实现领跑，重构未来整个汽车产业链和价值链。中国已连续三年位居全球新能源汽车产销第一大国，2017 年和 2018 年上半年中国新能源汽车累计销量均占全球累计销量的 50% 以上，全球新能源汽车品牌销量的前 20 名中有 8 名是中国品牌，本土新能源汽车制造商比亚迪、北汽、广汽以及蔚来等一批造车新势力企业也具有了较好基础，国内动力电池龙头企业宁德时代已具有一定国际竞争力，2017 年动力电池全球出货量第一，实现净利润近 40 亿元，和宝马、宇通建立合作关系，逐步打入大众、戴姆勒、捷豹路虎等全球汽车集团。其他新兴市场国家也在经历多年离岸外包服务的积累和工业基础的完善后，开始实现在制造业上的“高端跃升”，发达国家仍在享受全球化的高收益，但由于国内产业“空心化”和分配不均，提出“制造业回流”和再工业化等战略，全球价值链面临“大洗牌”，各国在产业链和价值链上的竞争与合作关系将更趋复杂。

5.2.3 全球价值链重构正为新全球化集聚新动能

全球产业链的重构将引发附加值变动，进而带来全球价值链的重构，价值链附加值分布的变动将引致国际分工格局的调整。在此过程中，传统全球化遭遇冲击，新的全球化引领者已经出现，战略性新兴产业正在蓬勃发展，这些都将为全球化带来新动能。

国际金融危机以来，由于世界经济复苏乏力，全球贸易低迷，不少国家出现了以保护主义、孤立主义为代表的与 20 世纪 90 年代以来经济全球化潮流反向而行的“逆全球化”思潮和行动。背后的动因，既有全球价值链重构带来的冲击，发展中国家开始抢占原有发达国家的增值环节，也有发达国家国内分配的问题，跨国公司和金融服务业占据绝大部分全球化收益，而普通民众受到产业空心化和收入停滞影响，开始将矛头指向国外竞争。尤其是当前全球最大最重要的经济体美国开启贸易保护主义的闸门，提高关税并对他国产品进行惩罚性措施，为他国在美国投资设立障碍等，同时美国政府正在退出和威胁退出包括世界贸易组织在内的一些经济全球化载体，传统全球化面临失去方向和遭受挫折的风险。

中国国家主席习近平在博鳌亚洲论坛 2018 年年会开幕式发表的主旨演讲中，向各国就推动新时代经济全球化提出了“中国方案”，接起了全球化的旗帜。正如习近平主席所强调的，人类社会发展的历史告诉我们，开放带来进步，封闭必然落后。世界已经成为你中有我、我中有你的“地球村”，各国经济社会发展日益相互联系、相互影响，推进互联互通、加快融合发展成为促进共同繁荣发展的必然选择。同时，中国的引领、南方国家加速崛起以及西方跨国公司仍然受惠于全球化等因素，也将保证经济全球化仍是“大势所趋”，经济全球化仍将螺旋式上升并开创新的局面。

与此同时，新一轮技术革命催生出大量战略性新兴产业，如以5G为代表的新一代信息通信业、新能源、新能源汽车、生物技术、人工智能等产业，这些产业以高技术、高投入、高增长的态势呼唤加强国际合作。2018年11月，高通公司首席执行官史蒂夫·莫伦科夫在中国首届进口博览会“2018智能科技与产业国际合作论坛”发表主旨演讲时提出，“5G的未来依靠全球合作”。作为见证中国无线通信从2G、3G、4G到5G的技术演变历程的高通，已与中国企业、产业和社区相融合。高通已经在北京和上海两地设立研发中心，在贵州合资成立服务器芯片企业，在重庆合资成立物联网企业，在上海建立了半导体测试工厂等，在南京、重庆等地还建有联合创新中心，和中国厂商一同推动5G在2019年实现商用。同时工业互联网、物联网带来的生产和生活巨变将重新构建工业生产方式，国际分工进一步走向精细化和专业化，任何一个国家都难以单独构建完整产业链，未来将更加强调国家间技术、资金、人才等要素流动和汇集。各国将根据各自在创新能力、核心技术、品牌优势、商业模式上的优势，决定自身在国际分工和全球产业链中的位置。各国将在发展战略性新兴产业的竞争与合作中为世界经济复苏以及新全球化发展集聚新动能。

5.3 全球产业链重构带来的机遇和挑战

主要发达国家的传统劳动密集型产业和部分高新技术产业大量外迁到发展中国家，造成发达国家的产业竞争优势不断减弱，一些国家的产业空心化问题愈加严重。相反，通过吸引外资和扩大贸易，发展中国家积极参加全球产业分工，同时加大研发创新力度，通过进口替代和在部分产业上的弯道超车，实现了自身的产业升级。当前，在第四次技术革命中，新兴产业不断发展壮大，传统制造业处于升级发展时期，全球产业链面临着一次重构。

5.3.1 世界各经济体竞相抢占全球价值链战略制高点

全球产业链包含设计、生产、组装、营销、售后服务等一系列环节，参与产业链的不同工序、任务和环节的企业，都会产生价值增值。各环节的价值增值程度各不相同，其动态变化被描述为全球价值链“微笑曲线”。但实际上，全球价值链呈现的情景更为复杂，在对全球产业链整体布局的情况下，链条价值也被跨国公司或者主导国家扭曲并做好布局。目前，发达国家仍占据全球价值链的顶端，如在iPhone手机全球价值链分工体系中，苹果公司从高端研发、技术、分销和零售环节中获取了高度收益，占全球产业链收益比例达到64%。在全球服务业价值链中，发展中国家在生产环节的从业人员占到

90%，以“世界工厂”中国为首，发展中国家制造业产量位居全球前列，但所得增加值不足10%，处于全球价值链的中低端。

近年来，发展中国家积极开展与各类国家之间的经济、技术、人才的交流与合作，新兴经济体的研发支出快速增长，占全球每年研发支出的份额不断上升，形成了欧美和东亚地区“三足鼎立”之势。近年来，各新兴经济体加大合作，构建一系列旨在提升在全球价值链地位的产业政策、人才政策，实施创新驱动战略，积极把握未来全球价值链的发展趋势，抢占全球价值链战略制高点。以中国为例，早就提出要促进制造业加速迈向价值链中高端，并提出了制造强国战略，目前在高铁、核电、电信、智能电网等行业已掌握核心关键技术，在大规模市场化和推广建设等方面已实现全球领先；在载人航天、探月工程、超级计算、载人深潜、量子通信等领域已取得一大批具有国际影响的重大科研和应用成就。

发达国家凭借目前其在科技创新上的优势，实施“再工业化”战略，力图继续把住全球价值链的高端位置。各国相继出台了一系列鼓励出口、吸引投资的举措，意在打造聚集全球优势要素、技术、知识、人才的新高地，构建内外并重的全球价值链体系，实现新的全球价值链整合，重塑制造业的核心竞争力。最终达到适应产业革命浪潮，强化全球价值链竞争优势，在新一轮全球价值链重构中掌握主导权。

5.3.2 全球产业链重构给传统发达国家带来的冲击

2008年国际金融危机以来，发达国家经济不断下滑，尽管美国、欧洲和日本央行采取了大规模量化宽松的刺激政策，仍旧无法摆脱经济复苏疲软的困境。究其原因，是实体经济的竞争力下降，经济缺乏生产性所导致的。在全球化的背景下，受到生产成本提高的影响，资本的逐利性使大量基础性产业从发达国家撤离，造成传统产业空心化，加之一些国家在科技产业部门上的创新乏力，导致在全球产业链中不断受到新兴经济体的挑战。

以欧洲为例，随着欧洲传统制造业的外迁，这些国家的“去工业化”现象非常明显。新兴产业部门的发展乏力，以至于在信息和生物等高新技术领域落后于美国、日本的情况下，在传统制造业方面又受到来自新兴经济体的竞争。可以说，近年来发生的欧洲债务危机正是这些国家产业竞争力下降导致的。而英国的脱欧，也从一个侧面说明了在全球产业链重构的冲击下，欧洲国家经济发展的步履维艰。进而导致一些传统工业化国家开始放弃开放的贸易原则，为保持国际竞争优势而逆全球化为之。

美国同样在全球产业链重构的浪潮中受到极大冲击。由于美国制造业的空心化，美国每年至少对全球一百多个国家有贸易逆差。实体产业部门的缺失，迫使资金大量涌入资本市场和房地产，最终爆发了2007年的次贷危机。尽管在此后的十年间美联储的量化宽松政策让美国经济有所好转，但依然无法巩固美国在全球产业链中的竞争优势。以汽车产业为例，继20世纪80年代受到日本汽车产业的冲击后，在进入21世纪的经济全球化浪潮中，美国汽车企业大量外迁，没落的本土汽车产业无法吸引到新的资金投入，导致像底特律这样以汽车产业为支柱的城市难逃衰败的命运。国际金融危机后，底特律全市的失业率高达18%，并伴随着犯罪率高企等问题，该城市在2013年甚至一度宣布破产。

更为严重的是，当美国意识到自身的产业优势在新一轮科技革命浪潮中正不断被侵蚀时，美国政府开始在全球范围内施行贸易保护主义政策。通过加大征收贸易关税、限制高科技产业投资等手段，美国试图破坏世界贸易组织框架下的国际贸易规则，阻碍其他国家在科学技术上的学习和赶超，以期达到巩固其全球霸主地位的目的。例如，美国总统特朗普以进口钢铝产品威胁美国国家安全为由，决定对进口钢铁和铝产品全面征税。作为世界最大的钢铝进口国，美国对进口钢材及铝产品的征税将会对全球贸易市场造成极大的冲击，尤其是像委内瑞拉、印度尼西亚、阿根廷等一些出口依赖型国家，对美国市场依赖度较高，抗风险能力较弱，势必会在此次事件中遭受较大的损失。且征收钢铝关税也会反过来增加美国企业的生产成本，最终将传导至美国的消费者身上，造成居民福利的损失。

5.3.3 全球产业链重构给发展中国家带来的机遇和挑战

国际金融危机的爆发暴露了发达国家在经济发展中存在的深层次问题，经济恢复一直缓慢，而发展中国家特别是新兴经济体却在危机中抓住机遇，迅速成为带动世界经济增长的新引擎。在大数据、人工智能、生物科技等新兴产业领域，广大的发展中国家已经取得了一定的技术突破，并且大规模增加研发投入，通过关键技术突破并产业化提升了其在全球产业链中所处的地位。而发达国家与发展中国家为了抢占产业新高点而展开的竞争将使国际产业分工格局面临一次重大的调整。

随着发达经济体在国际金融危机中饱受诟病，发展中国家清醒地认识到西方经济发展模式存在的弊端，从而更加重视探索符合自身发展的道路及模式。特别是在当今经济全球化和新科技革命浪潮的背景下，发展中国家普遍加快了在传统产业方面的创新步伐，力求将自身特有的资源禀赋优势转化为国际竞争力，并试图通过跨越式升级在高新技术产业领域占据一席之地，摆脱依赖廉价成本的束缚，缩小与发达国家在新产业竞争上的差距。

也正因为如此，在不同的发展模式和发展理念碰撞下，各国之间的产业竞争无疑将变得更加激烈，新兴经济体的崛起也就难以避免地要招致西方发达国家的排挤和打压。2018年，美国总统特朗普先后两次签署命令，对中国出口美国商品征收关税，涉及金额达2500亿美元。2018年8月，美国贸易代表办公室表示将考虑重新审核“普惠制”。作为发达国家承诺对从发展中国家或地区输入的商品，特别是制成品和半制成品给予普遍的、非歧视的、非互惠的关税优惠待遇，普惠制使印度、泰国、巴西、印度尼西亚、土耳其等国普遍受益。但泰国、印度尼西亚、印度已接到来自美国的警告，其部分产品可能会失去享有免税的特权。

5.3.4 不同的应对策略：贸易保护与开放共赢

新一轮科技革命的发展和全球产业链的变革对由西方发达国家主导的世界经济格局产生了深刻的影响，放缓了发达国家的发展步伐，促进了新兴经济体的迅速成长，世界经济结构和全球利益格局正在发生巨大变化。面对这些变革，世界各国的应对途径和理念不尽相同。

出于自身利益的考虑，美国在当今全球产业链重构过程中所奉行的是单边主义和贸易保护主义策略。美国作为当今世界唯一的超级大国，长期以来享受着全球产业链给美国本土带来的丰厚利益。由于美国过去在国际分工上的主导地位，美国的大量生产原材料和日常消费品都来自全球进口，而其依靠科技上的优势，向全球大量出口高附加值产品，从而坐享全球化带来的福利。但随着国际金融危机的爆发和新产业革命的兴起，美国在全球产业链中的优势不断受到挑战，为保护自身的竞争优势，振兴本国制造业，美国采取的是美国优先战略，通过贸易保护主义措施，在全球范围内打击竞争对手。如美国政府自 2018 年上半年以来在全球范围内开启的一系列“贸易战”，给国际秩序和各国经济带来了巨大的冲击。美国这些以邻为壑的政策，是从美国制造业优先的原则出发，借助“贸易战”给世界经济增添不确定性，从而实现全球资本向美国本土的回流，达到重振美国制造业的目的。同时，通过限制高新技术产业的投资，阻止美国企业在科学技术领域向发展中国家的输出，以保证美国能够独享高科技在全球产业链中给其带来的收益。

对此，欧洲国家纷纷表示不满。欧洲中央银行多次发布公报，警告美国近期的关税措施对全球经济增长构成威胁。欧洲央行管委德加洛表示，来自美国的保护主义威胁升级将会损害各地的经济增长，这一点可以从 2016 年脱欧公投以来的英国经济中看到。他还指出，欧洲必须与加拿大、日本及其他国家齐心协力，坚决保卫基于普世规则和多边机构的国际经济关系。而面对美国总统特朗普提出的钢铝关税，德国机械设备制造业联合会主席韦尔克表示，美国似乎在对世贸组织置若罔闻，美国总统不稳定的贸易政策及其宣布的一系列关税措施将给全球带来更多冲击。

中国作为自由贸易发展的受益者，四十年来的改革开放经验使中国坚定地以开放共赢的姿态面对全球经济发展的变化和挑战。中国作为最大的发展中国家，本着和平发展、互惠共赢的理念，提出“一带一路”倡议。宗旨是要建立一个政治互信、经济融合、文化包容的利益共同体、命运共同体和责任共同体。在世界经济发展方向并不明朗和全球产业链面临重构的关键时期，“一带一路”倡议为全球治理提供了新的路径与方向。其倡导的道路联通、贸易畅通、货币流通、政策沟通、人心相通的五通原则，是本着共商、共建、共享精神，通过加强参与国的政策沟通和经验互鉴，为全球失衡的调整作出贡献。中国秉承包容开放的理念，通过多边贸易努力实现多边共赢，让更多国家在新的产业链中共同受益，从而实现人类共同发展的终极愿景。

5.4 产业链金融创新推动全球产业链升级

5.4.1 新一轮技术变革赋能产业链金融创新

近年来，伴随新一轮技术变革，云计算、大数据、区块链、人工智能等关键技术日益成熟，科技在金融创新中开始发挥更为重要的作用。2011 年，金融科技（FinTech）概念正式在国外被提出，当时主要指英美两国的高科技企业利用云计算、区块链、人工智能等技术对传统金融进行改造，更侧重于科技对传统金融行机构的影响。2016 年 3 月，全球金融治理的核心机构金融稳定理事会（FSB）首次对“金融科技”进行了初步定义，即技术带来的金融创新，通过创造新的业务模式、应用、流程或产品，从而对金融市场、金融机构或金融服务的提供方式造成重大影响，该概念仍然侧重于科技在金融中的运用。发展至今，金融与科技已经深度融合，金融业运用科技，科技企业介入金融。金融业原来的信息采集来源、风险定价模型、投资决策的过程、信用中介的角色被科技所改变，大幅提升了传统金融的运作效率，解决传统金融信息不对称和风控方面的痛点，出现了如数字货币、大数据征信、智能投顾、供应链金融等一系列新的业务和模式。

金融科技在产业链金融中也有着创新应用。尤其在供应链金融领域，金融科技和供应链金融在对信息流、资金流、物流和大数据分析上的有效衔接，将两个相对独立的板块进行集成，达到了相互促进和融合发展的作用。首先是大数据。由于科技的介入，原来产业链上巨量的交易、物流、生产过程、资金流、客户行为等数据变得可观测、可计量和可分析。通过大数据分析、挖掘和处理，可以深度了解产业链上下游企业交易行为及偏好，便于产业链金融提供方掌控咨询，制定有效营销手段和服务方案。其次是云计算。云计算模式将产业链相关企业及金融机构数据信息进行归集分类，打造一个高效透明的信息平台，优化产业链各节点企业和金融机构之间的信息共享，提升服务效率；还有热门的区块链，构建产业链企业和金融机构的新型信任和传导机制。最后是人工智能的运用。对产业链金融而言，人工智能可以大幅提高数据利用的效率和深度，通过深度解读产业链交易数据，可以更好地印证和验证不同信息，降低风控成本。对中国来说，除了 2013 年兴起的互联网金融外，还设立了一批新型网络银行，开启线上互联网银行、金融云商银行、平台化银行的新科技革命下的银行模式，同时传统银行也加大了线上化转型力度，线上供应链、小微快贷、数据网贷等业务模式不断涌现。总之，在信息技术的助推下，产业链金融拥有了更好的连接手段、融通手段及风控手段，在促进产业链优化协同、提高运作效率、降低风控成本等方面创造价值。

5.4.2 产业链金融创新助力全球产业链升级

全球产业链与产业链金融相互融合，相互促进，未来全球产业链重构升级离不开产业链金融的创新发展。全球产业链的重构是极其复杂的过程，实现商流、物流、资金流、信息流等多流合一是基本要求之一。产业链金融围绕产业链各环节，通过金融科技创新，与产业链各环节有效衔接，打通整条产业链的物流链、资金链、商流、信息流，有效整合产业链资源，缓解供应链中资金分配不平衡的问题，改善企业经营生产的金融环境，成为全球产业链升级的助推器。

在新一轮技术变革的助力下，“金融 + 科技”可进一步推进产业和金融深度融合，更好地为新一轮产业变革提供有力支撑与服务。在“一带一路”建设中，金融创新和产业变革也将起到至关重要的作用。同时，伴随国际金融的相互交流和融合，加速迈向国际化和全球化的金融业，其自身也已成为全球金融产业链的重要部分，与全球产业链一起重构升级。

第6章

“一带一路”建设中的金融支持与合作

在全球经济发展不均衡且发达国家贸易保护主义抬头的今天，“一带一路”倡议是中国在新的产业革命浪潮下为加强现有国际合作并积极探索更加合理的新型国际合作模式所做出的努力，中国希望通过打造开放、包容、均衡、普惠的国际经济合作模式，促进互联互通建设，推动发达国家和发展中国家在全球产业链重构的过程中实现更加均衡的发展，让发展中国家也能更多地从全球产业链当中受益，实现自身经济的可持续发展。推动“一带一路”有利于区域之间政治、经济、科技、文化等各方面的交流，能够让更多的国家在新一轮技术革命中受益。如何发挥金融要素的作用，打造新型金融支持体系，服务第四次技术革命，推动“一带一路”产业变革，需要我们不断探索。金融创新对促进“一带一路”基础设施建设、国际产能合作、产业园区发展和贸易结构升级发挥着愈加重要的作用，且已在多个国家形成案例，“一带一路”倡议中的金融支持与合作空间在未来将更加广阔。

6.1 通过“一带一路”共同拥抱第四次技术革命

“一带一路”倡议是在世界经济失衡背景下中国提出的再平衡方案，它充分依靠中国与有关国家既有的双多边机制，借助既有的区域合作平台，高举和平发展的旗帜，积极发展与沿线国家和地区的经济合作伙伴关系，共同打造政治互信、经济融合、文化包容的利益共同体、命运共同体和责任共同体。

“一带一路”作为中国向世界提供的全球公共品，以新一轮全球产业链整合为契机，加快产业转型升级，提升产业竞争力，为沿线国家和地区的经济、贸易和文化的多元融合注入了更大活力。可以说，“一带一路”倡议在全球经济动荡失衡的当下是在对传统国际合作模式的完善和改良。随着科学技术飞速发展，全球产业分工面临着重构，“一带一路”倡议适应了新产业革命发展的潮流，积极推动构建一种更加公平开放，让发达国家和发展中国家能够共同参与的新型国际合作模式，让更多国家尤其是发展中国家在第四次产业革命的浪潮中发挥自身优势，实现多边共赢。“一带一路”站在人类命运共同体的高度，促进世界各国共同分享新技术革命的成果，从而促进有利于全体人类共同繁荣，适应新科技革命需要的全球产业链形成。

作为一种全球公共品，“一带一路”通过加强交通、能源和网络等基础设施的互联互通建设，促进经济要素有序自由流动、资源高效配置和市场深度融合，打造开放、包容、均衡、普惠的国际经济合作模式，以此来帮助更多国家参与到全球产业链的分工合作中。"一带一路"沿线国家和地区的产业园合作可以有效降低运输成本和关税壁垒，加强技术合作创新，形成显著的产业集群优势，提高资源配置效率和整体竞争实力，从而适应新技术革命下的全球产业链重构。此外，在互联网时代下，"一带一路"还有利于促进相关国家在跨境电子商务方面的国际合作。"一带一路"建设有效地消除贸易摩擦，优化通关服务，并促进跨境物流业的发展，使更多国家在新一轮技术革命浪潮当中，可以跟上前沿科技的发展步伐，适应全球产业链的升级重构。

此外，"一带一路"能够为对外直接投资创造有利条件。"一带一路"将促进中国以及沿线国家和地区的进出口贸易，鼓励各国间的高科技企业更多出口到"一带一路"沿线国家和地区，加强企业之间的技术交流，更好地利用和分享新产业革命的红利。同时，"一带一路"也为国际直接投资营造良好公平的投资环境，促使全球产业链中技术含量高的部分在中国和"一带一路"沿线国家及地区成长，进而促进产业结构的优化升级。

6.2 以金融创新推动"一带一路"产业变革

党的十九大报告提出，积极促进"一带一路"国际合作，努力实现政策沟通、设施联通、贸易畅通、资金融通、民心相通（"五通"），打造国际合作新平台，增添共同发展新动力。"一带一路"倡议是通过推进开放、包容的理念来构建一个发展共同体、利益共同体和命运共同体，发挥各个国家和地区的比较优势，形成合理的产业分工体系，加快区域合作和一体化进程。因此，发挥金融功能、促进产业合作是实现"五通"的关键环节和重要力量。在全球产业变革浪潮下，依靠原有的金融资源很难解决"一带一路"项目的融资供给问题。在"一带一路"各方的积极参与和努力下，新型金融平台和合作模式不断拓宽，新的金融形态和服务方式不断涌现，开放式、多层次、立体化、高效率的金融支持体系逐渐形成，极大促进了"一带一路"基础设施建设、国际产能合作、产业园区发展和贸易结构升级。中国商务部数据显示，2018 年，我国企业在"一带一路"沿线对 56 个国家和地区非金融类直接投资 156. 4 亿美元，同比增长 8. 9%，占同期总额的 13%，主要投向新加坡、老挝、越南、印度尼西亚、巴基斯坦、马来西亚、俄罗斯、柬埔寨、泰国和阿联酋等。对外承包工程方面，我国企业在"一带一路"沿线国家和地区新签对外承包工程项目合同 7721 份，新签合同额 1257. 8 亿美元；完成营业额 893. 3 亿美元，占同期总额的 52. 8%，同比增长 4. 4%。

6.2.1 金融创新为"一带一路"基础设施提供新动能

一、"一带一路"建设本身就是共同实现产业升级的实践

第四次科技革命正在迅速改变传统基础设施行业的格局，改变基础设施项目建设和运营的商业模式，服务于"一带一路"沿线国家和地区的基础设施建设。以特高压直流输电技术、高铁集成技术为代表的工程建筑类技术的应用，为相关跨国基建项目的顺利建成打下基础。无人机技术整备广泛地应用在全球基础建设活动上，例如监督基建项目的工程施工进度、管理基础建设的维护状态、处理各种在危险区域的作业任务、实施资产盘点等。智慧城市结合了数字化及智能处理技术，运用智能化及数字化的电网设施在分布式发电、可再生能源利用及能源存储等方面具有显著优势，并敷设至全球范围。物联网技术将使所有感应数据和智能分析技术与现实生活无缝接轨，对基础设施产生更高的要求。如快速建立国家高速通信设施系统支持物联网。3D 打印技术的应用包括在中国和荷兰建造三维打印的建筑物，也包括利用现场打印的部件更有效率地维护能源基础设施项目。

目前“一带一路”逐渐形成地面丝路、海上丝路、空中丝路、能源丝路、电力丝路、信息丝路等六大丝路六箭齐发的态势。地面丝路主要由中国中铁和中交集团进行承建，目前主要有泽蒙—博尔察大桥、特拉维夫轻轨、蒙内铁路、埃塞俄比亚铁路、基甘伯尼大桥、阿斯塔纳轻轨、乌兹别克斯坦铁路、塔乌公路、中巴经济走廊、斯里兰卡南部铁路、帕德玛大桥、槟城二桥、吉隆坡地铁。海上丝路主要由中远集团和招商局集团负责，目前已形成集装箱班轮菲律宾航线、越南航线和印度尼西亚新加坡航线。空中丝路方面，中国国航计划开通由北京出发，目的地分别为约翰内斯堡、亚的斯亚贝巴的航线，以及中转明斯克，抵达布达佩斯的航线和中转克拉玛依，抵达伊宁的航线；中国南方航空则计划开通由广州出发，目的地分别为沙巴、万象、甲米、罗马、内罗毕的航线，密集覆盖“一带一路”沿线国家和地区。能源丝路方面，中国石油、中国石化和中国海洋石油将扛起“一带一路”能源领头羊的大旗。电力丝路方面，南方电网公司积极推动与大湄公河次区域国家、港澳地区的电力合作，目前已实现与老挝、越南、缅甸等国家的联网。信息丝路方面，中国联通积极推动国际海缆国际穿境基础通信设施建设，加速推进和缅甸通信与信息化部合作投资建设的“中国—缅甸国际路缆”工程，投资建设“亚—非—欧国际海缆”工程，SMW5 海缆项目和 APG 海缆项目。随着基础设施逐步完善，本地的劳动力、资源、资金等就能够通过基础设施互联互通接入全球市场，享受全球化带来的好处。

二、多双边投融资机制拓宽融资渠道，支持基础设施建设应用新技术

根据亚洲开发银行测算，2010—2020 年，为支持经济增长，32 个亚洲发展中经济体新增、维护或维修内部基础设施的资金需求总额为 8.22 万亿美元，年均需求额为 7760 亿美元，相当于在此期间亚洲地区 GDP 的 6.5%，跨境设施建设另需 3200 亿美元。而通过世界银行和亚开行每年可融资 240 亿美元，资本缺口巨大，必须整体进行拓宽，加大融资量。五年来，投融资体系建设不断推进，多双边投融资机制和平台发展迅速，亚洲基础设施投资银行、金砖银行、丝路基金、亚洲金融合作协会等金融机构和国际组织相继设立，为基础设施建设拓宽融资渠道。2018 年 7 月底，亚投行成员已达 87 个，来自“一带一路”沿线的国家和地区超过六成。与2017年相比，阿富汗、东帝汶、匈牙利、埃塞俄比亚、黎巴嫩等国家成为亚投行新成员。截至2018年9月底，亚投行在13个国家开展28个项目，总金额超53亿美元。

三、金融环境改善助力基础设施建设

从金融环境方面来看，由于“一带一路”沿线国家和地区多为发展中经济体，财政实力有限，金融发展水平尚未成熟，金融环境改善对相关国家基础设施投资和建设的影响至关重要。中资银行不断进行海外布局，24个国家设立中资银行分支机构102家，以新加坡、马来西亚、印度尼西亚、泰国的数量为最多；人民币跨境支付系统覆盖俄罗斯、新加坡、马来西亚、韩国、泰国等40个“一带一路”沿线国家和地区的165家银行。手握银联卡，在“一带一路”沿线国家和地区可以畅行无阻，已有50多个国家和地区开通银联卡受理业务，累计发卡超过2500万张，覆盖超过540万家商户和68万台ATM，比倡议提出前分别增长了超过14倍和近3倍。以银联为代表的中国金融技术标准逐步走向“一带一路”沿线市场，帮助沿线国家和地区发展普惠金融。目前，银联芯片卡标准是泰国、缅甸的行业推荐标准，还成为亚洲支付联盟的统一跨境芯片卡标准。在新加坡、泰国、韩国、马来西亚、印度尼西亚、菲律宾等国，银联芯片卡标准也被作为受理、发卡业务的技术标准。2017年，瑞士、俄罗斯等国央行同中国人民银行签署双边本币互换协议，降低汇率风险，保障了跨国基础设施项目的资金安全。

四、发行“一带一路”债券创新支持基础设施建设

2018年2月，招商局港口控股有限公司及普洛斯洛华中国海外控股（香港）有限公司“一带一路”公司债券在深交所成功发行，成为市场首批公开发行的“一带一路”熊猫公司债券。招商局港口及普洛斯洛华“一带一路”公募熊猫公司债券均由招商证券承销，主体和债项评级均为AAA级，发行规模分别为人民币5亿元、12亿元，期限分别为3年、9年，票面利率分别为5.15%、5.65%，全场认购倍数分别为3.58倍、1.27倍，募集资金分别用于收购斯里兰卡汉班托塔港股权及欧洲沿线物流基础设施资产。此次首批发行的两只“一带一路”熊猫公司债募集资金均跨境使用，切实有效地服务“一带一路”沿线区域建设，助力国家“一带一路”倡议顺利实施。

6.2.2 金融创新助力国际产能合作和产业结构升级

国际产能合作是推动全球产业结构调整升级、优化全球产能空间布局、加速经济发展方式转变、形成高效合理国际分工体系的重要途径。“一带一路”建设为加强国际区域产业合作提供了千载难逢的机遇与平台，沿线国家和地区经济发展阶段相异、资源禀赋不同、产业结构互补，具备国际区域产业合作的天然条件，合作发展的潜力巨大。国际产业分工合作先后经历基于比较优势的产业间国际分工、基于竞争优势的产业内分工，现在已步入基于产业链理论的产品内分工阶段。随着国际产业分工专业化程度的提

高，加之世界各个国家的生产要素和资源禀赋情况各不相同，任何一个国家都难以在产业链上的每一个环节均具有绝对优势。在一国的产业发展过程中，若为推动产业的发展，将原材料、劳动力、资本、土地、技术、管理等各种生产要素平均分布于各个产业和产业的每个环节当中，则会因受制于生产要素的总体数量，产业的生产效率必将受到稀缺生产要素和弱势产业环节的影响而大幅下降，从而缺乏产业国际竞争力。若通过国际产业合作，生产要素在国家和地区范围内自由流动、优化组合、合理配置，产业合作中的各个国家都能够按照自己的资源禀赋优势，集中优势生产要素发展具有绝对竞争优势的产业和价值链环节，则可大幅提高劳动生产率，获取经济利润。“一带一路”建设涵盖亚非欧三大洲近70个国家和地区，沿线各国和各地区的生产要素和资源禀赋情况各不相同，中国的机电产业、俄罗斯的航天和军工产业、新加坡的金融服务业、印度的软件业、以色列的高科技产业、东南亚的海洋产业和旅游服务业、南太平洋国家的畜牧业和矿藏产业、西亚的石油化工产业等各具优势。在“一带一路”建设的推动下，沿线各国各地区集中有限的资源和生产要素发展优势产业和价值链环节，并通过产业合作，实现生产要素流通互动、产业链环节有机衔接、产业优势互补，共同提升产业效率和社会福利。

一、发展绿色金融，推进国际产能合作

工业文明推动现代社会高速发展的同时，也造成了生态环境的恶化和资源能源的枯竭，追求低碳、高效、和谐、可持续的绿色发展已经成为全球共识，也是当前科技革命的发展趋势。联合国2030年可持续发展议程的17个可持续发展目标中，应对气候变化以及可持续的水和环境卫生、现代能源、海洋资源、陆地生态系统、农业、基础设施和工业化、城市和人类住区、消费和生产模式、经济增长等目标都涉及绿色发展。“一带一路”沿线国家和地区人口占全球总人口的63%，而人口密度比世界平均水平高35%以上，土地面积占全世界的40%，森林覆盖率低于世界平均水平，生态脆弱、干旱半干旱地区分布广，单位GDP的钢材、水泥、有色金属消耗是世界平均水平的两倍。中国在发布的《推动共建丝绸之路经济带和21世纪海上丝绸之路的愿景与行动》中提出，要强化基础设施绿色低碳化建设和运营管理，在投资贸易中突出生态文明理念，加强生态环境、生物多样性和应对气候变化合作，共建绿色丝绸之路。构建绿色金融体系、开发绿色金融产品和服务，推进沿线各国生态环保领域的协调协作，共同推进节能减排、开发清洁能源、发展节水农业、开展联合科考和资源勘探等方面合作，深化跨界河流水资源开发利用、生物多样性保护、海洋生态监测、极端气候预报。更多金融机构逐步引入“赤道原则”，加强环境和社会风险管理，遵循绿色环境法规和绿色信贷指引。2018年9月，中国建设银行在境外发行的首笔5亿欧元绿色债券，在卢森堡绿色证券交易所正式挂牌交易。本次发行的绿债基础资产包括清洁交通、可再生能源及污染防控领域的5个合格绿色项目，包括1个铁路项目、3个风电项目及1个污水处理项目。本次发行充分体现了建设银行绿色环保和承担社会责任的发展理念，符合绿色金融和普惠金融发展目标。

二、丝路基金重点支持国际产能合作

国际产能合作项目通过吸引专项基金的介入，可以获得稳定的资本金来源，并能发挥股权投资的撬动放大效应，调动和引导其他渠道的资金，形成多层次的融资支持体系，探索打造"共同出资＋共同受益＋分担风险"的国际性融资平台和风险控制机制。当前，国内多层次、宽领域的支持国际产能合作基金已经形成，一是以丝路基金为代表的服务"一带一路"建设的综合性投资基金，通过市场化的多元股权投资方式，重点投资于基础设施、矿山开采、能源开发、工业制造合作和金融合作等领域。截至2018年9月底，累计签约项目20余个，承诺投资金额超过80亿美元，支持项目总金额超过800亿美元。投资地域覆盖俄、蒙、中亚、南亚、东南亚、西亚、北非及欧洲等国家和地区。2015年12月14日，丝路基金与哈萨克斯坦出口投资署（后改组为哈萨克斯坦投资公司）签署协议，丝路基金单独出资20亿美元设立中哈产能合作基金，重点支持中国与哈萨克斯坦两国之间的产能合作及相关领域项目。

6.2.3 金融创新支持国际贸易产品结构升级

国际产业链的构成，需要各个国家发挥比较优势，提升在国际产业链分工中的地位。电商系统、物联网、供应链的发展，促进了比较优势的改善和贸易结构的提升。林毅夫、蔡昉和李周（1994）提出了"比较优势战略"，即在经济发展的各个阶段，都要发挥资源禀赋的比较优势，由于不同阶段的比较优势不同，因而形成不同的主导产业，其中特别强调了一个灵活、有效的金融市场对于形成反映生产要素相对稀缺性的要素价格结构具有重要意义。Beck（2002）认为，如果金融发展水平影响比较优势，那么改革金融部门将对该国贸易结构产生作用，贸易政策调整的效果也将依赖于该国金融发展程度：金融发展程度越高的国家，制成品出口贸易比重越大，制成品贸易顺差就越大。Svaleryd和Vlachos（2005）不仅考虑了金融发展通过影响要素禀赋特征从而影响专业化程度，还将金融体系自身视作比较优势的组成部分，相对于人力资本或者物质资本而言，金融发展水平的差异特别是股市流动性以及银行体系竞争程度更有助于解释国别间制成品贸易差异以及比较优势差异。

随着"一带一路"区域产业链的形成，"一带一路"倡议下的贸易关系也在从传统的基于比较优势的产业间贸易升级为更加动态的、基于直接投资的现代产业内贸易。近几年，中国与沿线国家和地区的贸易和投资合作不断扩大，形成了互利共赢的良好局面。海关总署数据显示，中国对"一带一路"沿线国家和地区贸易和投资总体保持增长态势。在外贸进出口方面，2013年至2017年，中国与"一带一路"沿线国家和地区进出口总值达到了33.2万亿元人民币，年均增长4%，高于同期中国外贸年均增速。中国与“一带一路”沿线国家和地区贸易额占外贸总值的比重也在逐年提升，由2013年的25%提升到了2017年的26.5%，2018年前三个季度占比提升到27.3%，成为对外贸易发展的一个亮点。数据显示，中国对“一带一路”沿线国家和地区出口的主要是机电类产品，进口产品中，电机电气设备和矿物燃料的比例最高。民营企业是“一带一路”贸易主力军，贡献了43%的贸易额。与此同时，中国积极与“一带一路”沿线国家和地区开展投融资合作，加强资金融通，推动建设多元化融资体系。目前，已在7个沿线国家和地区建立了人民币清算安排，人民币跨境支付系统覆盖41个沿线国家和地区。

一、推广供应链金融模式，优化贸易金融产品和服务创新

供应链金融发展的受益主体主要是供应链上的中小企业，通过融入供应链的产、供、销各个环节，借助核心企业的信用增级提升供应链上中小企业的信用，拓宽融资渠道，缓解融资难问题。随着大数据、区块链等互联网技术的运用和成熟，供应链金融生态化发展趋势逐步形成。商业银行以智能化平台等新技术为重点，针对性地为沿线国家和地区的企业提供包括贸易结算、贸易融资、信用担保、避险保值、财务管理等全流程的跨境金融服务，为企业参与“一带一路”经贸合作提供涵盖采购、生产、销售等各环节的全球供应链金融解决方案。供应链金融生态包含四层架构：供应链金融需求源，供应链上的中小企业；供应链金融服务组织方，包括商业银行、平台企业和供应链管理公司等；供应链金融资金提供方，包括商业银行、基金公司、保险公司、保理公司等；供应链金融基础服务提供方，包括金融基础服务提供方、行业协会以及政府监管部门等。

二、利用跨境人民币的币种多样化融资

在“一带一路”建设过程中，中国与沿线国家和地区有着巨额的贸易往来，为与沿线国家和地区开展贸易本币结算，逐步由边境贸易扩展到一般贸易，进而签署并扩大双边本币互换协议规模，提升人民币在跨境贸易、投融资过程中的使用比例和范围。人民币已于2016年正式加入SDR（特别提款权）成为国际储备货币，在“一带一路”沿线对外直接投资项目时使用人民币，可降低对美元依赖，规避汇兑风险。中国作为最大的能源进口国，在与俄罗斯、伊朗、中亚、海湾国家进行贸易往来时，逐步开启能源和大宗商品的人民币计价结算。同时支持中国进出口银行、国家开发银行等在境外发行人民币债券，推进人民币跨境支付系统，完善人民币全球清算服务体系，建立多元化的人民币回流渠道。

三、运用出口信用保险防范国别风险的专业化融资

《关于推进国际产能和装备制造合作的指导意见》提出，“发挥好中长期出口信用保险的风险保障作用，扩大保险覆盖面，以有效支持大型成套设备出口，带动优势产能‘走出去’”。针对国际产能合作涉及众多政治、法律、外汇风险的实际情况，出口信用保险机构对保险产品进行优化和创新，完善了有关应对政治风险、法律风险、汇率管制

风险等的险种，企业充分发挥保险机构的出口信用保险、海外投资保险、特定合同险、资信评估等产品和服务的协同效应，扩大保险覆盖面，进而防范有关风险。

四、中非金融合作，构建命运共同体

长期以来，中国通过与非洲的投融资合作，聚焦非洲经济发展面临的资金短缺、基础设施建设滞后等核心问题，助推非洲国家工业化和现代化进程。非洲是"一带一路"建设中的重要一环，2015 年，习近平主席在中非合作论坛约翰内斯堡峰会上提出中非"十大合作计划"，其中"中非金融合作计划"指出，中方将同非洲国家扩大人民币结算和本币互换业务规模，鼓励中国金融机构赴非洲设立更多分支机构，以多种方式扩大对非洲投融资合作，为非洲工业化和现代化提供金融支持和服务。中非金融合作领域不断扩大、合作层次不断提高，一批重大项目开花结果，为非洲国家工业化和现代化提供了有力支撑。埃及和中国两国央行于 2016 年底签署了双边本币互换协议，便利了双边贸易和投资，促进了埃中两国资金融通。中非发展基金已累计对 36 个非洲国家、92 个项目决策投资超过 46 亿美元，包括加纳大阿克拉省特马市的安所固电厂、中非重工南非装配厂项目、保利协鑫南非光伏电站项目。埃及银行与中国国家开发银行签署了多项贷款协议，其中包括为埃及中小企业项目提供资金保障的专项贷款等。由中资企业投资设立的丝路国际银行于 2017 年 1 月在东非国家吉布提正式开业，这是中资企业首次在非洲大陆获得银行牌照，丝路国际银行在吉布提全面开展信息化金融服务，为吉布提带来无缝对接中企和银行的跨国便捷金融服务，带动了吉布提乃至非洲国家金融业发展，推动"一带一路"框架下的中非金融合作迈向更高层次。位于赞比亚东方省省会奇帕塔的中非棉业发展有限公司赞比亚公司由中非发展基金和山东青岛的纺织企业合资设立，依托赞比亚棉花优质高产的优势，采用"公司 + 农户"的订单模式，带动了当地棉农种植积极性，提高了农民收入。中非棉业发展有限公司已在赞比亚、马拉维、莫桑比克 3 个国家建厂，惠及当地 20 余万农户，促进了中国同非洲国家在农业现代化领域的合作。

6.3 创新金融模式支持"一带一路"沿线产业园区建设

《推动共建丝绸之路经济带和 21 世纪海上丝绸之路的愿景与行动》中指出，"一带一路"建设要以国际大通道为依托、以沿线中心城市为支撑、以产业园区为合作平台。而产业园区正是沿线中心城市发挥其影响力、辐射力、增长极作用的重要支撑，更是沿线国际大通道地区经济增长的引擎。中国与"一带一路"沿线国家和地区合作建设产业园区，既有经济互补、产业互补和形成产业规模经济的意义，也有积极推动东道国的产业集群建设，加快东道国经济社会发展，促进国际产能合作及双边关系发展的重要功能。据商务部统计，截至 2017 年末，中国与沿线国家和地区已建设 80 多个境外经贸合作区（包括加工区、工业园区、科技产业园区等），累计投资近 300 亿美元，为当地创造了 24.4 万个就业岗位。主要涉及农业、矿业、机械、轻纺、节能环保、信息处理、生物制药、商贸物流等产业领域，主导企业几乎都是中国实力雄厚、管理水平高、技术设施完备的大型企业，园区分布主要集中于东南亚、中亚、东欧及非洲等发展中国家和地区。中国在“一带一路”沿线建立的海外园区主要集中在制造业、能源矿产和农产品等领域。制造业海外园区，如白俄罗斯明斯克中白工业园和印度（浦那）中国三一重工产业园，多建立在工业基础和产业配套良好城市区域；劳动密集型加工园区，如巴基斯坦中国成衣工业区和孟加拉国达卡服装和家电产业园区，则主要依托劳动力资源丰富的区域建立；能源资源加工产业合作区，如巴基斯坦瓜达尔能源化工园区和中哈阿克套能源资源深加工园区，则建立在口岸和能矿资源富集区；而农业产业合作区，如华信中俄现代农业产业合作区，则依托自然条件和农业基础优越的区域建立。目前，中国在“一带一路”沿线建设的海外园区正在开始向更加多元化和高级化的方向发展，出现了包括商贸物流园区、科技合作园等诸多形式。商贸物流海外园区有波兰（罗兹）中欧国际物流产业合作园、白俄罗斯明斯克商贸物流园和哈萨克斯坦（阿拉木图）中国商贸物流园；而依托科教文化中心建立的高新技术产业合作区有莫斯科（杜布纳）高新技术产业合作园区和圣彼得堡信息技术园区等。

6.3.1 马中关丹产业园

一、园区特色

马中关丹产业园作为中马两国政府直接倡议并推动的重大合作项目，是中国在马来西亚设立的第一个国家级产业园区，也是马来西亚政府重点支持的项目，并被列入国家“一带一路”规划重大项目和跨境国际产能合作示范基地。马中关丹产业园重点发展钢铁及有色金属，机械装备制造，清洁能源及可再生能源，石油化工工业，电气电子信息工业，以及以科学技术研发为主的现代服务业。

关丹产业园坐落于马来西亚东北部的彭亨州，距离首都吉隆坡260公里，大约3个小时车程，毗邻关丹港，距关丹机场40公里，距市区25公里，从关丹港到钦州港航程仅3天。产业园位于东海岸经济特区（ECER）范围内，规划总面积12平方公里。作为园区开发主体，马中关丹产业园有限公司由中马双方共同出资组建，持股比例按照马方51%、中方49%构成。马方由马来西亚IJM集团、森纳美集团和彭亨州发展机构共同参股；中方参股企业为广西北部湾国际港务集团和钦州市开发投资有限公司，其中广西北部湾国际港务集团拥有主要股份。①

根据规划，产业园区总共分为三期，一期占地面积约6.07平方公里，二期约5.93平方公里。前两期主要计划安排重工业，第三期则是轻工业以及相关配套服务。园区具

① 中国广西钦州市中马钦州产业园区．马中关丹产业园区总体概况［EB/OL］.（2017－08－15）［2019－03－25］. http://www.qip.gov.cn/zmhz/gdygk/20170815－22460.shtml.

有生产加工、科技研发、商贸物流以及生活配套等多重功能，服务马来西亚东海岸经济特区，面向中国沿海，辐射东盟市场6.5亿人口，力图打造中国和东盟经济合作的旗舰示范项目。

产业园区建设充分发挥金融、税收等优惠政策，吸引产业投资基金，促进产业聚集发展。具体政策优势包括：15年100%企业经营所得税减免，或拥有等同于5年符合资格的资本开销的所得税豁免额；入园企业高管、高级技术工人可享受15%优惠个人所得税税率；进口原料、零部件、机械、器材等未在当地生产但在生产活动中直接使用的物品进口税豁免；用于发展用地建筑物转卖租借的印花税豁免；最高达2亿元马币的基础设施辅助基金或10%基础设施建设成本补助，专用于发展基础设施建设。

入驻中方企业项目主要有：联合钢铁项目，该项目是关丹产业园的首个入园项目，项目建成投产后不但将成为马来西亚最大的钢铁厂，在整个东盟地区也是具有技术竞争优势的钢铁厂，项目计划总投资约14亿美元。广西仲礼瓷业，该项目总投资约5亿元人民币，占地500亩，产量每年2万吨，年产值5000万美元。广西投资集团，集团将在马中关丹产业园计划投资10亿元人民币，建设年产10万吨的铝型材加工基地，项目占地约50英亩，预计整个项目达产后，每年可实现工业总产值约为1.5亿美元。无锡尚德太阳能电力项目，无锡尚德计划在马中关丹产业园投资晶体硅太阳能电池片及组件项目，项目占地约100英亩，产品目标产量为每年3000兆瓦，预计整个项目达产后，可实现约20亿美元的总销售额。2018年初，中国驻马来西亚大使馆举办“2018中马中小企业合作对接会”，聚焦餐饮、批发物流、现代农业、绿色能源、循环经济等行业，对接会最终达成合作意向117个，现场签署合作备忘录9项，达成考察意向78个。

二、金融服务

联合钢铁项目由广西北部湾国际港务集团与广西盛隆冶金有限公司共同投资建设，计划总投资约14亿美元，预计年销售收入19.67亿美元，实现年产350万吨钢材的规模，投产后可以直接创造就业岗位3500个，间接带动就业上万人。同时，工厂也非常重视节能环保技术在生产中的应用。项目的废气排放完全符合国际标准；废水排放做到了百分之百回收利用；固体废料不仅进行全面回收，还可进行再次利用。整个项目投入经费的30%用在了节能环保方面，通过这些技术手段，整个工厂用电的90%可以做到自给自足。针对联合钢铁项目，建设银行与进出口银行、农业银行组建项目银团，2016年10月，马中关丹产业园350万吨钢铁项目启动银团贷款提款程序，融资金额近10亿美元。该项目首创了跨境银团直贷等模式，中国进出口信用保险为其提供了专业的海外投资保险等服务，也为更多优质企业“走出去”提供了高效、优质的金融服务模板。①

① 黄晴雯，岑敏．广西最大境外直接贷款融资项目放款　马中关丹产业园350万吨钢铁项目启动银团贷款提款程序[EB/OL]．中国交通新闻网．(2016－10－18)［2019－03－25］．http：//www.zgjtb.com/zhitong/2016－10/18/content_96733.html.

6.3.2　中白工业园

一、园区特色

中白工业园于2010年由中国、白俄罗斯两国领导人共同确立，是中白两国政府间最大的投资合作项目，也是目前中国在海外开发面积最大的经贸合作区，总规划面积达112.47平方公里，土地使用期限99年。园区毗邻明斯克机场，莫斯科至柏林洲际高速路和机场高速路经过园区，紧邻规划中的铁路货运站，距波罗的海港口500多公里。园区将重点发展电子信息、生物医药、精细化工、新材料、机械制造、仓储物流、电子商务、大数据处理等产业。①

2012年8月中白工业园区开发股份有限公司在白俄罗斯明斯克设立。作为园区开发运营的主体，园区开发公司注册资本总额1.5亿美元，中方占股68%，外方占股32%。其中中方股东国机集团占股32%，招商局集团占股20%，中工国际占股13.71%，哈尔滨投资集团占股2.29%。白方股东为白俄罗斯政府占31.33%股份，德国杜伊斯堡港占0.67%股份。

2018年底中白工业园一期基础设施建设已全部完工，园区已具备515万平方米生产经营用地，建成220000平方米生产经营设施。目前，招商局集团、中电科38所、建谊集团、成都新筑、潍柴动力、华为、中兴通讯、一拖、超频三、中电科28所等多家中国企业入园项目相继投产运营。截至2019年3月2日，除中国外，园区还吸引了来自俄罗斯、美国、德国、奥地利、立陶宛等国家共计43家企业入驻。预计2020年入园企业数量将达到70多家，合同投资额超过20亿美元，在园区内形成产业聚集效应。未来，中白工业园将吸引超过200家高新技术企业入驻，园区内就业人口将超过12万人，最终形成结构布局合理、产业协调发展、科技含量高、社会经济效益明显的综合性开发区，同时促进产城融合，打造一座国际化生态产业新城。

2018年，中白工业园向当地纳税1676.15万美元，当地建设企业分包工程合同额9338.91万美元，白方人员接受中方经营管理培训超过300人次。中白工业园严格控制开发成本，加快建设速度，起步区建设实际投资仅为预算金额的52.27%，为白俄罗斯政府减少财政支出10500万美元。

白方政府针对入驻的企业实行政策优惠，具体政策优惠包括："50年税收优惠"政策。园区企业进口设备及配件时，可以享受免除进口关税和进口环节增值税的待遇，股东利润也可自由汇出。园区被批准为白俄罗斯境内首个区域经济特区，该地位使园区居民企业和园区管理主体在物流运输及生产活动方面，成为享受关税优惠的对象，最大程

① 白丽媛，陈晓，王建龙．"一带一路"上的中国速度，探访白俄罗斯中白工业园［EB/OL］．（2018－07－05）［2019－03－25］．https：//zj.zjol.com.cn/news/979087.html.

度享受欧亚经济联盟（俄罗斯、白俄罗斯、哈萨克斯坦、亚美尼亚、吉尔吉斯斯坦五国经济联盟）的相关海关便利政策。总统令还批准设立公共保税区，允许园区居民企业在受海关监管的保税区内开展保税业务活动，无须单独申请设立保税设施。同时允许中白工业园保税加工区生产的产品可以在中白工业园与欧亚经济联盟国家间自由流动。

二、金融服务

中国进出口银行为园区一期基础设施建设提供了优买贷款，并且与国家开发银行一同对入园的中国企业提供融资支持。白俄罗斯当地银行也可向入园企业提供项目融资。

为了更好地促进园区加快形成优质产业集群效应，园区还专门设立了两只基金，分别是："中白产业投资基金"，基金规模近6亿美元，在白俄罗斯及其他国家寻找高科技创新项目，为未来可以落户中白工业园的项目提供融资支持；"中白工业园区开发股份有限公司产业投资基金"，基金规模2000万美元，用于投资拟入园项目或已入园企业提出的项目，特别是具有发展前景的高科技入园项目，促进和带动园区高科技产业的发展。

欧洲复兴开发银行、中白产业投资基金、中国国家开发银行、世界银行国际金融公司、白俄罗斯银行、中国—欧亚经济合作基金、白俄罗斯天然气银行、农工银行等多家金融机构针对企业园区相关企业进行金融推介，形成有效的金融支持。①

6.3.3 中阿（联酋）产能合作示范园

一、示范园区特色

（一）中阿双方政府支持并协调推进园区建设

2016年10月，中国国家发展改革委明确由江苏省牵头推进示范园落实工作。2017年7月，中阿双方正式签署政府间合作协议和示范园正式投资协议。示范园位于阿联酋首都阿布扎比哈利法港，距离首都阿布扎比和迪拜分别为60公里和80公里。在阿联酋阿布扎比启动实施示范园建设，是落实中阿两国领导人重要共识，服务"一带一路"建设的重大合作项目。2017年9月，示范园被中国国家发展改革委授予全国首家"一带一路"产能合作园区。

（二）由国有企业联合开发区组建运营

国有企业作为"一带一路"建设的"领头羊"，从大局出发，拉长投资回报期，为入园企业搭建低成本平台载体。江苏省推进"一带一路"建设领导小组会议审议，确定由中江国际集团公司牵头，联合苏州工业园区、江宁、扬州、海门四个国家级开发区，共同组建江苏省海外合作投资有限公司，具体负责示范园投资开发和运营管理。该国有

① 宋哲．中白工业园建设经验浅谈［EB/OL］．人民画报．（2017-10-16）［2019-03-25］．http：//www.rmhb.com.cn/zt/ydyl/201710/t20171016_800107082.html.

资本联合意在实现各方优势互补，提高境外园区建设和管理水平。国有资本以保本微利的原则服务国家“一带一路”建设，为入园企业创造优惠投资条件。

（三）市场化运作

由政府支持、国企搭台的园区，具备较强的综合协调能力和较为优惠的投资政策。目前，园区规划建设和招商推介同步展开，得到了社会各界的广泛关注。示范园计划于2020年迪拜世博会举办时基本建成，首批入驻企业投入运营。目前示范园已吸引了16家企业签署框架协议，投资额超60亿元。

二、示范园在中阿两国间发挥着关键的桥梁纽带作用

（一）对于阿联酋而言

阿联酋是欧洲、亚洲和非洲之间的重要交通枢纽和贸易交汇点，是贸易、物流、制造业和金融等领域的区域中心，辐射地区人口约40亿人。阿联酋正在积极调整国内经济结构，以实现多元化发展目标。示范园设立在阿布扎比自贸区，是《阿联酋2030发展规划》的重要组成部分。通过示范园的建设，将会吸引更多优质中国企业进行投资，促进自贸区的建设进程，丰富当地产业结构，这将对阿联酋经济发展带来积极影响。

（二）对于中国而言

目前，阿联酋国内消费能力强，中东、非洲等周边地区已进入加速建设期，各方面产品需求比较旺盛，并且阿联酋距离欧洲较近，市场空间广阔。作为阿联酋的首都，阿布扎比地处“一带一路”重要战略位置，是中东与非洲地区、印度次大陆、东南亚和大中华地区经济快速发展的天然纽带。示范园项目将会在中国国内很好地发挥引导和示范作用。对当前中国经济发展转方式、调结构、促转型产生积极影响。同时，阿联酋是中国“一带一路”的重要节点，该示范园将为国内企业赴海外投资，参与“一带一路”建设，提供发展平台。

三、示范园金融服务平台

2018年7月19—21日，习近平主席应邀对阿联酋进行国事访问，两国元首一致决定，将双边关系升级为“全面战略伙伴关系”。21日，在习近平主席与阿联酋阿布扎比王储穆罕默德的共同见证下，中国江苏国际经济技术合作集团有限公司与阿布扎比国际金融中心正式签署《中阿（联酋）产能合作示范园金融服务平台框架合作协议》，建立中阿（联酋）产能合作示范园金融服务平台。

中阿（联酋）产能合作示范园金融服务平台是中国首家获得阿布扎比国际金融中心金融服务监管局批准的金融服务机构，该平台旨在提供全方位金融服务，为示范园、“一带一路”以及在该地区拓展业务的中国企业提供大力支持，并将成为“一带一路”人民币国际化的试点平台。

（一）平台建立的背景

随着中国企业境外投资步伐加快，境外法律服务、跨境金融服务等配套服务成为企业境外投资成功的关键要素，越来越受到企业关注。境外园区作为海外企业的重要平台载体，为入园企业提供高质量、全方位的金融配套服务，为园区提供保持快速、健康、可持续发展的核心竞争力。

第一，企业境外投资规模迅速放大。经过多年持续快速发展，中国的工业化逐步进入成熟期，很多企业具备了赴境外开展投资合作的良好基础和必要条件。"一带一路"倡议提出后，国内企业谋求更大发展的路径模式已出现了很大的变化，越来越多的企业将目光投向海外，"走出去"开展投资合作、整合利用全球要素资源、拓展海外发展空间，已经成为中国企业发展壮大的重要路径选择。近几年，越来越多的企业逐步由原先的"被动接受配置"向"主动配置资源"转变，全国境外投资规模迅速放大，企业"走出去"持续提速。2017 年，中资企业共对全球 174 个国家和地区的 6236 家境外企业新增非金融类直接投资，累计实现投资 1200.8 亿美元。

第二，中资金融机构全球化布局加速。随着中国企业境外投资步伐加快，中国银行业的海外扩张也加快步伐。国际金融协会 2018 年 5 月 2 日发布的报告显示，自 2010 年以来，中国银行业跨境放贷规模增长了 500%，到 2017 年规模已达到了 6300 亿美元，而同期的美国同业规模增速为 13%，日本为 35%，欧洲为 5%。至此，在跨境放贷方面，中国银行业规模已达世界第八位。

第三，境外金融服务发展空间较大。目前，海外贷款主要围绕中资企业"走出去"开展投资、生产、经营，提供标准化的贷款服务。一是针对中资企业开展的境外投资项目，直接提供配套融资服务；二是向"走出去"中资企业的客户群体提供投融资支持，主要向提供上下游配套的当地知名公司、大型企业提供银行贷款、结算等金融服务。从体量来看，与中国稳居世界前五的境外投资规模相比，目前海外金融服务尚有进一步布局发展的巨大空间。

第四，境外投资金融服务问题突出。当前，中国特色社会主义进入了新时代，企业综合实力增长明显，境外投资更是在建设"一带一路"的大背景下实现了高速增长。虽然在多方努力下，与境外投资活动高度关联的海外融资业务取得了明显的进展，但境外金融服务在发展过程中依然存在着明显的不充分、不平衡问题。

一是直接融资途径缺乏。由于"一带一路"建设大量项目地处亚非等欠发达国家和地区，当地金融市场欠缺直接融资的条件，企业即便在海外运营成功获得大量资产（土地、厂房、基础设施、开发权益等）也很难实现有效盘活。特别是中小型企业不能承担高额的中介费用，不具备发行境外债券、挂牌国际证券市场的能力，直接融资的途径较为匮乏。二是间接融资门槛较高。尽管中资金融机构在海外扩张步伐加快，业务范围在不断扩大，但授信对象往往是具备较强实力的跨国大企业、大集团。随着"一带一路"建设推进，"走出去"开辟国际市场的中小企业越来越多，但此类企业无法达到较高的贷款门槛，境外资产不能实现抵押盘活，融资能力低下。并且中资金融机构在相关国家开展业务、融资总量有限，向企业提供的综合融资成本也相对较高。三是跨境金融供需不平衡。由于金融体系完善，中资企业对于欧美发达国家的跨国并购一般可以获得较为有力的金融支持；在双方政府的支持下，部分国有企业“一带一路”重大项目也能获得较好的金融支持（这两类情况，项目融资较为轻松）。但大量中小企业开展的境外投资项目，往往无法获得有效的金融支持，特别是相对落后的区域情况更为严重（但此类地区往往资源丰富、产能缺乏、项目收益较高，企业投资意愿较强）。目前，境外投资领域资金供需不平衡局面较为明显。

（二）平台的特色金融服务

阿联酋作为中东金融中心，金融市场开放、资本自由流动、外汇储备充裕，当地金融环境与新加坡和伦敦较为接近，具备了开设金融机构的基础条件。鉴于此，为填补当地银行服务和中资企业需求之间的空白，有效解决中小企业出海的融资难题，示范园决定在当地建立“中阿产能合作金融服务平台”。阿布扎比国际金融中心金融服务监管局支持授予包括投资、储蓄与信贷、资产管理、信托、保险等在内的全金融牌照，进而充分发挥当地金融中心优势，努力推动“一带一路”产能合作和资金融通的有机结合，帮助示范园和中资企业境外资产滚动发展，实现“一带一路”境外金融服务的重要突破。

“中阿产能合作金融服务平台”旨在推动示范园在阿布扎比健康发展，在中东、北非地区形成规模和示范效应，为园区自身及未来入驻企业提供高效、全面的投融资服务，实现中阿两国在此重大项目上资源共享、优势互补。设计伊始，该产能金融平台就希望为产能出海阿布扎比的企业提供个性化、多样化、立体化的融资服务，帮助示范园和入园企业盘活境外资产，提升园区造血功能和盈利水平，实现“园区服务＋企业发展＋金融支持”共赢发展格局。

一是园区金融服务互惠互利。入园投资的中资企业享受便捷高效的园区政务服务，同时对于金融服务需求也十分迫切。基于此，中阿产能合作示范园利用高效的政府间协调机制，推动园区实现了金融功能的叠加。园区自身拥有全牌照的金融机构后，可利用当地充沛的财富资源和良好的营商环境，实现统贷统还、外保外贷、资产证券化等诸多金融创新，与中资大型金融机构形成互补，为企业提供个性化、多样化、立体化的融资服务。同时，园区可以充分发挥金融功能吸纳更多低成本资金，帮助园区自身和更多企业盘活境外资产，迅速发展壮大实现共赢。

二是全力打造“园区服务＋企业发展＋金融支持”模式亮点。示范园聚焦“一带一路”产能合作，为入园企业提供全方位的服务支持，采用江苏开发区通行的“一站式服务中心”模式，提供厂房建设、生活配套、手续代办、金融支持、法律服务、市场咨询等全方位服务，中方运营团队 7×24 小时待命，企业入园投资如同身处国内，只需将精力花在工厂本身的运营上，有效规避各种境外风险。目前多家中资金融机构已与园区建立战略合作，为入园企业提供全方位、高效率的定制化服务，特别是得到阿布扎比国际金融中心支持的自有金融平台拥有当地全金融牌照，与中资金融机构形成有益互补，可为企业提供立体化金融服务。“园区服务+企业发展+金融支持”模式，将有效实现园区、企业、金融机构的合作发展，有力帮助企业解决境外投资领域可能遇到的发展难题，真正发挥了境外平台载体的重要作用。

三是区内企业风险控制得力。对于国内中资金融机构普遍担心的境外资产风险问题，园区自有金融机构能够有效解决。一方面，境外园区在与当地政府协调沟通上具备既有独特优势，且对当地投资环境、金融环境较为熟悉，能够对可能出现的相关风险提前做出预判，并帮助企业及早应对、有序准备；另一方面，园区对于区内企业经营较为熟悉，企业在园区内生产经营，拥有固定资产和经营流水，金融平台据此可以作出合理评估，提供对应的融资服务；同时，园区金融平台可与中资大型金融机构合作，为大型项目提供银团保障、金融风险防范服务，实现金融机构之间的互利共赢。

（三）服务平台未来发展

中国江苏国际经济技术合作集团有限公司董事长王斌预计：“未来会有20亿美元左右的投资通过这个金融服务平台为示范园内的中国企业和机构提供服务。这个平台会提供更多整合的综合金融服务，期待越来越多的中国企业进入示范园区，我们也将帮助它们在这里成功成长和开拓市场。”阿联酋国务部长兼阿布扎比国际金融中心主席艾赫迈德·沙耶赫认为：“作为阿布扎比经济发展蓝图的重要一环，阿布扎比国际金融中心很荣幸能够为‘一带一路’作出建设性贡献，与中方合作伙伴密切合作，实现各自的发展目标。中阿（联酋）产能合作示范园金融服务平台将为更多在‘一带一路’相关地区寻求商业发展机遇的设立于阿布扎比的中国企业提供支持。阿布扎比国际金融中心更致力于加强跨境互通，为双方经济发展发掘新的机遇。”

一是服务入园投资企业。随着“一带一路”的推进，中小企业将逐步成为主力军，入驻园区投资将会是其出海的首选，此类企业对于金融服务需求十分迫切。拥有贷款牌照后，金融平台可利用当地充沛的财富资源，实现统贷统还、外保外贷等功能，为企业提供个性化、多样化、立体化的贷款服务，帮助企业用少量资金即可在示范园内启动项目建设，实现园区和企业的快速发展。

二是服务驻阿华商群体。阿联酋作为中东航运中心、贸易中心和金融中心，吸引来自全球的各类企业开展投资贸易合作，当地30万华人华商群体已经具备了较为稳定的经济生态圈，特别是在国际贸易、航运中转、旅游服务领域较为活跃。平台将以贸易金融和金融零售为支撑，为广大在阿华人群体提供高质量低成本的金融服务。

三是尽快组建国内机构。2018年4月10日，习近平主席在博鳌亚洲论坛上，就扩大改革开放尤其是金融服务业的开放，对世界庄严承诺，中国将“放宽外资金融机构设立限制，扩大外资金融机构在华业务范围，拓宽中外金融市场合作领域”。在已经启动的金融开放风口下，中阿产能合作金融服务平台作为“一带一路”金融创新的境外金融机构，具备了回国设立分支机构的优势条件。在打通境内外金融服务壁垒后，园区和产能金融服务平台将更快融入境内金融机构生态链，实现全面快速发展。

四是服务其他境外园区。园区运营方江苏海投公司在江苏省政府支持下，正在牵头联合柬埔寨西港特区、埃塞俄比亚东方工业园等省级以上境外合作园区，组建“一带一路”江苏境外园区建设发展联盟，力求整合各自优势、形成发展合力，实现招商对接、金融支持、服务标准、信息交流“四个联动”。金融服务将以点带面，为符合条件的联盟园区提供统一金融服务，借此拓展平台国际化发展新空间。

五是打造人民币国际化试点平台。平台将充分运用人民币合格境内投资者（RQ-DII）、人民币互换协议、阿布扎比资本市场直接发行人民币计价的金融产品等方式，推动示范园内产能合作项目的投融资、联盟园区间的资金往来直接使用人民币，探索“一带一路”产能合作与人民币国际化的联动创新。

六是打造国际化金融服务集团。金融平台将按照阿联酋，中国“一带一路”重点国家，发达经济体的先后顺序，坚持产能合作与资金融通相结合，以“园区 + 金融”为主要业务方式，逐步扩大业务规模，探索打造“一带一路”金融服务的创新发展载体，努力将金融平台运营主体打造为国际化金融服务集团，为中国企业“走出去”提供多样化的选择。秉持共商共建共享原则，注重模式创新、路径创新、合作创新，中阿产能合作示范园和中阿产能合作金融服务平台两大项目极有可能被打造成为标杆示范项目，在深度融入“一带一路”建设中争取取得一批重要创新成果，进而更好地服务国家开放发展大局和外交工作大局。

四、借鉴和启发

（一）搭建金融服务专业平台，实现金融资源共享

入园投资的中资企业对于金融服务的需求十分迫切。基于此，示范园利用高效的政府间协调机制，推动园区实现了金融功能的叠加。随着“一带一路”建设不断推进，示范园在金融服务领域的探索实践，或将成为“走出去”企业较为认可的平台载体合作样板。园区业务实现多方合作、优势互补、共赢发展，即便是对融资条件较为落后的地区，园区金融服务依然可以凭借综合管理和风险控制优势，帮助企业实现低成本融资，推动实现境外投资项目高质量、可持续发展。

（二）积极推动跨境合作，实现中外优势互补

伴随着国有企业“走出去”，近年来越来越多的中小企业尝试“走出去”，但是这类企业普遍抗风险能力较弱，“走出去”面临着政治、金融、法律、管理等各种风险，亟须正规可靠的中资境外园区予以扶持。在国家发展改革委支持下，江苏省充分发挥园区建设管理优势，以良好境外载体支持企业“抱团出海”，以高效的政府间合作协调机制，推动境外园区实现当地最低的投资成本、最优的管理服务、最有力的金融支持、最可靠的安全防范，入园企业只需聚焦精力于工厂本身的生产经营。同时，以示范园为代

表的境外园区，坚持政府推动、企业主导和市场化运作原则，有效解决企业境外发展"单打独斗"时普遍遇到的问题，帮助支持企业海外发展蹄疾步稳、行稳致远。中阿双方将优秀经验共同带入园区，两国优势形成互补，对资源进行整合，形成合力，切实为入驻企业做好服务。

（三）利用境外金融机构资源，做好企业风险控制

跨国企业"走出国门"首先会遇到国别风险，同时面临政治风险、法律风险、信用风险、人文风险等。境外园区自有金融机构因其对当地投资环境、金融环境较为熟悉，且在与当地政府协调沟通上具备独特优势，可以预判潜在风险，帮助企业及早应对、有序准备。金融平台也应关注区内企业的生产经营情况，作出合理评估，提供对应的融资服务。同时，园区金融平台可与大型金融机构合作，为大型项目提供银团保障、提供金融风险防范服务，实现金融机构之间的互利共赢，也为企业降低风险发生的可能。

6.3.4 中德（沈阳）高端装备制造产业园

2015年12月17日，国务院印发《关于中德（沈阳）高端装备制造产业园建设方案的批复》（国函〔2015〕218号），该园区成为国务院批复的全国第一个以中德高端装备制造产业合作为主题的战略性平台。发展定位为沈阳转型发展的新引擎；中国制造强国战略与德国工业4.0战略合作试验区；开放型经济新体制探索区；国际先进装备制造业发展示范区；创新驱动和绿色集约发展引领区。园区规划面积48平方公里，核心区面积约20平方公里，重点发展智能装备、高端装备、汽车制造、工业服务、战略性新兴产业。

一、产业园区特色

（一）园区由企业实质化运营

中德（沈阳）高端装备制造产业园（以下简称中德园）进行了体制机制创新，按照"小政府、大社会"的理念，构建了"管委会+平台公司"的管理和开发建设模式，组建沈阳中德园开发建设集团有限公司（以下简称中德开）、中德（沈阳）国际产业投资发展集团有限公司（以下简称中德发）两家公司，采取市场化运营方式，提高园区建设及发展效率。中德开作为园区开发建设商，主要负责园区土地开发、基础设施建设、项目管理等业务。2018年全年完成产值15.6亿元，建筑面积14万平方米，总管线长度26公里，综合管廊6公里，改造路面20.5万平方米，推进12个重点项目建设，配合完成76.8亿元的中德园基础设施政府与社会资本合作（PPP）项目策划与招标。

中德发作为园区产业发展商，在战略投资、招商引资、基金管理、金融服务、创新孵化等方面作出诸多努力，并取得良好成效。中德发推进19个项目签约落地，总投资额累计52亿元，并参与投资设立两家融资租赁公司。沈阳战略性新兴产业投资基金、沈阳中钛新材料应用产业投资专项基金、沈阳双创人才引领项目发展基金等3只基金进

入组建或报批阶段，最大限度发挥市场化作用。

（二）国际化的营商环境

中德园充分发挥制度先行先试优势，探索实施承诺制审批、行政事业“零收费”等政策，打造让企业无顾虑投资、无干扰建设、无障碍发展的营商环境最优区。

一是推进“你承诺，我审批，你建设，我监管”的承诺制审批改革，极大提高了审批效率。二是推进行政事业“零收费”政策。除资源类、补偿类外，免收各类行政事业性收费；涉及与审批相关的环评、安评等中介服务收费项目，由园区管委会通过政府购买服务的方式支付；免收园区内工业项目、生产性服务业投资项目的基础设施配套费。三是沈阳市政府将国有土地出让、划拨等供地市级权限（房地产、商业除外）下放至中德园，确保项目快速落地提供有力的政策支持。①

二、对当地经济及产业带动作用

（一）促进经济实力稳步增长

2018 年，中德园完成规模以上工业总产值 761 亿元，同比增长 15%；完成全口径税收 93 亿元，同比增长 15%；完成固定资产投资 48.5 亿元，同比增长 23%。园区经济总体平稳增长，综合实力不断增强。

（二）项目建设高质高效

一是招大引强开创新局面。2018 年，全年引进项目 81 个，总投资额 699.02 亿元。按照投资规模分，亿元以上项目 47 个，包括华晨宝马铁西新厂等 200 亿元以上项目 1 个；北方生物医药科技谷、基础设施 PPP 等 50 亿元以上项目 2 个；美国安博物流园、中车中钛高速列车等 10 亿元以上项目 4 个；深圳微控飞轮储能、中车中钛智能化工厂等 5 亿元以上项目 2 个；铁西科创园、禄喜机器人、林敏检测机器人等 1 亿元以上项目 34 个，等等。按照产业类型分，智能制造 7 个、高端装备 13 个、汽车零部件 11 个、战略性新兴产业 16 个、工业服务类 34 个。截至 2019 年 3 月底，园区有企业 430 余家（规模以上企业 49 家、中外合资企业 90 家），推进项目共计 367 个，总投资 3206 亿元，包括德资、合资、外资项目 89 个。

二是项目建设开创新局面。全年续建项目 37 个，开工率 100%；新开工项目 32 个，包括布克哈德远大压缩机新厂区、思拓威源汽车板材项目等；全年竣工项目 35 个，包括新加坡丰树国际产业园、港骏实业有限公司中德园 1 号标准厂房、本特勒汽车（二期）、摩天之星沈阳孵化器等项目。一批重大项目落户，推动园区产业链、价值链向高端延伸，形成“引进一个、发展一群、带来一批”的产业集群发展效应。

（三）对外开放持续深化

一是积极融入“一带一路”建设。推进中欧班列直达中德园宝马铁西厂区，为园区

---

① 中德（沈阳）高端装备产业园，链接：http：//www.cgip.gov.cn/main/index.aspx.

进出口贸易注入全新动力。二是建设离岸创新中心。建设德国海德堡、瑞典韦斯特罗斯、深圳、沈阳离岸创新中心。完善公司化运营体系，注册中德发展（沈阳）离岸创新服务中心有限公司及其子公司中德发展（深圳）科技创新有限公司2家国资公司。沈阳离岸创新8家企业首期入驻签约，服务合同金额10亿元。深圳离岸创新中心与辽宁省、深圳市签订战略合作协议，成为沈阳工业大学粤港澳校友创客基地。三是加强经贸交流。举办德国"沈阳铁西日"、"沈阳遇见海德堡"中德合作论坛、德企沈阳行、中国制造2025与德国工业4.0对接交流研讨会、第十届APEC中小企业技术交流分论坛、工业互联网高峰论坛、北京招商说明会、深圳招商说明会等活动，与国内外企业达成投资意向近千个。

三、金融服务园区项目

中德开和中德发作为园区运营的两家公司，其业务各有侧重，中德发为中德开的土地开发、基础设施建设、项目管理等工作提供金融服务。

（一）融资租赁项目

目前，中德发已经参与投资设立两家融资租赁公司，一家在谈融资租赁项目。其中，芯鑫中德融资租赁（沈阳）有限责任公司是与芯鑫租赁组建的中外合资公司，注册资本2亿元；沈阳拓博融资租赁公司是与沈鼓集团公司、崔尼蒂公司组建的合资公司，注册资本2.3亿元；中德（沈阳）国际融资租赁有限公司，拟与开元众合投资管理集团有限公司投资合作设立融资租赁公司，项目总投资暂定3亿元。

（二）基金项目

为充分发挥中德发资本杠杆效应，经过与各地社会资本多方洽谈，截至2018年末已有5只基金进入到组建或报批阶段，总规模为35.55亿元。

一是沈阳中钛新材料应用产业投资基金。基金规模为15亿元，市政府投资引导基金出资4.5亿元，沈阳中钛装备、沈阳钛新等社会资本出资10.5亿元，主要投资领域为钛及钛合金为代表的新材料在武器装备、先进轨道交通装备、海洋工程装备、航空航天装备等领域的产业化应用项目。

二是战略性新兴产业投资基金。基金规模为10亿元，其中，省、市政府投资引导基金出资4亿元，中德发出资1亿元，穗甬控股等社会资本出资5亿元。主要投资领域为军民融合、高端装备制造、人工智能、新能源汽车、新材料、节能环保等领域。

三是沈阳市科技创新投资基金。基金规模为4亿元，其中，市政府投资引导基金出资1亿元，占比25%；沈阳浙商东创投资有限公司等社会资本出资3亿元。主要投资领域为新一代信息技术，机器人及智能装备、新材料、新能源、生物医药、现代农业、大数据、节能环保、人工智能等战略性新兴产业及未来产业。

四是辽宁科技成果转化创新创业股权投资基金。基金规模为3.55亿元，其中，省、市政府投资引导基金出资1.5亿元，北京恒泰艾普股份有限公司等社会资本出资2.05

亿元。主要投资领域为辽宁省内外，深入实施创新驱动发展战略，加快推动科技成果转化为现实生产力，促进先进适用科技成果在省内转化，支撑“调结构、稳增长、保就业、增效益”，市场容量大、成长性好、效益显著的重点科技成果转化项目。

五是沈阳双创人才引领项目发展基金。基金规模为3亿元，其中省、市政府投资引导基金出资1.35亿元，中德发出资0.15亿元，社会资本出资1.5亿元，投资领域为入选《辽宁省人才服务全面振兴三年行动计划（2018—2020年）》中所列的高层次人才培养支持计划、海内外高层次人才引进集聚计划、高水平创新创业团队培养引进计划、外国人才引进计划和青年英才储备计划的人员引进或实施的创新创业项目；入选沈阳市“盛京优才英才”的人员引进或实施的创新创业项目以及国家、省、市重点支持的产业领域。

（三）其他金融服务项目

在积极组建股权投资基金的同时，中德发也在探索与开展商业保理、资产管理、保险、银行、证券、信托、小微金融、海外业务和信用评级等业务机构的合资与合作，拟在开发建设、项目引进、信用评级等领域对驻区企业提供全方位的金融服务。

四、特色金融服务

为引领园区产业结构转型升级，吸引国内外有影响力的优质项目落户园区，围绕招商工作，中德发积极开拓创新招商模式，大力开展招商引资工作。2018年，全年累计新建、续建、重点在谈项目约154个。集团签约项目共19个，投资总额累计约52.4亿元。已开工项目17个，投资总额累计约23.90亿元；其中已开工过亿元项目14个，投资总额达23.10亿元。市级重点项目14个，投资总额累计约21.30亿元。上报《国家重大建设项目库》固定资产投资过亿元项目共计15个，总投资额26.34亿元。

一是与重点地区建立密切招商合作。中德发与德国、日本等发达国家通过商会、行业协会、大型企业等建立招商联系；在中国深圳、德国海德堡设立了离岸创新中心，对接国内外优质资源；与国内创新孵化发展领先地区如杭州孵化器园区建立合作关系，将园区内孵化成功的产业项目优先推荐到沈阳建立生产基地；拟在日本设立办事处，开展对日招商工作。

二是与行业协会、科研院所、大型央企建立合作关系。中德发与中国中小企业合作发展促进中心辽宁工作委员会建立了合作关系，围绕金融支持和产业发展深入合作；与中科院技术转移中心开展合作，加快开发区产业孵化器建设进度；与辽宁省基金行业协会建立框架合作关系，共同推进优质项目落户园区，促进产融结合；与西北工业大学、成都电子科技大学、东北大学、沈阳化工大学等科研院所建立合作，促进园区“产学研融”对接合作。

五、借鉴和启发

（一）产业发展方面

一是着力发展新兴产业，增强产业竞争力。要调整产业结构，优化产业布局，大力发展战略性新兴产业。重点发展高端装备、新能源、新材料、电子信息等产业。着重发展智能制造，特别是核电、航空和机器人、3D 打印、智能装备、智能信息技术等产业。大力发展物联网、云计算、工业软件等新一代信息产业，发展新型功能材料、先进结构材料、高性能复合材料等新材料产业，不断推动装备制造业向数字化、网络化、智能化转型升级，使产业园成为拉动工业转型升级的重要支撑。①

二是鼓励科研院所落户园区，提升自主创新能力。科技部批复认定中德园为“国家国际科技合作基地（国际创新园类）”。园区注重创新力量及科研资源的整合，产学研深度对接，在园区内形成有益补充。园区依托科研院所、高校建设创新体系联盟，东北大学新材料研究院、智能制造研究院落户园区，不断提高自主创新能力。在柏林，中德园与德中研发创新联盟、辽宁省产业技术研究院签署三方合作战略协议，三方共同积极调动优势资源，拓展国际科技合作交流。因此，产业园应注重产学研的深度对接，提升自主创新能力，推进高等院校和科研院所科技创新成果的有效转化，实现技术创新上、中、下游的对接与耦合，形成良性循环。

三是创新对外合作模式，兼顾“引进来”与“走出去”。德国企业为中德园带来先进的制造经验和技术，中德企业加快融合和创新，不断引领和示范沈阳本土的制造企业加快向高端化、智能化转型，为本土企业“走出去”提升竞争力。因此，应建立招商引资激励机制，借助企业的信息渠道、商务渠道、人脉资源等实施自主招商、以商招商。同时，加大“走出去”力度，鼓励有条件的企业对外投资和跨国经营，支持有条件的企业在国外建立生产基地、营销中心、研发机构，开展境外资源合作开发等。

（二）金融支持方面

一是改革运营工作机制，充分发挥企业能动性。由政府融资、建设、招商、服务的传统园区发展模式已不再适应现代经济的发展。中德园正是得益于两家各有侧重的企业的有效运营，形成合力。政府应转变角色，让企业担任主角，围绕现有的产业基础和未来发展定位，推进市场化运作，为产业发展提供有力的金融支持。

二是加大金融政策支持力度，弥补市场化运作的不足。中德园的基金项目均有省、市政府的资金支持，在金融政策支持上，省、市、区共同设立三级专项资金，设立产业园基础设施引导基金、产业发展引导基金以及产业发展专项资金，重点支持园区的战略性新兴产业发展。探索建立人民币跨境支付系统，开展跨境人民币业务试点。

三是创新金融产品，提供全方位、多层次的金融服务。中德园广泛运用融资租赁、设立专项基金等金融工具支持产业发展，收效颇丰。产业园紧密结合产业发展需要，积极引导和推动金融机构开展新产品、新工具的研发、应用与市场推广，增强对产业结构调整的金融支持，丰富金融业深度开发产业市场的技术手段。注重基金、金融租赁等现

① 高兆铭．加快推进中德（沈阳）高端装备制造产业园发展的几点思考与建议［J］．辽宁经济，2016（4）：18－21.

代金融工具及衍生品的应用。同时，与发达国家通过商会、行业协会、大型企业等建立招商联系，与行业协会、科研院所、大型央企建立合作关系，围绕金融支持和产业发展深入合作，促进园区“产学研融”对接合作。

6.3.5 中国山东新金融产业园

2016 年，济南明确提出区域金融中心要聚焦产业、聚焦区域、聚焦政策，突出济南特色，实现错位发展，努力将济南建设成为“具有全国影响力区域性产业金融中心”。①

为贯彻落实建设济南产业金融中心战略部署，紧紧抓住山东省政府运用政府引导基金促进股权投资加快发展的机遇，济南市市中区投资 6 亿元建设山东新金融产业园，积极促进金融资源与实体经济有效结合，打造区域新旧动能转换助推器。截至 2018 年上半年，产业园注册金融和类金融机构 140 余家，包括 90 余家股权投资机构，管理基金规模超 1200 亿元，累计对外直接投资 311.45 亿元。2017 年，产业园重点企业实现营业收入 50.49 亿元，实现税收 2.68 亿元。2018 年上半年，产业园重点企业实现营业收入 40.11 亿元，实现税收 1.50 亿元。

一、产业园区特色

（一）明确的产业定位

重点引进股权投资、融资租赁等新金融、类金融机构，努力建设区域新兴金融产业集聚区。在引进盛达期货有限公司山东分公司、广州金控期货有限公司济南营业部等传统金融机构同时，重点引进了普华汇金（山东）融资租赁有限公司、济南体创嘉誉体育基金合伙企业（有限合伙）、济南钜鼎点石投资管理中心（有限合伙）等新金融业态，产业园新金融产业特色发展实现新突破。

（二）创新的招商引资模式

创新建立“公司 + 基金 + 项目”的招商引资模式，通过资本招商，对接全区载体、企业、人才、技术等全方位资源，从源头引进培育智能制造、大数据、云计算等产业项目，达到“引入一个，带动一批”的联动效应，提高招商引资工作成效。

建立产业园招商引资评估机制，注重引进机构对财税贡献方面的考察，确定入驻机构每年每平方米 10000 元的税收贡献门槛标准，提高招商引资项目财税贡献和空间资源利用效率。2017 年，产业园新引进 33 家机构，其中过亿元机构 14 个。②

（三）“一站式”的服务模式

山东新金融产业园采取“政府引导参与、市场主体运营、园区管理服务、企业互联共赢”的运作模式，通过政府购置部分物业，将祥泰广场 20 万平方米物业统筹运营。

① 中国（深圳）综合开发研究院课题组．中国产业金融发展指数报告［M］．北京：中国经济出版社，2018.

② 济南市金融办．山东新金融产业园产业集聚效应初显［EB/OL］．（2018－03－07）［2019－03－25］．http://www.sdjrb.gov.cn/258.news.detail.dhtml?news_id=10108.

为加强企业招商引资服务，产业园建立"一站式"服务模式，协调工商等部门，帮助有意向入驻产业园的企业解决选址、洽谈、注册、合同、装修、入驻、业务开拓等一系列实际问题，力促企业顺利入驻营业，在后勤保障方面还为企业员工量身定制了园区食堂、健身房、智能园区管理系统等，解决企业员工生活难题，免去了很多企业的后顾之忧。

努力建设公共服务平台，区内综合服务楼能满足路演、产业培训、沙龙、展示大厅等诸多功能，同时提供WiFi无线网络全覆盖、多媒体综合业务显示系统、智能多功能会议室等配套设施。

2016年5月，山东新金融产业园被评为"山东十大服务品牌"。

（四）重视园区形象与宣传推广

首先，做好产业园宣传推介。在《走向世界·天下泉城》杂志开辟"百年传承·金融创新"专栏，开通产业园微信公众号，建设山东新金融产业园网站，全新制作产业园专题宣传片，积极利用新媒体做好园区形象宣传。

其次，打造产业园标志形象。精心打造产业园外观形象，开展产业园视觉识别系统设计，设置了产业园导引指示系统，在10号楼大厅设置了园区企业LOGO墙；引导企业沿6号、9号楼外立面自费安装广告牌，提升产业园企业宣传展示效果。

最后，配合做好全市金融宣传工作。产业园作为市、区金融产业发展对外宣传窗口，2017年，协助济南市金融办先后接待了香港金融代表团、杭州市委、嘉兴市委、吉林四平金融办、烟台市金融办等多批参观考察团实地考察。积极参展中国（济南）产业金融国际论坛、山东省第二届金融博览会等大型活动，取得良好宣传成效。

二、对当地经济及产业发展的带动作用

2018年，金融作为实体经济发展的血液，在推动新旧动能转换过程中具有不可替代的作用。作为以新金融为发展特色的山东新金融产业园，在这种发展形势大背景下，恰逢其时。它们抢抓机遇、真抓实干、开拓创新，围绕金融支持实体经济发展，探索培育引进创投机构、完善基金注册"绿色通道"制度和"一站式"服务模式，助力创新创业创投企业发展，畅通金融服务实体经济的主动脉和微循环，助推山东新旧动能转换。①

在新金融产业园里，山东华宸基石投资基金、豪迈欣兴股权投资基金等本土产业投资基金等国内知名投资机构，不仅发挥政府资金的政策引导和杠杆放大作用，带动和支持了山东省高端制造、生物医药、信息产业等行业的转型升级和快速发展，还助力成长期中小企业向创新驱动、多元开放、融合集聚、高端高质的方向转型。

充分发挥天使基金、VC（风险投资）以及PE（私募股权投资）等产业资本平台资

① 钊风荣．山东新金融产业园：打造金融特色园区助推新旧动能转换［EB/OL］．（2018-11-15）．［2019-03-25］．http：//news. hexun. com/2018-11-15/195208579. html.

源优势，有力支持全省新旧动能转换工程实施。据初步统计，产业园企业累计对外投资121亿元。其中，山东华宸基石投资基金作为山东第一只服务业创新发展引导基金的参股子基金，基金规模2.45亿元，目前已全部投出，投资项目9个，其中新三板挂牌项目6个。山东豪迈欣兴股权投资基金，基金规模为2.5亿元，已完成投资8000万元。

三、金融服务情况

山东新金融产业园突出发展股权投资、政府与社会资本合作（PPP）、资产管理、融资租赁等新兴金融，围绕股权投资产业“投、融、管、退”等环节，促进金融资源与实体经济有效结合，打造区域经济发展的助推器。[①]

（一）股权投资

山东新金融产业园入驻股权投资机构已有70余家，管理基金规模超过1200亿元。如山东华宸基石投资基金系省、市、区三级政府引导基金参股的服务业创新发展股权投资基金，基金首期募集资金2亿元人民币，分别由山东省经济开发投资公司、济南创发投资有限公司、济南市市中政投股权投资公司代表省、市、区三级政府履行出资职能，山东华宸股权投资管理有限公司作为基金管理公司，基金投资方向为省内代表转型发展方向、成长潜力大、市场前景广、创新特征突出的服务性企业，重点投向信息技术服务、数字内容服务、电子商务、生物技术、研发设计、知识产权等现代服务业领域。

华宸基石投资基金投资标的企业包括致力于公共安全消防领域的山东众海公共安全器材有限公司、专注于激光夜视和红外成像高端光电设备的北京和普威视科技股份有限公司以及聚焦软件和信息技术服务业的山大地纬软件股份有限公司。其中，山大地纬软件股份有限公司作为山东大学“产学研”的示范企业，于2015年2月在新三板挂牌。

下一步，华宸基石投资基金将继续发挥政府资金的政策引导和杠杆放大作用，提质增效、优化结构，带动社会资本对生产性和生活性服务业的直接投资，加快服务业向创新驱动、多元开放、融合集聚方向转型。

（二）政府与社会资本合作（PPP）

济南财金投资发展基金合伙企业是由济南财金投资控股集团有限公司和山东星景股权投资管理有限公司共同出资发起设立的政府与社会资本合作基金，管理基金规模180亿元。

星景资本作为复星集团旗下专业的基金管理公司，是国内首批以基金的形式进行PPP投资的企业，全力整合复星集团产业资源，提速城市基础建设步伐、优化城市环境、助力城市管理提升，助力新型城镇化建设、助力美好中国建设。

山东星景股权投资管理有限公司入驻山东新金融产业园后，作为以“PPP+”模式创新投资的基金管理公司，将PPP投资与优质产业导入相融合，除中标济南财金投资发

① http：//www.shandongnfc.com/to/yqgkPage.

展基金外，2015 年 9 月中标潍坊 PPP 基金管理人资格，基金规模 50 亿元，为济南市乃至山东省的新型城镇化建设助力。目前，基金已经完成济南市海绵城市、二环西路南延、野生动物园、玉符河等项目，累计完成投资额 63.57 亿元。

（三）资产管理

山东中房昇和资产管理有限公司注册落户在山东新产业园。作为中房联合集团的子公司，山东中房昇和资产管理有限公司是山东省政府与社会资本合作参股子基金的管理公司，基金重点投向基础设施、公共产业、新能源等领域。

山东中房昇和资产管理有限公司下属的两个项目公司也一并落户在产业园内，延续山东新金融产业园"管理公司 + 基金 + 项目"的招商引资新模式。下一步，将对该区公共服务项目、基础设施、新能源和未上市企业进行投资。

（四）融资租赁

普华汇金租赁有限公司成立于 2017 年 2 月。注册资本 10 亿元人民币，是产业园第一个外资企业。普华汇金在产业园里以传统租赁业务为基础，积极建设特色化租赁平台，将求实创新的理念发挥得淋漓尽致，创新开展了租赁资产证券化、创投租赁、租赁内保外贷、租赁跨境直贷等 4 种业务模式。

四、特色金融服务

（一）开辟投融资交流渠道

定期举办大型的活动，为企业资源对接、深化合作提供有利契机，帮助园区企业开阔视野，把握投融资运作关键节点，并为企业资源对接、深化合作提供有利契机。如 2017 年，产业园举办了第六届中国公司金融论坛，邀请省委党校王立新教授宣讲学习贯彻落实十九大精神，与山东省私募股权投资基金业协会等专业机构举办了投融资项目对接会、资管新规研讨会、新三板市值管理研讨会、股权新规解读人才培训会等活动，帮助园区企业深入了解相关政策，提高园区金融从业人员的业务水平。

（二）打造线上投融资服务平台

深入研究股权投资产业"融、投、管、退"等环节，针对企业开展业务面临的共性问题，采用大数据技术手段，建融资项目库、投资机构库，配套建设信用信息、政策咨询、投资咨询等子平台，降低企业开展相关业务成本，增强金融机构与实体经济的对接效率。如今，这个以"政府引导、网络交流、资源共享，面向企业、服务园区"为原则，通过大数据的方式进行数据信息收集、清洗、加工及存储的投融资服务平台已初具规模，投资机构库、融资项目库、信用信息平台、政策服务平台、人才服务平台、咨询服务平台都陆续开放。

（三）探索中小企业孵化机制

山东新金融产业园计划通过建设济南双创公共服务基地实现产业园区转型升级和提升服务功能，探索引进深圳前海创投孵化器、清科集团研究中心等国内知名专业机构，设立山东（济南）创投孵化基地，培育本土新旧动能转换基金管理人，集聚发展新旧动能转换基金群，开展管理人培训、投融资对接、项目路演、高端论坛等服务活动，服务省、市新旧动能转换基金运作，成为济南市乃至山东省股权投资产业发展高地，促进产业园从引进基金到培育基金的重大转变，形成促进产业园做大、做强、做优的内生动力，力争形成可复制、可推广的发展经验，走出一条现代金融服务支持新旧动能转换的有效路径。

五、借鉴和启发

（一）确保金融发展与国家战略定位契合

随着中国金融业的快速发展，资金在金融体系自我循环和膨胀，金融“脱实向虚”趋势增强，金融对实体经济的挤压风险加大。党的十九大报告和2017年全国金融工作会议均强调，要深化金融体制改革，优化金融结构，防范金融风险，增强金融服务实体经济能力。党的十九大报告还强调要加快建设实体经济、科技创新、现代金融、人力资源协同发展的现代产业体系。国务院及中央部委不断出台政策促进金融支持经济结构调整和转型升级、促进“三农”和小微企业发展以及缓解企业融资成本高等问题。济南从提出建设“具有全国影响力产业金融中心”的定位到“山东新金融产业园”项目的具体实施，都与国家“金融支持实体经济”的战略高度契合，可谓恰逢其时，得到了国务院的支持与认可，2018年国务院批复的《山东新旧动能转换综合试验区建设总体方案》明确提出“支持济南开展金融服务实体经济改革创新”。

（二）谋求差异化发展与错位竞争

如今，中国的大中城市都已经认识到金融业发展的重要作用，提出建设区域金融中心的城市有三十多个，区域金融中心建设已经面临十分激烈的竞争局面。济南所处的环渤海和黄河中下游地区，既有北京、天津两个全国性的金融中心，也有正在积极打造的郑州、石家庄、青岛等区域性金融中心。济南在区域金融中心的竞争中充分结合自己的发展实际，实现特色化、差异化、品牌化发展。济南提出建设“具有全国影响力的产业金融中心”及“聚集股权投资机构的山东新金融产业园”都独树一帜，创新了金融与实体经济的互动发展模式。

（三）利用政府引导资金撬动社会资本

以政府引导基金为抓手，引导和撬动社会资本投资实体企业，推动新兴产业和高新技术产业快速发展，支持中小微企业健康发展，增强经济发展新动力。济南市政府发起成立了总规模不低于2500亿元的济南市新旧动能转换基金。基金采取政府引导基金、母基金、子基金三级联动投资架构。其中，第一级由市、县区财政出资300亿元设立新旧动能转换政府引导基金；第二级通过引导基金注资，吸引金融机构、企业和其他社会资本投资，并争取山东省新旧动能转换基金支持、形成不少于1000元规模的母基金群；第三级由母基金再通过投资参股若干子基金，撬动各类社会资本，利用3～4年时间，形成不少于2500亿元的基金总规模，达到综合放大财政资金的效果。

6.4 产业革命背景下加强金融合作

威廉·戈兹曼在《千年金融史》中指出，金融是促进经济增长的技术，让我们学会运用跨越时空的思维来看待复杂问题。要服务支持像"一带一路"这样世界上跨度最长、参与国家与地区众多的经济大走廊，不论是单个金融机构的业务创新与风险管控，还是国家层面的金融发展与风险防控，抑或是区域层面的金融市场整合与危机应对，都离不开多国和跨国金融合作。并且，新一轮产业革命在一定程度上源于世界主要经济体对经济过度货币化和金融化的反思，也为金融国际合作提供了新机遇，对其提出了新要求。

亚洲是全球经济最具发展活力和潜力的地区之一，也是深入推进"一带一路"建设的关键地区。进入21世纪以来，亚洲经济增速一直领先世界，对世界经济增长的贡献达三分之二，基础设施建设日趋完善，科技发展步伐加快，生产分工网络日益深化。在新一轮产业革命蓄势待发之际，要进一步释放亚洲作为全球经济增长"引擎"的潜力，实现国际经济金融平衡治理，促进世界经济可持续发展，深化区域金融合作是必然选择。

区域国际金融合作是各国政府机构、政府间国际金融组织和非政府组织等多元化主体相互协调、相互补充的过程。近年来，各国、各地区政府层面在维护区域金融稳定、设立区域多边投融资机构、扩大双边货币合作、开放债券市场、加强多边金融合作等方面取得了很多成果，但部分地区仍存在不联不通、联而不通、通而不畅等金融合作赤字，合作水平仍具备较大提升空间。非政府合作机制以广泛的包容性、灵活性、共识性与参与性，通过市场力量"自下而上"促进区内外金融市场融合，对政府间金融合作机制形成有益补充，亦可谓不可或缺。

亚洲金融合作协会作为区域性非政府、非营利性的国际组织，立足亚洲，开放包容，以"联通合作、共治共享"为宗旨，致力于搭建亚洲金融机构交流合作平台，加强区域金融机构交流和金融资源整合，共同维护区域金融稳定，避免再次发生大规模地区金融动荡，为区域实体经济发展提供更有力的支撑。截至2018年末，先后有来自亚洲、美洲、欧洲、非洲、大洋洲28个国家和地区的约110家机构加入协会，涵盖国际金融中心、金融集团、银行、证券、保险、基金、金融科技及服务等领域。亚洲金融合作协会具有会员多元化的优势，致力于打造高端区域金融合作平台，促进亚洲各国金融互联互通，从而进一步推进区域经济一体化，让整个地区享受到发展带来的可持续利益。

促进亚洲金融基础设施互联互通。当前，亚洲各国各地区在支付结算体系、法律环境、信用环境、投资者保护、会计准则等方面存在较大差异，需加强数据信息网络建设，推动区内金融市场规则和标准体系、货币金融稳定体系、投融资体系、信用体系、跨境结算清算网络、信息共享体系和金融治理合作体系建设，建立适应产业发展趋势并符合国际通行的规则，共同打通金融基础设施关键通道、关键节点和重点工程，促进区域金融基础设施联通合作，实现区内货币市场、资本市场与保险市场互联互通，提高区域金融资源配置效率，促进金融基础设施规划与技术标准跨境对接。

推进区域金融合作和高质量发展。将探索建立包容性金融对话、协调和合作框架，充分发挥在项目资源、资金渠道、投资、风险保障、再保险等方面的各自优势，探索搭建一个覆盖范围广、包容性强、面向未来的国际金融合作新机制，为沿线沿路基础设施建设以及战略对接提供金融方案。推动“一带一路”债券等与“一带一路”项目融资相关的金融产品的发行，丰富区域金融产品的类型，推进相关融资项目、金融业务及其产品研发供给等重点领域务实性合作，推动银行、证券、保险等金融资源系统整合，促进金融要素有序自由流动、金融资源高效配置与金融市场深度融合。

搭建区域金融业社会责任引领平台。依托产业金融合作委员会，推介境内外产业金融的最佳实践，推动新一轮全球产业革命和技术变革背景下的产业金融高质量发展与国际合作。同时，搭建金融信息共享与经济交流平台，推广服务实体经济的金融创新与最佳实践，探索金融新兴领域规则制定。依托陆续成立的科技金融合作委员会、普惠金融合作委员会和绿色金融合作委员会等专业委员会出台相关区域化行业技术标准，总结推广金融科技、普惠金融、绿色金融、消费者权益保护等最佳实践，促进区域可持续发展。

共同维护区域金融安全和稳定。在共建“一带一路”过程中，存在金融市场不发达、交易规则不完善、监管规则与程序漏洞等问题，且考虑到沿线国家和地区政治环境不稳定、建设过程复杂、周期较长等多重因素，金融合作也容易出现汇率、信用等诸多金融风险。在全球新兴产业竞相发展的背景下，金融风险也是金融创新及金融发展面临且必须不断解决的重要课题。因此，亚洲金融合作协会在加强区域金融合作、共同防范和应对金融风险方面意义重大。亚洲金融合作协会将构建风险协同防控机制，设计区域金融稳定指标体系，通过数据共享从民间层面加强对区内经济金融运行情况和金融风险分析研判，加强与相关方就金融业务、风险管理、技术标准等进行磋商，共同做好金融犯罪监管和资金监测分析，促进金融风险防控机制和监管区域协调机制建设，构建区域性金融风险预警系统，形成应对跨境风险和危机处置的区域合作机制，提高区域金融抗风险能力，营造健康稳定的区域金融市场环境。

专题

金融支持产业园区建设国际经验借鉴

专题一　日本东京湾区产业发展及金融支持

（一）日本东京湾区概况

东京、旧金山（包括硅谷）和纽约是三大世界级湾区，均具备一定成熟度且各具特色，分别是“产业湾区”“科技湾区”及“金融湾区”的代表。东京湾位于本州岛中部太平洋海岸，纵深80余公里，面积约1320平方公里，拥有“京滨工业带”和“京叶工业带”两个产业地带（谢许谭，2018）。狭义的东京湾大都市圈包括东京、千叶、埼玉和神奈川等“一都三县”。土地面积仅占日本面积的3.5%，但却聚集了日本1/3的人口和1/3的经济总量。依托东京湾发展起来的广义的“东京湾大都市圈”包括东京、千叶、埼玉、神奈川和周边四县等“一都七县”，土地面积占日本全国的1/10，人口占35%，GDP占比高达近40%。

明治维新时期，东京现代产业开始发展，主要依托东京湾的优良港口，建设了纺织、机械加工和钢铁产业等在内的临港工业。20世纪50年代中期，日本经济进入高速增长时期，并在1968年成长为仅次于美国的世界第二经济大国。在此过程中，东京湾西岸和东岸两个工业区的发展，在第二次世界大战后日本经济恢复和起飞过程中发挥了重要的作用。位于西海岸的“京滨工业带”由东京、川崎和横滨组成，向东、向北扩展形成的“京叶工业带”是全球最大的工业产业地带。钢铁、机械、化学等重工业，造船、汽车等组装业，造纸、食品、服装等轻工业同时得到了发展。之后，随着产业经济发展演变，其产业结构逐渐向高附加值工业、服务业及新经济转型升级。东京湾区的空间概念从京滨工业地带扩展至包括东京、神奈川、千叶、埼玉等都县有机结合的东京大都市圈。日本政府2012年统计，东京湾区的GDP约占日本的34%、总人口的28%、就业人数的29%、制造业销售的17.4%。根据美国布鲁金斯学会2015年1月发布的全球大都市圈2014年购买力平价区域生产总值（GRP），东京湾区达1.6万亿美元，位居世界第一，高于纽约湾区1.4万亿美元。根据推算，2025年东京湾区的GRP将达2.2万亿美元，而纽约湾区为1.9亿美元。同时，湾区还集聚了一大半日本年销售额在100亿日元以上的大企业。

（二）日本东京湾区发展特点

1. 产业集群效应显著

经过几十年的发展，东京湾区已形成了具有重大集群效应的产业布局。在集约化生产要素、促进产业集聚和产业发展、增强区域竞争力的过程中，有效地发挥了窗口、示范、辐射和带动作用。目前，“京滨工业带”和“东京叶工业带”两个产业地带上分布着钢铁、有色冶金、炼油、石化、机械、电子、汽车、造船、现代物流、装备制造和高新技术等产业。

产业集群不仅有利于形成产业知识创新体系，还有利于提高人才和资本等资源的集聚和整合能力，也有利于产业链的延伸和完善，并持续吸引人口、资金、信息、教育、创新等各种资源向湾区集聚。随着知识经济时代的到来，东京湾区所拥有的教育资源、创新资源等优势，促使通信产业、软件产业、设计、生物医疗等知识密集型和技术密集型行业聚集效应日益明显和加速。随着日本国内经济社会环境的变化及经济全球化的发展，东京湾区已演变为材料、零部件、装备等上游制造业、创新活动、高端服务业的聚集湾区，形成了以第三产业为主导、以高科技制造业为支撑的产业结构。

2. 专业分工和错位发展

和日本国家整体一样，东京湾区地域面积狭小，人地关系紧张。为克服这一障碍，东京湾区对湾区内工业的空间布局进行统筹规划，在区域间建立统一、开放的市场体系基础上，产业集群着重各个城市扬长避短，培育比较优势，形成各具特色的产业群体，同时进行专业分工和错位发展，促进湾区要素资源的合理流动，避免产业结构趋同与简单重构（谢许谭，2018）。例如，首都整备法指定远郊的町田市为工业“诱致地区”，在原来的工业基础上成为日本的“硅谷”，在此落户的包括日本宇航科学研究和其他尖端技术研究机构、NEC、尼桑汽车、三菱电气等企业，成为田园式工业城市和国际国内科技情报的汇集中心（鲁刿歌，2014）。

在20世纪60—70年代，东京湾执行“工业分散”战略，将原有的重化工、装备制造和机械设备等劳动、资本密集型产业向横滨和千叶县疏散，东京都则转型为金融服务、对外贸易和高新技术的聚集地。20世纪80年代后，京滨和京叶两大工业区开始成为重点发展知识密集型产业的地带。“京滨工业带”是精密机械、出版、印刷和汽车零部件等行业的中心，“京叶工业带”则专门从事发电、石化、石油、造船、现代物流、航运和钢铁等行业（香港贸易发展局，2018），京滨和京叶两个仅100公里长和6公里宽的工业地带产生的工业产值占据了日本全国的40%。20世纪90年代开始，日本再次对东京湾区产业结构进行调整，石油、化工、钢铁等重化工业全面退出东京，东京中心城区强化重点布局高附加值、高成长性的创新经济和服务经济，是日本的经济、金融、科技、商业、管理、政治、文化中心（广东省社会科学院国际经济研究所课题组，2014）；多摩地区则是大学、研究开发机构和高科技产业的集聚地；神奈川县是工业与物流中心，重点发展港口贸易、科技研发和商业；埼玉县是副都与运输中心，以及居住生活和商业职务聚集区；千叶县发展机场经济、国际物流和临空产业，是商务与货运中心（田栋和王福强，2017；陈相，2018）。湾区10～20公里圈内主要为首都圈中心、物流枢纽组中心、教育科研中心，20～50公里圈主要为近郊住宅中心、产研联合工业城等，50公里圈以外，主要是重工业生产区、汽车工业型城市和地区等（赵孟千和郭萌萌，2016）。

3. 创新驱动产业结构优化升级

东京湾区以传统制造业起步，目前已步入知识、技术密集型产业的发展阶段，一个主要原因是湾区发展高度重视科技创新、知识创新，形成了独特的“产学研”体系，使东京湾区成为享誉全球的“产业研发中心”。东京湾区集聚了大量的高校和研究院所，营造了良好创新氛围。

目前，东京湾区集聚了东京大学、东京工业大学、早稻田大学、横滨国立大学、庆应义塾大学、一桥大学等200多所高等教育机构，占日本大学总数的近30%，注册大学生人数超过120万。学术研究机构全国占比40%左右，研究人员数占比超过60%，这两个比例均超过全产业的企业数及从业人员数占比的30%。除了高校和官办创新研发机构外，湾区内企业自身也高度重视研究和科技创新，“京滨工业带”集聚了NEC、佳能、三菱电机、三菱重工、三菱化学、丰田研究所、索尼、东芝、富士通等具有技术研发功能的大企业和研究所，研发经费投入不断增加（日本每年企业研发经费投入占日本研究与开发经费的80%），确立了企业科研主体地位，成为具有技术研发功能的大型企业（广东省社会科学院国际经济研究所课题组，2014）。在此基础上，东京湾区加强“产学研”协同创新，建立了专业的产、学、研协作平台，并促进大学与企业合作，加强大学科研成果的产业化。根据汤森路透知识产权与科技事业部发布的全球百强创新力企业（机构）榜单，2012年位于东京湾区、旧金山湾区、纽约湾区的企业分别有20家、8家和1家（鲁志国等，2015）。2015年东京湾区有27家，旧金山湾区有11家，纽约湾区有4家（王旭阳和黄征学，2017）。2013年，东京湾区的发明专利授权数占日本全国的61%。根据世界知识产权组织调查，按区域创新集群的世界专利申请（PCT）排名，东京湾区获得第一。

4. 配套产业体系加快湾区经济发展

东京湾深入内陆超过80千米，是天然的优良深水港湾，内宽外窄，紧连的冲积平原地区，加上后期填海造地带来的充分陆域，适合仓储区和工业区的建设发展，推动了东京湾区临港工业的形成，京浜、京叶两大工业地带环绕东京湾区两侧。目前，东京港货物年吞吐量达4000万吨，在其大港周围，另有川崎港、横滨港、横须贺港、木更津港、千叶港等5个港口，这些港口环绕在东京湾区，年吞吐量达到5亿吨，并与羽田、成田两大国际机场和新干线一起，构成了东京湾与日本及全球主要城市间的海陆空立体交通网，为东京湾区充分利用国际国内两种资源、两个市场实现全球化大生产、大物流提供强力支撑（陈相，2018）。同时湾区核心区聚集了金融服务、商贸物流、生活服务、出版印刷等相关商业服务机构，涵盖了生产性和生活性服务业，产业、金融、公司总部、研发等功能紧密互动①，使湾区成为世界主要的先进制造中心②、金融中心、公司总部中心、研发中心、娱乐中心和消费中心，支撑推动先进制造产业的发展。

随着产业的集聚，大量的人口流向东京湾区。东京湾有大规模高密度的人口紧邻海湾地区居住和工作，且逐步向内陆扩散和延伸。2017 年，广义的东京湾区人口达 4407 万人。目前，东京拥有 6 条新干线和 56 条轻轨地铁路线，其中，日本最大的交通枢纽中转站新宿车站，每天客流量达 370 万人次。从新宿站出发，前往东京湾区的任何一个主要城市或卫星城市，基本上可以在 30 分钟之内、最长也不超过 1 个小时内到达，发达的城市交通网络，首先带动了常住人口的增长，同时为湾区内的经济圈和生活圈提供了有力的保障。

5. 做好湾区发展规划

东京湾区的发展与日本政府宏观规划引导是分不开的。为保持东京湾区建设的长期性和协同性，从 1958 年开始，日本政府提出首都圈整备规划课题。从那时起，东京湾区实施 5 个区域性基本规划并出台了系列法律，明确各地区职能定位和空间布局（陈相，2018），国土部门、交通部门、产业部门、各都县和城市等都有立足各自职能的布局和规划。政府规划逐步推动制造业的产业转移和高端服务业的集聚发展，不断优化城市配套建设，加快错位、联动、衔接的东京湾区都市圈形成。同时，为了加强跨区域的协作性，日本从东京湾区大局出发实施一系列包括交通、环境、信息共享平台建立、产业一体化和行政体系改革等方面的政策。日本国土交通省关东地方整备局港湾空港部和有关地方政府建立了“东京湾港湾联协推进协议会”等机制，促进协调和沟通，确保区域发展政策顺利有效实施。日本项目产业协议会（JAPIC）、日本开发构想研究所等相关第三方智库也发挥重要作用，为东京湾区提供长期的规划及研究服务，并积极与各级政府进行交流沟通。

（三）东京湾区金融服务以产业金融见长

发展历程表明，世界级湾区一定是世界级金融中心。东京湾区是世界上重要的国际金融中心，是世界上最大的证券交易中心，拥有日本最大、世界第三的东京证券交易所，占日本证券交易量的 80%，是日本最主要的银行集中地，也是世界级三大湾区中拥有银行类金融机构数量最多的湾区，其中银行机构数量占其所有金融机构总量的 30%。以三菱日联银行、三井住友银行和瑞穗银行三大金融集团为代表的日本金融业，以“日本制造”闻名的日资世界 500 强和本地龙头制造业公司总部均聚集湾区中央区。

1. 与“产业湾区”互动的金融支持

东京湾区金融以产业金融见长，与其产业发展历程密切相关，并得益于日本的产业政策。随着东京湾区发展壮大，日本产生了许多具有国际竞争力的全球性制造业企业，

① 胡俊凯．东京湾启示录：世界性大湾区的成功秘诀［J］．瞭望东方周刊．

② 香港贸易发展局．东京湾区发展可供借鉴［N］．2018－10－30．

这对资本产生“虹吸效应”，吸引国内外资金流入湾区，构建起庞大的金融机构集群，围绕湾区产业发展需求，开展投融资模式创新，并不断开发新型服务模式，为推动湾区产业发展提供了强力支撑。可以说，湾区和腹地产业集群的发展为金融业的发展提供了土壤，发达的金融业成为湾区快速发展的驱动力，反过来支撑着湾区和腹地产业集群的进一步发展（何诚颖和张立超，2017）。

2. 实力雄厚的政策性金融机构

日本政策性金融主要对政府确立的主导产业倾斜，提供低利率、长期贷款等优惠政策，注重对产业内中小企业的资金支持。日本的造船、钢铁、机械、汽车、石油化工等行业，都是受益于政策性金融而蓬勃发展起来的。日本政策性金融体系比较完善，它包括的主要有二行（日本开发银行，日本进出口银行）、九库（国民金融公库、中小企业金融公库、中小企业信用保险公库、环境卫生金融公库、农林渔业金融公库、住宅金融公库、公营企业金融公库、北海道东北开发公库、冲绳振兴开发金融公库）。

种类多样、实力雄厚是日本政策性金融机构非常突出的特点。为贯彻产业政策，政府主导型的金融主要通过政策引导和直接投资实现资金导向的引领和补充支持产业结构调整与升级。政策性银行为特定的贷款对象提供贷款。金融公库则主要对融资更为困难的中小企业提供资金支持，帮助中小企业度过暂时的困难，提升竞争力。

3. 面向中小企业的中小金融机构

日本中小企业数量庞大，是技术改良和创新的重要力量，政府长期以来坚持对中小企业的扶持政策。日本政府从财政预算中也安排了一定的资金建立了一套自上而下的官助民办、官办民营或官民协办遍及全国的管理机构体系，负责向中小企业提供融资担保、信息咨询和免费培训等服务。

日本的科技融资主要来自银行贷款，这与日本银行主导型的金融体系有关。相比美国，以银行为中介的间接融资始终是日本企业首要资金来源。日本的银行体系主要包括以都市银行为代表的大型金融机构和以地方银行、信用金库、信用组合、劳动金库等为代表的中小金融机构。都市银行业务范围以大城市为基础，与财团资本有着十分密切联系，放款对象偏重于大企业。而中小金融机构主要服务于地方经济，经营灵活，它们的存在较好地弥补了大银行业务的空白地带。

地方银行是面向中小企业的商业银行，总行一般设在地方城市，主要在总行所在地开展业务。资金主要来源于居民的储蓄存款，贷款比例的 70% ~80% 都投向了中小企业。信用合作社、信用金库、相互银行等则是由中小企业、个体劳动者等组成的相互合作型金融机构，政府鼓励由所在地区的中小企业和个人共同出资成立，存贷款利率比一般商业银行高，贷款对象主要为会员中小企业或所在地区的中小企业。

此外，为了解决金融机构对中小企业提供金融服务面临的困难，日本政府还成立了中小企业贷款担保公司和中小企业贷款保险公司，由国家出面分担银行的贷款风险，以帮助有发展潜力的企业获得资金。中小企业贷款担保公司、中小企业贷款保险公司和专门为中小企业提供金融支持的金融机构组成了具有日本特色的为中小企业提供金融服务的金融组织体系。

（四）借鉴与启示

1. 要有合理的产业布局体系

形成“工业经济”“服务经济”“创新经济”高度协同化的产业分工体系，城市的功能与产业定位层次分明，各城市依据自身基础与特色，承担不同的功能。形成优势互补、错位发展、分工合作的格局，使区域核心城市实现高端要素更加集聚，区域核心与周边区域形成强有力的经济共同体，最大化产业集聚效应。

2. 高度重视科技创新

创新引领是产业发展的本质特征，要集聚整合教育、科技等各类创新资源，形成强大的自主创新基础能力，并随着技术知识的溢出效应将科技创新产业扩散，催生出强大的产业集聚效应，与全球经济趋势和产业演进保持同步，促进产业的不断转型与升级。

3. 建立完善的产业金融体系

出台一系列财税、金融、投融资、保险等促进政策，建立政策性、市场性银行融资和股权融资相结合的高效产业金融和科技金融支撑体系，形成产业、高新科技与金融资本之间良好的结合，为产业发展提供了必需的多层次和多维度的金融资源和资金保障。

4. 重视基础设施建设

完善的港口等基础设施，现代化交通体系和良好的投资、营商环境促进物流、人才流、技术流以及资金流的集聚、配置和都市产业布局调整（朱烨丹，2018），同时与通信、金融等领域互联互通，实现了高度一体化、系统化、全方位的城市网络效应。

5. “有效市场”与“有为政府”有机统一

在产业集群发展过程中，要发挥政府和市场两大关键要素的共同作用，通过高效的公共服务机制和体系，加强区域内的统筹规划，营造优越的营商环境，促进要素积累，构建创新创业体系，形成特色优势，并改善融资、营商环境，提高资源配置效率，促进区域内良性竞争与互动的展开。

专题二　韩国产业园区发展的经验和在第四次技术革命下面临的挑战

（一）概况

在韩国，产业园区是指工厂用地相关设施、资源储备设施、信息处理和流通设施，以及提高这些设施的功能并根据设施的从业者和使用者的居住、教育、文化、医疗、旅游、体育等有关设施按一套计划开放的特定地区。过去主要局限在工业园区的概念，但近年来形成了产业—学校—研究机构相互合作的一套体系，从而提高产业的质量，并将支援他们的居住、商业、流通、福利等多种行业和支援设施进行连接部署，实现综合开发。

20世纪60年代以后，产业园区成为了韩国快速产业化的火车头。从1960年的蔚山工业园区开始，产业园区开发一直持续到现在。产业园区持续下来的背景源于产业园区包括的多种优势。第一，提供基础设施配套的产业用地，通过各种税制和金融支持，减轻企业初始投资成本。第二，通过行业群的群聚，创造协同效应，支持企业开展生产活动。第三，从国家整体层面，通过工厂的集体布局，实现土地利用的效率化，具有降低社会环境成本的优势。因此，产业园区开发在世界各国被用作产业政策的主要手段。

韩国的产业园区类型具有二元化的区分体系。一个是依据韩国《产业立地和开发与管理办法》规定的国家产业园区、地方产业园区、农工园区的体系。另一个是与特定产业的培育相关，由个别法律规定的产业园区。根据指定目的，划分为国家产业园区、一般产业园区、城市高科技产业园区和农工园区等（见表1）。

表1　　韩国的产业园区区分

国家产业园区	国家产业园区包括发展国家基础产业及尖端科学技术产业、特定产业的集团化和体系化、地区间均衡发展、大规模港口建设、2个道（省）以上地区的交通开发事业，以及相关的城市建设
一般产业园区	一般产业园区是为了产业适当分散，产业发展及技术高度化，地区经济活力、城市产业基础扩充，地区特色产业的培育，以及地区特色产业的集团化和体系化等
城市高科技产业园区	城市高科技产业园区是培养知识产业、文化产业以及信息通信产业等尖端产业的园区，是分散在多个地区的个别尖端产业园区的集成化，是风险企业专用园区、文化产业园区和软件振兴园区等尖端产业培育园区
农工园区	农工园区是农渔村地区为吸引和培养农民和渔民，并为增加其收入而指定的产业园区。农工园区为确保农渔村均衡发展及开发规模的经济性而指定
专业园区	专业园区是一个具备实现集约效益所需规模的产业园区。在园区用地面积中类似企业的入驻数量（4家以上）所占比重及面积达到60%以上的产业园区
地区特色园区	地区特色园区是一个具备实现集约效益所需规模的园区。在产业设施用地面积中，地区特色产业（包括乡土产业）的入驻企业所占数量及面积比重达到50%以上的园区
一般园区	除专业园区和地区特色园区外的其他园区

资料来源：作者根据文献资料整理。

另外，为了开发产业园区，韩国政府也采取了多种扶持政策。目前产业园区支援政策大体上可以分为对产业园区开发事业的扶持制度和对入驻企业的扶持制度。对产业园区开发项目的扶持制度包括：国家对产业园区基础设施的支持和费用补助；对项目实施方的投资资金支持和税收支持制度；对入驻企业的支持制度有税收减免和入驻资金支持制度。

韩国的产业园区从2000年的493个增加到2015年的1124个，在过去的15年间增加了近3倍。这是各地方政府作为地区经济活力政策的一环，并积极指定一般产业园区的原因之一。据统计，在产业园区的入驻企业共有85789家，共雇用了员工2160761名，2015年累计产值超过900万亿韩元，出口超过3800亿美元（见表2）。

表 2　　韩国的产业园区发展动向

年份	园区数（个）	面积（千平方米）	入驻企业（家）	雇用（名）	产生（亿韩元）	出口（百万美元）
2011	948	1357982	72331	1713600	9850220	412098
2012	993	1359505	75794	1878108	10374502	430128
2013	1033	1375809	80547	2010509	10323273	429655
2014	1074	1374857	80520	2079763	10564487	446439
2015	1124	1402110	85789	2160761	9789323	386281

资料来源：韩国产业园区总览（2016）。

同时，作为韩国经济成长主导的产业园区也面临着第四次技术革命的新机遇和新挑战。首先，随着知识基础产业和清洁产业的发展，韩国产业结构正在不断升级，企业的选址需求也在地理上趋于多样化。根据产业特点，必要的限制内容也变得多样化，产业选址的供应类型将得到新的探索。其次，大部分产业园区在硬件基础设施方面面临老化问题，并亟待改善。因此，为了更有效地解决园区内公共及企业支持基础设施的维护、维修、扩充及重整问题，有必要构建产业园区的有效管理体系。

（二）传统制造业产业园区的成功经验：昌原国家产业园区

昌原国家产业园区是在庆尚南道昌原市一带建成的以机械产业为中心的国家产业园区。总面积 25.3 平方公里，由 10 个小园区组成。1973 年，韩国政府推进重工业培育政策，在昌原建立了机械基地、丽水石化基地、龟尾电子基地、蔚山有色金属冶炼基地、巨济岛造船基地等。因此，为了吸引机械类生产工厂，集中培养机械工业，1974 年 4 月 1 日昌原一带被指定为产业基地开发区域，1973 年 11 月第一园区动工。

昌原地区周围群山环绕的盆地拥有广阔的平原，工厂选址及居住用地供应顺畅，工业用水和生活用水等易于取水，与周边城市的交通连贯性也很强。根据当时产业园区规划，同时建设容纳 30 万人口的城市，以昌原大路为中心，西南方向开发为产业园区，东北方向开发为城市。因此，传统农村地区昌原成为了韩国第一个计划城市，1980 年 4 月 1 日昌原市成立。

20 世纪 70 年代末，昌原国家产业园区的产值达到 4506 亿韩元，出口额达到 165 万美元，20 世纪 80 年代经历了一段低迷期和复苏期。到了 20 世纪 90 年代，随着机械产业的发展，平均每年实现 20% 以上的增长，内需及出口增大，入驻企业大幅度增加。20 世纪 90 年代末，产值达 16 万亿韩元，出口额达 56 亿美元。21 世纪初期，工业用地出让完毕，伴随着工业环境的变化，出现了生产设备老化，研发投资滞后等问题。因此，2013 年昌原国家产业园区被选为构筑以知识为基础的机械产业据点的产业园区结构高度化扩散园区，2014 年被选为革新产业园区，正在探索向革新产业园区转变。以 2013 年 12 月为基准，入驻昌原国家产业园区企业有 2390 家，其中 90% 以上是制造企业，中小企业占全体入驻企业的 98%。产生额是 499766 亿韩元，出口额 196 亿美元。

（三）第四次技术革命产业园未竟之业：板桥科技谷和 SFA 与 NAVER

韩国在第四次技术革命中还没有打造出成功的产业集群。究其原因，第四次技术革命基本上与现有的工业型产业园区性质相比，更接近于数字治理（Digital Governance）。因此，在第四次技术革命中，产业园区与其说是地理集群，不如说是数字平台中心的集群，因为企业社区和它们之间的数字协议（Digital Protocol）非常重要。

尽管如此，韩国也有类似于地理集群概念的第四次产业革命的产业园区。板桥科技谷是韩国主要 IT 企业聚集的地方，类似于中国北京的中关村。另外，虽然与产业园区的概念完全不同，但三星电子旗下企业在第四次技术革命网络中诞生了 SFA 和 NAVER。如果说现有的产业园区是国家主导的形态，那么也可以说其是在企业主导的第四次技术革命的集群中诞生的。

板桥科技谷位于京畿道城南市盆唐区，是以信息技术（Information Technology，IT）、生物技术（Bio Technology，BT）、文化技术（Culture Technology，CT）、纳米技术（Nano Technology，NT）及融合技术为中心培育国家成长动力的尖端技术园区。该产业园区以首都圈巨大消费市场的广域选址优惠和广桥科技谷、盆唐 IT 谷、坡州 LCD 园区等邻近集群为优势。该产业园区的建立是为了加强韩国的 IT、BT、CT、NT 及尖端融合技术相关知识产业基础等国家竞争力。同时，京畿道为了吸引中央政府推进的国家级项目，设置并发展尖端产业园区。

2004 年 9 月，京畿道制订板桥科技谷基本计划后，该产业园区于当年 12 月被指定为板桥科技谷 20 万坪特别计划区域，同时批准板桥新城市实施计划。2005 年 5 月 8 日，京畿道和京畿道市公社签订了板桥科技谷建设项目代理协议，2006 年举行了奠基仪式，2007 年 3 月举行了韩国帕斯特尔研究所奠基仪式。2009 年用地、景观、电气工程竣工，板桥宅地开发地区竣工。此后于 2010 年 3 月举行了板桥科技谷全球研发中心开工仪式，总投资 52705 亿韩元。

截至 2018 年 12 月，该产业园区已有 1270 家企业入驻，其中 IT 企业占 68.1%、CT 企业占 12.4%、BT 企业占 11.8%、其他企业占 6.3% 以及 NT 占 1.3%。企业总销售额合计 79.3 万亿韩元、IT 企业 49.4 万亿韩元、NT 企业 9.1 万亿韩元、BT 企业 8.1 万亿韩元、其他 6.6 万亿韩元和 CT 企业 6 万亿韩元。代表性企业有：SK（股份公司）、SK 化学、SK BIOPHARM、SK PLANET、韩华化学、韩华 TECHWIN、三星重工业等大企业 45 家、中大型企业 82 家、中小企业 1101 家，其他公共机构 42 家。

另外，虽然与传统的产业园区模式迥然不同，但三星电子集团也在以第四次技术革命为基础的所有子公司中构建了网络，并以此为基础诞生了新的企业。代表性的 SFA Engineering Corporation 于 1998 年 12 月独立于三星 Techwin（股份公司）的前身——三星航空产业（股份公司）自动化事业部后成立。SFA 主要从事 OLED、LCD、PDP 等显示器制造所需设备、显示器、半导体的制作和供应，以及一般制造生产线的工程内、工程外物流系统和特殊领域。另外，NAVER（韩国的最大的搜索引擎和门户网站）也于1997年开始了三星集团子公司三星SDS的风险（Venture）项目。NAVER的创始人是三星SDS职员，通过公司内部特定项目研究机制，其组织研发的搜索引擎被选拔为公司内部风险项目，得到支援后于1998年1月开始了首次服务。NAVER也成为了三星SDS第一个公司内创业公司。三星集团虽然认为项目不错，但在他们看来网络事业的市场实在是太小了，因此创业成员于1999年成立了分公司NAVER Communication。现在NAVER不仅是韩国最大的搜索门户网站，还成为了为全世界2亿人提供移动聊天工具、视频摄像机、数码漫画服务等服务的全球信息通信技术企业。

（四）启示

一直引领韩国经济增长的制造业，特别是钢铁、造船、汽车等主力产业，在经济增长放缓的同时，由于国际竞争加剧和供给过剩等原因，也受到了全方位产业结构调整的要求，这些产业所在的产业园区的情况也是如此。各产业园区也使用ICT等新技术，使生产现场自动化、数码化，但韩国国内许多制造企业对从以产品为中心的商业模式转变为以第四次技术革命为内容的高附加值商业模式的准备不足。

以韩国第四次技术革命为基础的产业园区的转换被推迟，给我们提供了两个启示。第一，以传统制造业为基础的产业园区向第四次产业革命的产业园区转型相当困难。其原因之一是现有企业和产业仍在创造收益，相关设施和系统均以传统制造业为中心构建。第二，第四次技术革命产业园区可以摆脱原有的产业园区模式。在韩国，各地雨后春笋般地推进了第四次技术革命，但成果不大。这与第四次技术革命的本质性质是基于数字集群而不是地理集群有关，数字协议（Digital Protocol）非常重要，不一定在地理上接近。另外，作为新模式，有必要关注大型企业主导的子公司在第四次产业革命基础网络集群中创造的革新。

专题三　创业投资金融生态体系建设：硅谷模式借鉴

（一）产业园区特色

1. 与大学互动紧密

硅谷源起于斯坦福大学，其发展过程中也始终与世界高水平大学保持着良性互动。可以说，在一定程度上，斯坦福大学、加州大学等世界一流大学和硅谷的社区大学组成的大学集群成就了今天的硅谷。硅谷内70%左右的企业都是由斯坦福大学的教师和学生创办的。这些大学将教学、科研工作与硅谷创新创业发展紧密联系在一起，通过创业教育，培养兼具高科技知识、创业技能以及创业精神的复合型人才，使大学生创业能力及成功率显著提高。大学开设专门的技术转移机构，不断缩短大学创新资源与创新成果产业化之间的道路，将大学的研究成果与新创企业的孵化完美结合在一起，实现科技成果的社会价值，也成就了无数新创企业。同时，通过科技成果产业化反哺大学科研，即大学科研从科技成果产业化过程中获取资金等资源，并吸引顶尖高科技人才，从而实现进一步发展和提高。

2. 风险投资构建金融生态体系

全球化和知识经济时代，科技创新能力已成为衡量全球城市发展的重要尺度。美国风险投资市场是世界上最为发达的风险投资市场之一。位于美国加利福尼亚州的硅谷，自20世纪50年代以来，持续引领半导体、个人电脑、互联网及绿色科技等革命性技术与新兴产业的交替发展，成为全球新技术、新产品、新工艺最为重要的创新发源地，造就了一大批世界级创新创业企业，并形成了完善且可持续发展的创新生态系统。而创业投资金融生态体系则是硅谷创新生态系统不可或缺的重要组成部分。创业投资是传统金融投资和产业投资创新融合后产生的一种特殊的投融资机制。创新创业最大的特点是不确定性，失败率高，需要一种新型投融资制度安排。创业投资不仅通过提供资金，还通过整合资源提供一系列增值服务，和创业家一起培育创业企业的快速增长，持续创造出新价值。一是创业投资渠道多样。硅谷的创业投资资金来源渠道呈多元化，80%以上的创业资本金来源于富有的个人资本、机构投资者资金、私募证券基金和共同基金。其中养老基金数额大，收支间隔长，能适应创业投资周期长的特点；创业投资方式以有限合伙制为主，具有较大的灵活性，体现了一种创业投资家、创业者、创业企业和投资者利益共享、风险共担的格局。据美国创业投资协会统计，硅谷创业投资约占全美创业投资的30%～40%，全美600多家创业投资企业中近半数将总部设在硅谷。从2002年到2013年，每年投资硅谷创新创业企业的资金都在100亿～130亿美元之间。2016年全美253个风险基金获得了共416亿美元的募资。二是通畅的资本市场退出渠道。在硅谷每年通过并购退出的企业多达数百家，通常是上市公司发行股票并购，为大量中小创业企业间接打开了资本市场的大门，这套通畅的并购机制使创业投资及时获得变现退出，也极大支持了高新技术企业发展。

1971年美国的全国证券交易商自动报价系统（纳斯达克，NASDAQ）市场建立。许多硅谷创业企业因未盈利无法在纽约证券交易所（NYSE）上市，而纳斯达克对上市公司的历史业绩要求不严，关键是公司是否有巨大的发展前景，这就为硅谷新兴高新科技企业融资打开了方便之门。1990—1997年，NASDAQ筹得近1000亿美元，若按上市公司的比例推算，NASDAQ为美国高科技企业注入了750亿美元，成为激励创业者的主要动力，同时也为创业资本退出变现创造了条件。在NASDAQ，红杉资本所投资企业占到20%。美国著名的创业投资机构NEA，自20世纪70年代末进驻硅谷，累计投资650家中小创新企业，上市200家。除了为初创公司提供财务支持外，风险投资公司还为初创企业提供公司管理和行业联系方面的帮助和指导，大大提高了创业成功的可能性。2005年，史蒂夫·乔布斯在斯坦福大学的著名演讲中，将这种模式比作接力赛中的“交接棒行为”。据统计，2000年，虽然“互联网泡沫”破灭严重影响了美国风险投资行业，但美国硅谷的风险投资占全美风险投资比例却在稳步上升；根据 CB Insights 和普华永道会计师事务所的数据，以及 2018 年度风险投资行业报告，2018 年第四季度，硅谷风险投资总额为 52.71 亿美元，远远超过美国其他地区。

3. 科技中介服务体系完备

科技中介服务机构指的是重点服务于科技型中小企业的各类非政府机构，在科技成果的产生到实现产业化的过程中，中介服务机构为科技与经济的融合提供必要的信息、资源、服务。硅谷的成功主要取决于三大因素：高校、企业和风险资本。以上三者的有效结合需要科技中介来牵线搭桥。大量而完善的科技中介为硅谷企业提供了优质的服务，让科技人员可以在有限的时间内得到更加有效的帮助。硅谷科技中介服务体系主要包括人力资源服务机构、技术转移服务机构和法律服务机构。

4. “硅谷文化”影响深远

硅谷文化是一种区域文化，它是在 60 多年的发展历程中通过多国多民族移民带入的各种文化的交融，凝结成的一种新型的、充满活力的创新文化。硅谷人正是依靠这种文化，推动了硅谷地区经济社会的高速发展，形成了独特的“硅谷模式”。中国著名学者钱颖一曾在文章中指出，硅谷的腾飞与其独特的“硅谷文化”是分不开的，概括来说包括以下七方面因素：一是硅谷公司的生产结构是开放型的，开放型的生产方式有利于快速的革新；二是硅谷人才流动频繁，跳槽的情况常有发生，伴随着人才流动的是信息的流动和知识的传播；三是加州法律环境较为宽松，使跳槽变得容易；四是硅谷人对失败保持宽容，人人都跃跃欲试开创新企业；五是硅谷人的生活和工作观是“活着为了工作”，而不是“工作为了生活”；六是在硅谷工作的外国移民特别多，是多民族的大熔炉；七是美国的全国证券交易商自动报价系统股票市场为硅谷公司上市创造了有利条件。

（二）对当地经济及产业发展的带动作用

20 世纪 90 年代以来，得益于产业界和学术界的广泛对接和紧密合作、发达的风险投资制度、完备的科技中介服务体系以及独特的“硅谷文化”，硅谷创造了一波又一波的创新浪潮，孕育了包括惠普、苹果、英特尔、思科、甲骨文、雅虎、谷歌、易趣、脸书、推特、基因技术、吉利德科学、赛尔基因、特斯拉、太空探索技术公司（SpaceX）等在内的一大批著名高科技公司，发展成为微电子、计算机、信息技术、通信、互联网、生物医药、新能源、新材料、精密仪器、航天等高科技产业集群，成为美国经济最活跃的地区之一，也为美国创造了众多就业机会。1992 年，硅谷 113 家科技公司的收益超过 1 亿美元。到 1994 年，硅谷有 20 家科技公司的销售额在 10 亿美元以上，科技公司的销售额超过 1060 亿美元。1996 年，硅谷接纳了美国销售额增长率最快的前 100 家电子公司中的 39 家。1998 年，硅谷创造的 GDP 约为 2400 亿美元，占全美 GDP 的 3%。2005 年，硅谷内有 4000 多家电子工业公司，电子产品年销售额达到 4000 亿美元，占全美的40%。如今，硅谷地区经济仍然保持高速增长，并源源不断地吸引全球人才聚集于此。据硅谷合资企业协会（Joint Venture SiliconValley）统计，2017年硅谷拥有163.87万个岗位，连续7年保持增长；从创新成果来看，2015年全年，硅谷共获得19000项专利，占美国专利授权总数的13%。

（三）金融服务特色

高新技术的良好成长性为硅谷发展提供源源不竭的动力，但相较于传统产业，高新技术企业融资通常具有“高投入、高风险”的特点。因此，在硅谷发展的过程中，风险投资成为了企业融资的首选方式并起到了至关重要的作用。

1. 风险投资为科技成果转化提供资金保障机制

科研成果从实验室向商品转化所面临最大的问题就是缺乏资金。对于“高投入、高风险”的高新技术企业来说，风险投资有效缓解了资金约束的瓶颈，加速了硅谷企业技术创新和发展壮大的脚步。根据刘春香（2005）对硅谷的调研，20世纪70年代，在硅谷成立的高新技术企业中，有30%的企业主要创业资金来源于风险资本，15%的企业则表示企业创立的前5年，风险资本是它们最主要的资金保障。到20世纪90年代初期，硅谷已经获得了60多亿美元的风险资金，成功资助创办了1700多家高技术企业。目前，美国约一半的风险投资基金设在硅谷。

2. 风险投资为高新技术创业企业提供科学的管理机制

根据普莱米斯（1984）的一项调查，美国风险投资机构积极地参与到风险企业的后续管理中，提供一系列增值管理服务，包括资本运作、招聘人才、帮助组织和完善企业的管理团队和治理结构，以及为企业的经营提供咨询和指导等。硅谷的风险投资家经常实地考察被投资企业，向他们提供正确和具有创新性的建议和指导，协助他们制定适宜的发展战略、完善财务管理机制和帮助招募优秀人才，推荐潜在的客户和供应商，目的是使公司的技术始终保持领先，使研发的方向更准确地沿着初始目标迈进。因此，硅谷的风险资本家不仅投资经验丰富而且还懂技术、会管理，凭借敏锐的判断力，他们可以准确判断出技术发展的趋势、鉴别创业者的素质和创新价值，并积极寻找项目而加以投资。

3. 风险投资为企业的技术创新和人才培养提供合理高效的激励机制

硅谷高科技产业的蓬勃发展源于风险投资与技术创新的良性循环，即在风险投资的推动下，更多的高新技术企业不断壮大，其研究成果已经有效地转化为实际生产力，同时为了追求更高的利益，风险投资家愿意鼓励企业进一步创新，企业则可以借此吸引和培养更多的高科技人才，进而不断研发新技术。富兰克林·艾伦（2003）指出，硅谷已形成完备的激励机制。为了激励风险投资经理尽最大努力为公司获得高回报，除了正常工资外，硅谷还奖励经理20%的超额投资收益。另外，硅谷采取给予慷慨的购股选择权（Stock Option）和授予股份的做法，让企业员工充满努力工作和不断创新的动力。

（四）借鉴和启发

1. 加强产学研结合

硅谷的兴起、发展和繁荣与斯坦福大学密不可分。大学和研究机构不仅可以提供高素质的技术人才、管理人才和创业大师，还可以通过科学研究提供持续的创新的技术成果。因此，必须积极引导高校和科研机构参与到高新技术产业的发展中来。然而，鉴于目前的教育体系，许多产学研项目拘泥于形式，并没有取得显著的效益。各国可以借鉴美国硅谷的成功实践，在大学或研究机构设立专门的研发基金，并支持大学或研究机构相关领域的研究团队。采用多元化激励机制，促进相互之间的技术合作。依托市场的力量，引导大学和研究机构确定研究课题，真正实现实验室成果符合企业实际生产，满足市场需求，避免资源浪费。

2. 完善风险投资机制

由于企业规模小、实物资产少、经营风险大，以技术为基础的高科技中小企业普遍存在融资难和融资贵问题。硅谷成功的经验表明，风险投资是一个非常好的解决方案。各国应建立多层次的风险投资基金，完善风险投资机制。风险投资不仅要为高科技企业提供资金支持，还要向企业推荐人才，帮助组织、改造企业的管理团队和治理结构，向企业提供商业运营的指导和咨询服务。

3. 健全中介服务

中介服务类的机构包括金融机构、律师事务所、会计师事务所、培训机构、产品测评及认证机构等技术支撑机构以及行业协会等。中介机构可为风险资金与企业搭建桥梁，风险投资者、风险投资机构可以通过中介机构获得市场信息、决策咨询、专业谈判等服务。成熟健全的中介服务体系还能使身单力薄的技术型高科技小公司站稳脚跟。比如，在硅谷，如果科技人员有了设计思路，依靠个人把设计思路转化为产品和收益往往力不从心，而硅谷各种专业化的中介服务公司，可以在最短时间内实现科技人员的想法，使这些小企业能够在激烈的竞争中胜出，并得以进一步发展。

4. 营造多元的文化环境

硅谷在发展过程中逐渐形成了自己独特的区域文化，对高新技术产业的充分发展产生了重大影响。例如，硅谷理解并包容失败的氛围充分鼓励并激励了员工探索创新；倡导的竞争理念使创业者能够在不断提高自身能力和水平的同时，注重向竞争对手学习；倡导合作的理念，使创业者能够充分利用周边资源，产生合力；鼓励良性流动，鼓励包容裂变的理念有利于充分培养和利用技术与人才。因此，各国政府在积极鼓励创新创业过程中，不但要提供政策、资金等实际支持，还要营造勇于探索、敢于失败、崇尚竞争、乐于交流的包容和谐的创业文化环境。

专题四　英国剑桥科技园

英国剑桥科技园建于 1970 年，位于英国东南部的剑桥郡，风景秀丽、交通便利。

英国的东南部是世界上公认的最重要的技术中心之一，久负盛名的剑桥大学也坐落于此，是该地区研究活动的核心。剑桥科技园是一个充满创新活力的区域，形成了以大学、新兴公司和大型跨国公司相互协同的产业网络，这种极具创新特色的经济形态，不断吸引着各个专业领域的人才在此聚集，也吸引着全世界的资本来此投资。

剑桥科技园依托于剑桥大学的人才优势及科技创新成果，利用科技园中的产业资源，对生物技术、电子信息技术、通信技术和纳米技术等高新科技成果进行转化和孵化，并对科技成果的产业化提供多方面的专业技术服务和商业配套支持。不同于美国硅谷的地位和多元化科技移民的背景，剑桥科技园与经贸全球化联系起来，将自己定位为世界新经济网络的一个"节点"，开放式地与所有追求科技商业利益的经济实体交流。园区以可靠的前景、广阔的发展平台以及具有诱惑力的高薪，吸引了成千上万的科技人才。如今，这个占地 152 英亩的科技园拥有 120 余家跨国企业，许多人正在这里研究足以改变人类命运的尖端技术，从个人化药物、非侵入性癌症诊断到人工智能、物联网等。

（一）产业园区特色

1. 注重小型科技企业的培养

一是政策上向中小企业倾斜。科技园区涌现出一大批富有创新活力的小型科技企业，它们活跃在前沿科技的各个领域，从生物科技到设备制造，从网络软件到打印系统。剑桥科技园为中小企业提供资金、税收、法律等多方面优惠政策，扶植其发展壮大。二是园区内的小企业核心业务非常明确。这些小企业极其专注于各自擅长的领域，尽管规模不大，雇员超过 100 人的寥寥无几，但是都非常善于利用有限的资源创造尽可能大的效益。三是在合作中谋求进一步发展。剑桥科技园区的科技企业重视行业内及与学界的交流合作，积极与本地区及海外的其他科技企业、同行联盟进行合作，也经常向高校科研部门取经，大量具有商业创意、市场价值的商机应运而生。

2. 以剑桥大学为依托的独特生态环境

剑桥科技园之所以能够蓬勃发展，关键在于建立了自己独特的生态系统，大学、新兴公司和大型跨国公司协同合作，政府的支持较少，商业化、市场化气氛非常浓厚。剑桥科技园由剑桥大学著名的三一学院（Trinity College）建立，三一学院利用其科技和人才优势，对生物技术、电子信息技术等科技成果进行孵化和转化，并为产业化提供技术咨询服务和商业配套支持。一大批富有战略眼光的大学教授和研究员预见到园区的广阔前景，纷纷加入进来，为科技园快速发展提供强大智力支持。加之政府引导、企业响应，剑桥科技园形成极具活力和创新特色的经济形态。

3. 最大程度上调动创新积极性

一是为创新创业提供资金支持。设立创新创业基金，鼓励支持科研成果产业化，专门用于资助那些具有广阔市场前景但因资金不足尚未转化的专利技术。大学与商业机构的合作，为创新创业提供了大量的资金支持。二是宽松的知识产权制。如果学生同意和学校共享专利，剑桥大学有清晰的分配方案可在发明者、学校和院系之间做出合理分配；如果学生不同意学校共享专利，则发明者、学校和院系按照85:7.5:7.5分成，专利归学生个人所有。这种模式长期固定，促进了各方投入创新的积极性。三是学界与产业界建立深度互动。剑桥大学与产业界在人才培养上实现联动，定期引进产业界人士走进校园与学生进行互动交流，学校倡导学术研究与实习兼职并重，在积极承担企业委托的科研任务的同时，与经济实体开展实质性交流。四是设立创业学习中心。剑桥大学建立了一套先进的创业学习机制，以必修课、选修课或培训项目的形式在全校范围内开展创业教育，倡导积极型的创业文化，着力培养学生的合作精神和交流能力，帮助师生学习商业知识、培养商业能力、储备创业经验。营造了鼓励开展科研和积极创业的良好氛围，有力地提升了成果转化和商业化的效率。

（二）对当地经济及产业发展的带动作用

英国剑桥科技园成功地推进了产业和大学的联系，促使学术研究和产品创新相结合，成为地方科技和经济的发展源泉，带来巨大的社会和经济效益。目前，剑桥科技园已发展成欧洲最成功的大学科技园，其经济发展创造了“剑桥现象”。在过去的几十年中，科技园区每年不断增加5000个就业机会，园区平均每年的GDP增长率达到了6.3%，大大高出英国3.4%的GDP增长率。累计为英国创造税收550亿英镑，出口总值达到了280亿英镑。[①] 在生物技术方面，剑桥科技园拥有除美国以外最大的生物技术机构群，世界上医学和化学诺贝尔奖得主中有20%以上来自剑桥地区。这样一个经济效益日益增加和技术日趋先进的高科技园区已成为整个英格兰东部地区的发展中心。剑桥科技园以高科技为核心的创新的经济增长方式，保持了剑桥地区长期的创新发展活力，并赢得了“硅沼”的名声，成为具有重要意义的英国新经济中枢的主要组成部分。

（三）金融服务特色

1. 完善的市场经济体系

20世纪70年代末，巴克莱银行进入剑桥科技园，为高技术企业提供资金支持，随后又有多家国内外银行进入剑桥，为高技术企业的发展创造了必要的金融环境。园区政府建立了完善的风险投资体系，为园区企业提供风险投资、风险保险、风险担保业务，并通过传统金融机构的业务拓展和金融创新以及高效完善的证券市场，为高新技术产业的发展提供充足的、符合其发展需求的资金，形成由传统金融机构、风险资金市场和证券市场组成的完善的市场经济体系，满足高新技术产业发展的风险投资需要。

---

① 马兰，郭胜伟．英国硅沼——剑桥科技园的发展与启示［J］．科技进步与对策，2004（4）：46－48.

2. 各级政府对中小企业的资助

各级政府为入驻科技园的高科技公司提供资金、税收、法律等方面的优惠政策。针对中小企业融资能力差、防风险能力弱的实际情况，英国政府联合私营部门制订了一系列商业融资计划，主要包括小企业贷款担保方案、区域风险资本基金、早期成长基金、风险资本信托基金、英国高技术基金、商业孵化基金等。英国政府对中小企业科技创新可给予以下四类资助：第一，小型项目资助。对于雇员数少于10人的企业，实施期限在12个月以内的低成本开发项目，最多可给予2万英镑的资助。第二，创新型研究项目资助。对于雇员数少于50人的企业，实施期限在6～18个月的创新型研究项目，最多可给予7.5万英镑的资助。第三，创新型开发项目资助。对于雇员数少于250人的企业，为某一具有创新性的产品或流程进行的开发项目，最多可给予20万英镑的资助。第四，重大科研项目。对于雇员数少于250人的企业，开展对行业有战略意义和广泛经济效益的重大科研项目，最多可给予50万英镑的资助。①

3. 多样化的风险资本来源

对剑桥科技园的风险投资除了私人投资外，还有其他形式的风险投资作为补充。英国风险资本的主要来源是养老基金，其次是保险公司、银行和政府部门，最后是私人投资者、企业投资者和研究机构等。在风险投资方面，允许风险投资公司将养老基金和银行自有资金的5%筹为风险资金，从而为风险资金开辟新的来源。在这方面，巴克莱银行对剑桥科学园的早期发展起到了很大的促进作用。其在剑桥科学园设立了办事处，专门支持新型风险企业，凡符合政府企业担保计划规定的风险企业都可以在该银行透支或定期放款。

（四）借鉴和启发

1. 高校为产业园的发展提供人才和技术支持

剑桥大学是科技创新的发源地，但创新需要产业来赋予其商业价值，这就需要在产业和学术界之间搭建“桥梁”。在几十年的实践中，剑桥大学为剑桥科技园提供人才及技术支持，为科技园的创新发展提供动力，与此同时，剑桥科技园也为剑桥大学科技成果转化提供了一个平台。在这个平台中，一方面，剑桥大学的科技成果能够独立孵化成为企业；另一方面，科技成果也可以与科技园中企业实现合作共赢，提高转化的成功率和质量。可以说，高校是科技园区实现技术进步的“摇篮”，同时，科技园区又是高校科技成果实现转化的“孵化器”。科技园区邻近大学高校和科研机构，可为其发展提供强大的人才及智力支持。大学和科研机构丰富的智力资源，使高科技企业得以在科技园区创建并发展壮大，从而进一步吸引高科技人才，形成良性循环，不断推动高新技术产业创新发展。

---

① 王伟，吴东兴，朱青．剑桥科技园的投融资环境与模式研究［J］．科技管理研究，2013，33（6）：115－118.

2. 创新是科技园不断发展的动力源泉

高校作为科技园发展的支撑和依托，要在培养大学生创新创业意识和能力方面发挥积极作用。剑桥科技园通过三方面与高校共同推动创新：一是宽松的知识产权制及专利权的合理分配方案。其保障了学校、学院以及发明者三方的权利，消除了发明者的后顾之忧。二是鼓励在校大学生群体开展创新创业活动。鼓励学生加强与企业，特别是高新技术企业的联系，使学生在校期间可以进入企业从事与科技创新和成果转化、产业化相关的工作，营造鼓励开展科研和积极创业的制度环境和良好氛围。三是设立大学生创业基金，为那些具有创新意识和创业精神的大学生提供资金扶持，最大程度地调动学生创新积极性，从而为科技园的进一步发展提供动力源。

3. 良好的投资环境是成功吸引资本投资的前提

一是极具吸引力的区位优势。剑桥郡离伦敦市中心 60 英里，驱车大约只需 1 个小时，剑桥科技园以欧洲商业经济中心伦敦为跳板，与欧洲乃至世界的资本建立联系。二是完善的市场经济体系。剑桥科技园园区政府为园区企业建立了完善的风险投资体系，为园区的高科技初创企业解决资金难题。产业园应在建立创业基金、中小企业孵化基金的基础上，不断完善各类风险投融资体系，拓宽创新创业的融资渠道，优化投资环境。三是政府的优惠政策。剑桥科技园为中小企业提供资金、税收、法律等多方面优惠政策，切实解决中小企业在初创阶段融资难、发展受限的困境。当地政府应当想企业之所想，为有发展潜力的企业提供优惠政策，消除其发展阻力。

专题五　法国索菲亚高科技园区

索菲亚高科技园区成立于 1969 年，坐落在位于尼斯和戛纳之间的滨海阿尔卑斯省，这个由政府—行业—学术机构合作组建的欧洲顶尖的科技园，占地 2400 公顷。索菲亚被称为法国的“硅谷”，但与其他国家的高科技园区不同，索菲亚高科技园区并没有人们通常所认为的创建科技园所必备的基础条件。例如，高等院校和科研机构作为起步发展的依托、人才及技术资源雄厚、产业发展具有得天独厚的优势等，它是在一片空地上从零开始的。但是索菲亚也拥有一些独特的区位优势，例如，邻近尼斯国际机场，交通便利；是法国传统的旅游胜地，气候温和舒适，自然风光秀丽，适合进行科学研发；住房、交通通信等基础设施良好；具有多元化和包容性的文化传统等。这些优势虽来自原有发达旅游业打下的扎实基础，但对发展高科技产业也同样非常重要。

索菲亚高科技园区重点发展高端、高附加值的产业，研究领域和业务范围涉及电子、信息技术、生命科学、自动化生产装置、空间技术、材料科学、能源、遥感、精细化工、医药、考古、人文科学、高等教育、科研、生产、贸易等领域。园内既有科研机构及培训部门，又有各类高科技产业，既涉及科学研究的配套设施，又具备日常生活的方方面面，已经形成一个集科教和产业于一体，集工作和生活于一体的国际化高科技园区。

（一）产业园区特色

1. 四大支柱协调发展，注重园区智力支持

索菲亚高科技园区重视企业、研究机构、大学和培训机构这四个支柱的协调发展与相互合作，以保障创新型活动和项目的开展。尤其是注重通过扶持科研培训机构为园区提供智力支持。索菲亚高科技园区主要以研发为主，入驻的机构包括研发机构、技术性公司、科技创业企业、企业孵化器等。在园区建立之初，巴黎矿业学校、尼斯地区商会、电信学校、法国石油研究院、国家科研中心以及一些私营公司陆续进驻，但总体上科技优势不明显，后来园区又组建了“计算机科学研究所”“欧洲技术研究所”等科研机构，大大提升了科技园的自主研发能力，弥补了园区建设之初的不足。

2. 设立各种基金会及俱乐部促进创新

为了促进创新活力，园区创建了索菲亚基金会、新兴企业培植中心和国际智密区俱乐部。此外，索菲亚高科技园区还有其他科技产业的俱乐部，定期召集企业负责人、风险投资家、政府官员进行讨论，汇聚不同思维方式，激发创新潜能，共同探讨最有效的发展路径。

3. 大力支持本土小企业创业发展

园区的企业以少于50人的中小企业为主，这与园区大力扶持创业企业发展的政策有关。第一，科技园大力引进高校和研究机构，是法国研究力量最为集中的地区，为园区发展提供智力支持和技术创新源泉。第二，充分利用国内外资源，积极推动企业创业发展和风险投资，为园区企业发展提供资金支持。第三，丰富多样的非政府组织，建立各行业协会和俱乐部，为各种机构的交流合作提供中介服务和平台。

4. 园区国际化程度高，与世界各地联系紧密

索菲亚高科技园区非常注重园区发展及人才培养的国际合作与交流，来自70多个国家和地区的企业汇集于此，园区的技术人员来自世界各地，园区中大量的国际学校招收了来自世界各国的学生。向索菲亚地区投资的风险投资公司中50%左右是外国企业，资金主要来源于美国、新加坡、英国和德国等国家。此外，索菲亚高科技园区和30余个国家和地区超过几千家机构有合作，与突尼斯、摩洛哥、以色列、埃及等国政府及韩国的工业园，印度布尼技术工业园，中国中关村、广州开发区均有合作协议。

（二）对当地经济及产业发展的带动作用

一是优化经济发展结构。索菲亚高科技园区所在地原本依靠单一的旅游业拉动地区经济增长，经济结构单一，科技园的建立极大优化了该地区的经济结构。二是提供大量的工作岗位。科技园以良好的科研环境吸引各类企业、研究机构入驻，为当地提供了数以万计的工作岗位，其中逾一半涉及高科技领域。三是通过提高创新能力推动经济发展。研究机构及学校的入驻提升了该地区的研发及创新能力，实现创新性资源本地化，

带动了地区产业结构的升级和区域经济的快速发展，提升了城市科技水平和综合实力。四是提升地区国际化程度。科技园十分注重国际交流与合作，园区内工作人员来自世界各地，大部分资金来源于外国企业，与各国工业园及开发区开展合作，极大提升了该地区的国际化水平。

（三）金融服务情况

1. 成立索菲亚—安蒂波利斯基金会

科技园初始阶段主要依靠创始人拉斐特在国内的个人社会关系网络招商引资，1984年园区成立索菲亚—安蒂波利斯基金会，大力投入基础设施建设，积极推动园区的建设与发展。其宗旨是致力于把科技园办成科研、教育、企业三者协同发展的高技术中心，促进国际交流合作。该基金会促进了园区内的创新政策实施，被国家法令定性为国立机构。此外，园区还建立了其他科技基金会，为自主创新的科技项目和企业提供资金支持。

2. 成立新兴企业培植中心

在索菲亚—安蒂波利斯基金会成立后，索菲亚高科技园区又兴建了扶植科技企业创业的孵化中心。其主要目的是为新兴企业发展提供必要条件，成为新兴企业的“孵化器”。主要职能包括：对产品提出技术改进建议；协助企业起草发展方案及筹集资金；提供财会法律方面的帮助，为企业提供廉价办公用地。

3. 政府积极引导并提供政策支持

自索菲亚高科技园区建立以来，政府在其发展过程中起到了积极的推动作用，致力于支持高新技术产业发展，扶植高新技术企业发展壮大，大力调整经济结构，提高国际竞争力。政府将科技园的经营体制从民间管理转换为公共管理，在科技园面临大规模基础设施建设的资金困难时，政府果断投入资金，给予大力支持。1990年园区成立了西噶公司，政府通过该企业每年提供1000万法郎，专门帮助其他企业在该城“落户”，通过优惠政策切实支持企业发展。

（四）借鉴和启发

1. 因地制宜发挥自身优势

索菲亚高科技园区在创建初期，并不具有人们所普遍认为的科技园成功发展的优势因素，没有高等院校和科研机构作为起步发展的依托，而几乎是白手起家。但是索菲亚高科技园区所在地是法国传统的旅游胜地，科技园因地制宜，利用其宜人的气候条件、优美的自然环境、便捷的交通设施与科技园进行了有机融合，建成的科技园注重环保，避免高污染企业入驻，环境优美、生活服务设施完备，创造了令人心旷神怡的科研开发环境，吸引来了许多高校、研究院和企业入驻，形成了独特的发展优势。

2. 强有力的政府支持推动园区发展

法国各级政府在索菲亚高科技园区建设初期起到了极大的推动促进作用。为了解决科技园发展中的资金难题，政府将科技园的经营体制由民间管理转换为公共管理，由政府大规模投资基础设施建设，得到政府资金支持的科技园环境优美、基础设施完善是索菲亚高科技园区成功招商引资、吸引各类机构入驻、形成产业集群的关键因素。同时，政府推出的各项支持企业尤其是中小企业的优惠政策也对企业竞争力的提升、科技园的发展壮大起到了促进作用。

3. 重视国际交流与合作

索菲亚基金会的成立旨在使国际国内的科技界、企业界和文化界相互衔接，促进索菲亚高科技园区成为一个国际化的工业园，在更为广阔的国际平台上谋求更大的发展。基金会从设立初期就具有国际化的特点，成为之后科技园得以进行国际交流和合作、园区企业得以在国际舞台上施展才能的重要平台。科技园与30余个国家和地区的几千家机构均有合作，与多国工业园及开发区均有合作协议。国际化战略为索菲亚高科技园区带来了先进的经验和丰富的国际资源，为科技园的产业集群发展提供了可能。

4. 善用协会和俱乐部等平台资源

在法国的文化传统中，各类行业协会和俱乐部在促进先进经验交流、激发创新潜能、跨领域交流合作以及资源的整合及合理配置中的作用不可小觑。索菲亚高科技园区通过成立索菲亚—安蒂波利斯基金会、新兴企业培植中心以及各类行业俱乐部为各大公司的研发部门提供了一个探讨企业策略、问题和发展机会的平台，在思想的碰撞中激发了创新的可能。同时，通过将政府部门、企业管理者、风险投资家汇聚一堂，大大提高了企业得到政策及资本支持的效率，有利于企业的进一步发展。

专题六　德国阿德勒斯霍夫高科技产业园

阿德勒斯霍夫高科技产业园是德国最成功的高科技产业园区之一，也是柏林最著名的媒体区，同时也是全球最大的15个工业园区之一和欧洲最现代化的科技园，还是欧洲最大的综合性一体化技术园区。

德国阿德勒斯霍夫高科技产业园地处德国首都柏林市的东南，占地4.2平方公里，阿德勒斯霍夫高科技产业园周边交通便利，距离泰格尔国际机场约52分钟车程，距离舍内菲尔德国际机场约10分钟车程，另外，有四条近郊火车线从园区经过，乘车大约30分钟可到达柏林市中心。园区内部诸如购物广场、托儿所、公园、运动设施等商业配套设施齐备。

（一）产业园区特色

1. 实行“大园区”战略

阿德勒斯霍夫高科技产业园实行的是一种“大园区”战略，它并非简单的工业园，而是科研和产业相结合的高科技园区，产业重点除了高科技企业及研发机构（约占企业总数的60%）外，传媒业、教育业也非常发达，如园区内传媒企业就有约170家。园区致力于构建一个综合的生态系统，让来自不同领域的技能和技术结合在一起，相互交融，激发创新并诞生新的业务，进而促进周边区域的经济发展。

2. 提供专业的管理与服务

园区由专业公司进行管理，并设有不同类型的公司为企业落户提供全方位的帮助和咨询。为了有效提高对外服务的能力，园区建立了智库管理数据平台，将园区内重要的企业、社会组织、研究机构的单位及人员信息录入到平台上。WISTA 管理公司是阿德勒斯霍夫高科技产业园的开发与经营商，开展物业管理、市场宣传以及新技术推广等工作。创新和商务孵化器（IGZ）和国际商务孵化器（OWZ）则为企业的创建提供一系列支持和服务。IGZ 成立于 1991 年，主要为初创企业提供各种支持，如办公和会议服务、金融和融资平台等。OWZ 于 1997 年成立，专业为东欧和西欧以及其他地区的国际商务提供孵化服务。

3. 成熟的园区孵化器

阿德勒斯霍夫高科技产业园目前建有三个商业孵化器，分别是创新和商务孵化器、国际商务孵化器、夏洛藤堡创新中心（CHIC），为初创企业提供技术、法律、金融等服务，当前三个孵化器都处于饱满运转状态。对于大学生创业，孵化器不收取费用；对于初创企业，可以便宜的租金使用公用实验室及共享的办公区，解决了企业初期资金匮乏、难以负担实验设备及办工场地费用的问题。为了吸引更多初创公司来这里发展，园区甚至设立了一个打包方案“欢迎包”（welcome package），提供一揽子服务，3 个月仅收费 2300 欧元。对有经验的企业，孵化器重点帮助解决诸如财务、人才等实际问题，甚至包括帮他们找客户、发展合作伙伴等。

4. 重视节能环保

环境保护和资源循环利用方面，园区率先推行了德国政府制定的一系列循环经济制度规范和运行体系，先后实施了产品责任制、废弃物收集和处理的双元回收系统、垃圾分类与“绿点”系统、包装物抵押金制度等管理办法。

目前，园区内工业污水、平板玻璃、纸张等已经实现 100% 回收处理，电子产品和金属包装品回收利用率达 95%，建筑垃圾的回收利用率为 86%，轻型包装品和塑料回收利用率为 81%，电池回收利用率为 77%，工业垃圾再利用率超过 80%。整个园区循环经济已成为一个独立的体系，不但为园区创造了良好的工作和生活环境，而且促进了循环经济产业的发展。据统计，循环经济相关产业约占园区总产值的 1/4，并呈逐年增长趋势。园区通过环境保护标准认证，基本杜绝了废气、污水、噪声和固体废弃物污染，改善了空气质量，保障了优良的水质和稳定的电力供给，为科技园经济可持续健康发展奠定了坚实的基础。

（二）对当地经济及产业发展的带动作用

阿德勒斯霍夫高科技产业园已经形成了一个完整的创新和创业生态体系，产生了良好的产业集群和规模效应，即阿德勒斯霍夫高科技产业园通过汇集诸如高校、研究机构、中小企业、大企业和孵化器等关联性创新主体的方式，建立了一个具有完整系统和运营协调的生态系统，并成为欧洲排名前四的科技园区。具体来讲，阿德勒斯霍夫高科技产业园形成了“五城”联动的创新创业生态体系。一是高教城，以德国最好的大学之一洪堡大学科技类院系为中心，这是科技园创新创业生态体系的核心。二是科技城，以光伏和可再生能源等六大产业研发体系为代表。三是传媒城，以原民主德国广播电视台为基础，广泛开展各种文艺演出、科技论坛等活动，另外还创建了多功能的信息交互平台。四是创业城，以柏林创新中心为依托，以创业城中强大的创新和商务孵化器为支点，为企业提供科研、投资、应用等多方面的服务。五是未来城，致力于将科技园区的生态体系扩散到整个城市，建设技能环保的柏林州（见图 1）。

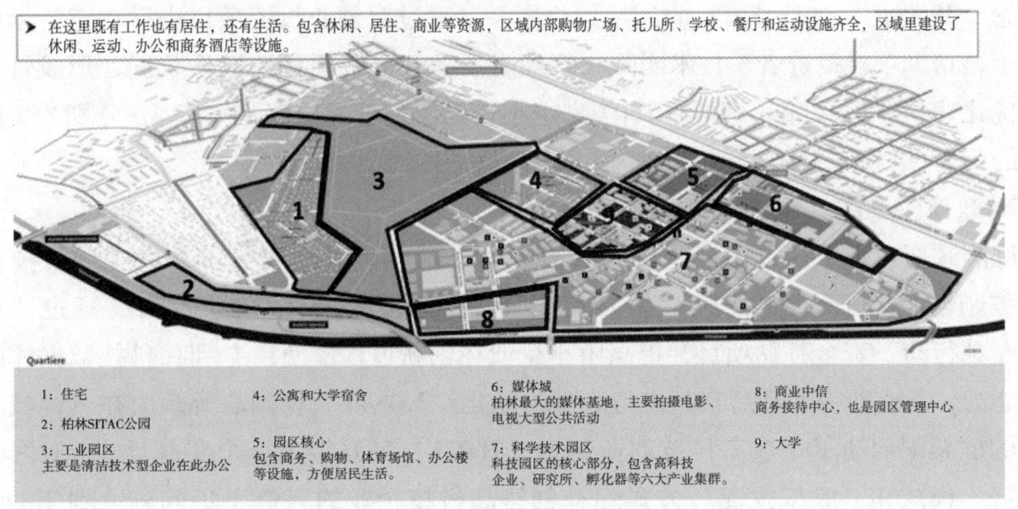

图 1　阿德勒斯霍夫高科技产业园总体规划布局

阿德勒斯霍夫高科技产业园以科技、经济和媒体为发展重点。在该体系的支撑下，阿德勒斯霍夫高科技产业园对当地经济及产业发展的带动作用明显，促进了当地商业、税收和就业的发展。一是园区营业额保持高速增长，远高于德国全国平均增长率。二是起步企业在企业孵化器中存活率远高于德国其他地方。三是创造大量的工作机会。截至 2017 年 12 月，园区内一共有 1072 家企业、16 家科研机构，包含 10 个非大学研究机构、3 家企业孵化器、近 18000 名员工以及 6700 余名学生。2016 年，园区产值超过 18 亿欧元，地均产值折合约 4.3 亿欧元/平方公里。到 2020 年，预计园区就业人口将达到 2 万人，学生总数超过 1 万，入驻 1200 家企业，居住人口达到 3500 人。未来，园区空间发展重点将放在工业园西北侧和媒体城东北侧的两块片区，以此推动园区发展为柏林州乃至德国一流的应用研究和高技术企业园区。

（三）金融服务特色

以阿德勒斯霍夫高科技产业园为代表的德国一系列创新创业生态体系的建立，得益于多级政府的支持与有效的引导以及中央和地方政策型融资等多层次、多维度的金融支持。

1. 着重培育中小企业，成就“隐形冠军”

德国企业可以通过多种渠道获得资金，用以研发创新。企业可以向欧盟、联邦和地区申请不同的研发资助，资助形式包括贷款、补贴、担保、股权和权益资本等。与大企业相比，中小企业更容易获得扶持，尤其是从事基础性和实验性研究的企业以及选择与大学、科研机构联合研发的企业往往能够获得更多的资金扶持。自 2008 年 7 月开始，联邦政府开始实施“中小企业创新核心计划”（Zentrales Innovations programm Mittelstand，ZIM），截至 2013 年 3 月，ZIM 合计为中小企业提供了 27.24 亿欧元资助。德国弗劳恩霍夫研究协会为帮助中小企业提高创新管理能力，创造性地提出了“创新审计”的理念，开发了“创新卡片”的计量评价体系，通过对创业投资项目进行动态持续监控与评价，帮助项目投资者、技术团队和管理者了解、分析项目的运作状况，形成管理决策和优化建议。2012 年，德国有 1307 家中小企业位列世界“隐形冠军”，分别为美国和日本的 3.57 倍和 5.94 倍。

2. 政府多渠道引导鼓励创业

德国政府致力于通过多元主体（联邦政府、联邦教育与研究部和联邦经济技术部等）鼓励创业，进而促进大学等单位带动区域应用科学产业化发展。例如，通过“中小企业专利行动”资金补贴项目，提高中小企业在创新过程中使用专利和科技数据库的意识及能力，并在获得专利后帮其进行产品市场化。2005 年，德国联邦政府在《高技术战略》的框架下启动了一项高科技创业基金（HTGF，每五年为一个实施期），采用“公私合营”模式和“股权投资”方式弥补创建高科技企业的融资不足问题。到 2011 年，HTGF 基金净值上升到 3.02 亿欧元，支持了 250 家高科技企业创业。与此同时，联邦教育与研究部 2007 年实施“中小企业创新项目计划”，资助在生物技术、纳米技术、医疗技术、信息和通信技术、生产工艺、资源效率和能源效率及公共安全领域的创新。联邦经济技术部负责实施的“中小企业创新核心计划”，不限技术领域和行业，对企业自身产品开发、工艺创新和企业间、研究机构间的创新给予资助。政府资助项目最多可支持技术创新过程的 50%，如创新成功，可从利润中分期偿还；如企业经营失败，无须承担债务。

3. 利用产业政策工具提供资本助力

欧盟结构和投资基金是欧盟出自深化和扩大一体化的需要，为缩小其内部区域经济发展不平衡而专门设立的，其主要任务之一就是支持落后地区或产业衰退地区的经济发展与产业结构调整。结构基金来源于欧盟预算，由欧盟理事会和欧洲议会批准，属于欧盟财政专项支出，是欧盟首创的一种全新的产业政策工具。包括阿德勒斯霍夫高科技产业园在内的原东柏林地区是该基金的重点促进项目之一，获得了该基金的基础设施建设和企业投资项目的支持。

园区内企业还可申请复兴信贷银行负责实施的全德国范围的项目及柏林未来基金，后者重点扶持位于柏林的生产技术、材料和建筑技术、医药和生物技术、光学和光纤技术、信息和通信技术、环保和能源技术以及交通技术等领域的中小企业。

（四）借鉴和启发

1. 重视中小企业发展

一个国家和地区经济、收入、就业岗位的增加，在很大程度上依赖中小企业，大部分人都是在中小企业就业，不仅德国如此，大部分经济合作与发展组织国家和地区都是这样。在德国，67%的专利技术是中小企业申请的。在全球 2764 家中型全球领导企业中，德国占了 1307 席。中国是一个人口众多、劳动力资源丰富的发展中国家，国内中小企业作为创造社会财富和吸收劳动力的重要场所，在扩大就业、推动经济增长方面具有举足轻重的作用，对经济全局发展具有重要战略意义。从中国总体企业数量看，中小企业的数量已经占到了 99.2%，对 GDP 的贡献已经达到了 60%以上，税收占了 50%以上，就业占 80%以上。借鉴德国阿德勒斯霍夫高科技产业园的做法，要加快中小企业集群发展，通过财政、金融、税收等政策支持，加大对中小企业的发展的扶持力度，形成中小产业集群集聚效应，使中小企业成为中国经济的“脊梁”。

2. 为产业集群提供专业化金融服务

德国金融机构在支持高科技产业园发展的过程中，针对各种不同类型的产业集群对金融提出的不同需求，提供了专业化的金融服务，同时来自欧盟、德国联邦政府和州政府的发展基金也给予了融资扶持。我们要进一步创新金融体制和服务内容，针对不同产业集群类型建立专业化的金融服务机构，提供对高科技产业园及园区参与主体的个性化金融服务，提高服务产业集群战略发展的专业化水平。同时通过银行与地方政府或者地方政府和重点企业共同出资建立促进产业集群发展的基金，支持科技创新的成果转化，推动产业集聚和产业集群形成。

3. 加强政府的政策引导与支持

在阿德勒斯霍夫高科技产业园发展的过程中，德国政府给予科技园包括补贴在内的大量支持，不仅把交通、电力等基础设施建好，还通过一系列政策支持科技园发展，把一些机构，如学校、研究机构和其他机构尽量迁入园区内，不仅在园区建立孵化器而且还运作孵化器。由此可见，产业园及其产业集群的发展需要政府在政策上给予必要的引导和支持。最基本的政策支持包括在产业集群成立初期的金融支持和财政政策支持，特别是对那些投资大、技术含量高、市场风险大的产业集群。高新技术企业常常是由高校毕业生或学成归国人员来创建，对他们来说，最为缺乏的就是资金，且从银行或者其他融资渠道很难获得资金，这就需要政府通过提供创业基金或者优惠贷款的形式为其提供资金支持，从而降低创新创业的风险。

4. 建设有效的孵化服务体系

有效的孵化服务体系能够极大地推进创新的产业化，高科技产业园及其产业集群建设离不开对企业孵化服务体系的建设。首先，完善孵化体系建设的政策体系。加强孵化体系的总体规划，创新孵化体系模式，鼓励支持科研机构、大学及科技园区以现有存量土地建设企业孵化器，政府提供税收等政策优惠。其次，加强孵化体系的有效性，促进多方要素聚集。加强创新创业生态体系中多方要素的聚合，统筹产学研三者的集聚与平衡。企业孵化服务体系涉及创新创业的诸多领域，包括对创新项目的管理、对创新成果的转化、对创新企业的指导等。各国应当根据城市发展的实际情况，在政府支持的基础上，鼓励涉及不同领域的营利性企业、非营利性社会组织的自主发展，以服务型企业、研究学会等共同构成有效的企业孵化服务体系。

第7章

全球产业金融发展的建议与展望

7.1 主要结论

7.1.1 第四次技术革命促使各国制定系统的产业扶持政策

步入21世纪以来，全球范围内的生产率增速持续下降，特别是2008年国际金融危机爆发后，一些国家的全要素生产率甚至出现了负增长，这就意味着目前全世界处于经济衰退的阶段，第三次技术革命所带来的经济增长动力已经逐渐耗竭。与此同时，以人工智能、清洁能源、机器人技术、量子信息技术、虚拟现实以及生物技术为主的全新技术正在不断成熟，很多国家都想抓住这次技术革命的机会，寻找促进经济增长的新动能、新出路，竞相布局以重振制造业为核心的再工业化战略。不论是发达国家还是发展中国家，都制定了推动技术创新和发展战略性新兴产业的政策，并且从财政、金融、贸易等方面予以配合。各国的国情和资源禀赋的优势不同，政策模式及其政策工具的选择、政策机制的设计，都会受制于特定时期的内外环境、体制基础和技术支撑。因此，应该尊重和学习各国的实践经验，探索适合本国产业升级和发展的模式。

7.1.2 技术革命需要与之相适应的金融支持模式

金融作为现代经济的核心，在每一次的技术革命浪潮中都是合理配置社会资源、带动产业转型升级成功的关键因素。前三次技术革命的历史经验证实，充分高效的金融支持和技术革命是产业升级顺利推进的燃料和动力。金融发展可以通过“收入效应”和“替代效应”促进产业发展，高效的金融市场是产业升级的推动力，合理的金融结构是产业升级的加速器，健全的金融功能是技术进步的必要条件，积极的产业金融政策是产业升级的重要保障。

当前全球正在经历新一轮技术变革，人工智能、机器人、虚拟现实等技术迭代升级，并逐渐渗透于经济社会各个领域，孕育出新兴产业，同时改造升级传统产业，新一轮技术变革正在引发新一轮产业革命，产业变革对金融服务提出新的需求。新兴产业企业的发展需经历培育、发展、升级等过程，对此应该建立多层次、多元化的产业金融机构和市场体系，服务企业发展的各阶段。针对新兴产业“轻资产”的特点，应该创新金融产品体系，切实解决新兴产业融资难问题。选择银行主导型或市场主导型的金融支持模式，要根据各国自身的发展阶段和金融市场的发达程度而定，尤其需要考虑资本市场的发展规模和发达程度、在产业链中处于追赶地位还是引领地位等因素。

7.1.3 供给侧结构性改革探索产业转型升级的中国道路

自2008年国际金融危机爆发以来，中国改变了以投资和出口驱动的粗放式经济增长模式，树立新的经济发展理念，积极拥抱第四次技术革命，特别注重创新和绿色发展。鼓励“大众创业、万众创新”，调动全社会参与第四次技术革命的积极性。通过简政放权、减税降费、降低市场经营准入门槛、改造行政流程，营造了更加宽松的制度环境；积极运用信息技术和生物技术，加大科学研发支出力度，实行“互联网+”战略，推动产业升级，涌现出了以阿里巴巴、腾讯为代表的科技巨头，在电子商务、第三方支付领域取得了举世瞩目的成效。针对科技型、创新型中小企业生命周期各阶段的发展特点，进行金融创新。完善资本市场的结构层次，继主板、中小板和创业板后，陆续推出了新三板和四板市场，建设天使投资、风险投资、私募股权和众筹等多元化投融资体系。运用金融科技技术，提高金融机构的风险识别能力，拓宽了中小企业的融资渠道。实行宏观审慎监管，努力防范系统性金融风险，大大提高资源优化配置的效率，推动经济高质量增长。

7.1.4 产业链金融是推动全球产业升级的重要手段

新一轮技术革命催生出大量战略性新兴产业，如以5G为代表的新一代信息通信业、新能源、新能源汽车、生物技术、人工智能等产业，这些新兴产业依托新的技术投入、中间产品投入和应用场景，正在形成自己独特的、涵盖全球范围的上下游产业链条，例如，华为的设备就是全球多个国家进入5G时代的关键产品。全球产业链的重构是极其复杂的过程，实现商流、物流、资金流、信息流等多流合一是基本要求之一。伴随新一轮技术变革，云计算、大数据、区块链、人工智能等关键技术日益成熟，科技在金融创新中开始发挥更为重要的作用。金融与科技已经深度融合，金融业运用科技，科技企业介入金融。金融业原来的信息采集来源、风险定价模型、投资决策过程、信用中介的角色被科技所改变，大幅提升了传统金融的运作效率，解决了传统金融信息不对称和风控方面的痛点，出现了如数字货币、大数据征信、智能投顾、供应链金融等一系列新的业务和模式。

在供应链金融基础上发展起来的产业链金融，紧密围绕产业链各环节，通过金融科技创新，与产业链各环节有效衔接，打通整条产业链的物流链、资金链、商流、信息流，有效整合产业链资源，缓解供应链中资金分配不平衡的问题，改善企业经营生产的金融环境，未来将成为全球产业链升级的助推器。

7.1.5 “一带一路”成为共建全球新产业链的重要平台

经济全球化已将世界各国的经济发展紧密联系，各国都应该同步加入第四次科技革命。“一带一路”倡议为全球治理提供了新的路径与方向，有利于促进经济要素有序自由流动、资源高效配置和市场深度融合，打造开放、包容、均衡、普惠的国际经济合作模式，使更多国家在新一轮技术革命浪潮当中，可以跟上前沿科技的发展步伐，适应全球产业链的升级重构，美国硅谷创业投资金融生态体系模式是产业集聚和产业升级的良好借鉴。基于大数据、物联网等技术，“一带一路”参与方积极构建多双边投融资机制，拓宽新型金融平台和合作模式，涌现出了丝路基金、亚投行等新型金融机构，“一带一路”债券、出口信用保险、供应链金融等新的金融产品，以及跨境人民币等新型金融模式，为企业参与“一带一路”经贸合作提供了涵盖采购、生产、销售等各环节的全球供应链金融解决方案。开放式、多层次、立体化、高效率的金融支持体系逐渐形成，极大地促进了基础设施互联互通、国际产能合作、产业园区发展和贸易结构升级。在科技发展步伐加快，呼唤区域金融合作和国际金融治理的今天，亚洲金融协会应时而生，顺势而起，承载着更多的功能，可在促进亚洲金融基础设施互联互通、推进区域金融合作和高质量发展、共同维护金融安全和稳定等领域发挥更大的作用。

7.2 政策建议

7.2.1 促进技术创新、产业升级与金融的良性互动发展

实体兴则金融兴，金融的根本是要服务实体经济发展。产业作为实体经济的实体所在，其发展离不开金融；金融作为产业经济的血脉，是产业政策得以成功实施的重要保证。要打造金融发展和产业升级相互促进、相辅相助的良好局面。通过培育高效的金融市场，提升对产业的服务效率；通过产业升级推动金融业的可持续发展。针对技术革命、新兴产业不确定性高的特点，建立有效的风险分担机制，针对传统产业的技术改造和转型升级，丰富完善多渠道融资机制。通过打造产融合作对接平台，建立有效的产业金融信息交流机制，加强金融与产业的良性互动。

7.2.2 提升产业链价值，系统推进产业链金融

新兴产业往往是产业关联性较强的产业，新兴产业的发展不仅要实现自身的快速扩张，还必须通过产业链的有效延伸，达到产业提升的目的。当前，全新的现代化产业链格局正在形成，不同类型企业在参与产业链中逐步形成高度互补、互相合作、互相支持的关系。全球金融机构要以产业链的核心企业为依托针对产业链的各个环节，设计个性化、标准化的金融服务产品，为整个产业链上的所有企业提供综合解决方案。可充分利用现在信息化技术，促进金融、产业、互联网一体化。融资难在很大程度上是因为信息不对称，企业和金融机构之间的需求和供给得不到精准匹配。借由互联网，通过资金流、信息流、物流三维数据风控建模来构建综合化的大服务平台，可以大大提高资金配

置效率。在“互联网+”的条件下，运用互联网金融平台开展产业链金融，结合企业的实际业务需求实现灵活的业务操作解决方案，在产业链闭环风控体系内，对风险集中把控，有效发挥产业链金融在提高产业运行效率方面的支持作用。

7.2.3 构建多层次、多元化的新兴产业金融支持体系

发展产业金融，需要建立多层次、多元化的产业金融产品和市场体系。产业在生命周期的不同阶段需要不同的金融支持。从产品体系看，在银行信贷方面，通过创新知识产权质押贷款等方式，满足新兴产业的资金需求。在债券市场方面，设计开发符合新兴制造业特点的创新债券品种，探索可转债、债转股等方式，创新债券融资的退出方式。从金融机构来看，除银行外，还应该发挥证券公司、保险资管、信托、融资租赁公司等机构的作用，通过提供多元化的金融产品来满足不同发展阶段、不同规模大小的实体产业。从市场体系来看，在完善现有银行提供产业金融服务的体系下，需要鼓励企业优质资产证券化，并大力发展直接融资体系，尤其是完善新三板、创业板等股权市场，完善转板制度、信息披露和对投资者的保护，提高股权市场的流动性，为实体企业融资提供多层次的市场体系。

7.2.4 发挥政策性融资作用，助力传统产业转型

传统产业的信息化、智能化、绿色化改造是中国产业结构升级的重要部分，但由于传统产业金融风险较高，金融支持缺乏市场动力，需要政府性融资发挥杠杆作用，引导社会资本走向、鼓励产业发展，为企业成长营造有利环境，提供科技创新资金保障。目前，国家开发银行重点支持产能过剩行业企业转型升级，加大重大创新工程的投融资支持，支持高端装备、智能制造、新能源汽车、新材料等领域重大科技创新工程及科技成果转化项目；政府投资基金近年来规模不断扩大，有力支持新兴产业发展，服务传统产业转型升级，支持战略性新兴产业重大工程建设；国家融资担保基金定位于准公共性金融机构，重点解决小微企业、“三农”等普惠金融领域融资难、融资贵问题，服务传统产业转型。未来，应该继续加大政策性融资扶持力度，通过发挥国家开发银行、政府投资基金、国家融资担保基金的作用，实现政府和市场的有效结合，通过直接融资方式、市场化运作，投资于促进工业转型升级的项目和技改工程。

7.2.5 进一步完善产业金融发展的政策和制度环境

产业金融的良性发展，离不开相应的配套政策制度环境，这些主要体现在产业政策、货币政策、财政政策、贸易政策。要通过产业政策引导新兴产业的发展，推进传统产业的改造升级，建立符合时代要求的产业体系。货币政策方面要引导金融机构适应产业变革优化业务结构，积极投向中小企业及战略性新兴企业。财政政策方面，新兴产业

在发展初期，需要进行必要的培育和扶持。扶持的重点一是体现在相关配套政策体系的建立上；二是表现为对这些产业的技术研发、支撑体系的资金投入上。要运用差别征税或财政补贴措施，在不同行业、不同规模、不同阶段的企业之间优化配置财政资源，从政府层面引导产业发展。深化研究新兴产业在减轻税费负担、解决融资难题、提高科技创新能力、完善环保能力等方面的问题，积极支持中小微企业和民营经济发展，提高金融可及性。建立完善的法律法规体系，随着实践探索经验丰富，针对产业金融各种形式，如租赁、新型债券、资产支持证券、引导基金等，修订和新制定一系列法律法规。

7.2.6 探索适应金融创新的包容审慎监管新模式

在新一轮科技革命和产业变革的背景下，大力发展金融科技成为金融创新的新风向。金融科技在有效提升金融运行效率与降低交易成本的同时，使科技安全风险和传统金融风险叠加，在微观层面增加了新的信息技术风险、经营风险等风险，宏观层面外溢出了巨大的系统性风险，并且使金融风险的传染性更强、波及面更广、传播速度更快。面对金融创新，要给予包容审慎监管，在鼓励创新与有效监管之间寻求动态平衡。在新兴业态尚未成熟之前，除了要建立多层次的金融法律法规体系、提高监管的系统性、转变监管理念外，还要建立健全的金融信息共享机制，提高金融风险预警能力，在多方信息监督的情况下提高金融监管效率，大大降低金融创新的风险发生概率；同时还要适时采用原则性监管、窗口指导、监管沙盒等具有放松制度约束、提高监管信息对称性特征的监管新模式，有效应对由于科技发展和创新而产生的金融风险新挑战。

7.2.7 推进更广泛、高效的国际产业金融合作

全球价值链成为构建国际分工体系的新方式，世贸组织2011年发布的报告称，全球贸易模式正在由“货物贸易”向“任务贸易”转变，国际分工由传统的产业分工变成了产业内分工，跨国公司在全球范围内布局产业链、配置生产要素，各生产环节被最大限度地细分。一件出口产品的价值来源于处于生产链条不同环节的国家，在国际产业分工中“承担什么环节”远比“卖什么产品”更重要。应顺应全球价值链的变化趋势，积极推进有利于保护全球产业链和价值链合理分工的自由贸易政策和体制的完善，反对单边主义和贸易保护主义，有效消除贸易摩擦。要探讨建立合作协调机制，以推进产业金融合作在更大范围、更广领域和更高层次展开。亚洲金融合作协会产业金融合作委员会要发挥在区域产业金融方面的协调作用，提升多双边投融资机制创新，推进“一带一路”新型国际模式下的产能合作和产融合作，促进区域产业升级和金融稳定。

7.3 展望

展望未来，世界各国都在抢抓这次全球性的技术革命机会，积极参与全球产业链的

重新布局，全球产业链结构性变化将更加突出，发达国家制造业“逆向回流”和发展中国家制造业“高端跃升”并存趋势愈加明显，世界各国在产业链和价值链的分工合作变得更加紧密和复杂。产业进一步智能化、绿色化、高端化，战略性新兴产业不仅成为各国经济结构调整和经济增长新的动力，也成为传统产业改造和升级的牵引和支撑。正如约翰·希克斯（1999）所言“工业革命不得不等候金融革命”，新一轮产业革命迫切呼唤新的金融革命。供应链金融、互联网金融、大数据金融、区块链金融、绿色金融、交易金融等适应新产业发展方向的新金融业态不断涌出，持续活跃、蓬勃发展，新产业金融在高效配置社会资源、助推产业转型升级成功方面发挥着越来越重要的作用。“金融引导”正在成为产业革命的重要力量，创新产业金融模式、完善产业金融体系和顺畅产业金融合作通道，必将加速助力新一轮技术革命和产业革命，推进全球和平稳定发展。

参考文献

[1] ACEMOGLU D, GUERRIERI V. Capital Deepening and Nonbalanced Economic Growth [J]. Social Science Electronic Publishing, 2008, 116 (3): 467 -498.

[2] Adlershof. Science at Work. [2018 -12 -30]. https: //www. adlershof. de/.

[3] ALLEN F, GALE. Comparing Financial System [M] //Cambridge, MA: MIT Press. 2000.

[4] BAGEHOT WALTER, Lombard Street [M] //London: Henry S. King and Co. , 1873.

[5] BAUMOL W J. Macroeconomics of Unbalanced Growth: The Anatomy of Urban Crisis [J]. American Economic Review, 1967, 57 (3): 415 -426.

[6] BECK T . Financial development and international trade : is there a link? [J]. Policy Research Working Paper Series, 2001, 57 (1): 107 -131.

[7] BECK T, LEVINE R, LOAYZA N. Finance and the sources of growth [J]. Journal of Financial Economics, 2004, 58 (1): 261 -300.

[8] CHANG H J. Policy Space in Historical Perspective with Special Reference to Trade and Industrial Policies [J]. Economic & Political Weekly, 2006, 41 (7): 627 -633.

[9] CHANG H J. Understanding the Relationship between Institutions and Economic Development: Some Key Theoretical Issues [J]. Wider Working Paper, 2006, 8 (14) .

[10] EANNENEY S G J, UA P H, LIANG Z C. Financial Development, Economic Efficiency and Productivity Growth: Evidence from China [J]. The Developing Economies, 2010, 44 (1): 27 -52.

[11] Fisher A G B, A Note on Tertiary Production [J]. Economic Journal, 1952, 62: 820 -834.

[12] Fisher A G B, Production, Primary, Secondary and Tertiary [J]. The Economic Record, 1939, 15 (1): 24 -38.

[13] FUERST M E. Technological innovation and the design of the financial system. [J]. 1999.

[14] GREENWOOD J, SANCHEZ J M, WANG C. Financing Development: The Role of Information Costs [J]. American Economic Review, 2010, 100 (4): 1875 -1891.

[15] HICKS J, A theory of economic history [M] //Oxford: Clarendon Press. 1969.

[16] ISHIKAWA J. Learning by doing, changes in industrial structure and trade patterns, and economic growth in a small open economy [J]. Journal of International Economics, 2004, 33 (3-4): 221-244.

[17] KING R G, LEVINE R. Finance, entrepreneurship and growth [J]. Journal of Monetary Economics, 1993, 32 (3): 513-542.

[18] KONGSAMUT P, REBELO S, XIE D. Beyond Balanced Growth [J]. Review of Economic Studies, 2001, 68 (4): 869-882.

[19] LEVINE R. Finance and Growth: Theory and Evidence [J]. Handbook of Economic Growth, 2004, 1 (5): 37-40.

[20] Levine R. Financial intermediation and growth causality and causes [M]. Banking Systems around the Globe: Do Regulation and Ownership Affect Performance and Stability. National Bureau of Economic Research, Inc., 2012: 31-96.

[21] LUCAS R E. On the mechanics of economic development [J]. Journal of Monetary Economics, 1988, 22 (1): 3-42.

[22] NGAI L R, PISSARIDES C A. Structural Change in a Multisector Model of Growth [J]. The American Economic Review, 2007, 97 (1): 429-443.

[23] PAN-GYO techno valley. [2018-12-30]. http://www.pangyotechnovalley.org/.

[24] ROMER, PAUL M. Increasing Returns and Long-Run Growth [J]. Journal of Political Economy, 1986, 94 (5): 1002-1037.

[25] SVALERYD H, VLACHOS J. Financial markets, the pattern of industrial specialization and comparative advantage: Evidence from OECD countries [J]. European Economic Review, 2005, 49 (1): 113-144.

[26] SYLLA, RICHARD. financial systems and economic modernization [J]. The Journal of Economic History, 2002, 62 (2): 277-292.

[27] UNCTAD, The World Investment Report 2018 [R/OL]. (2018-06-06) [2018-10-02]. https://unctad.org/en/Pages/DIAE/World%20Investment%20Report/World_Investment_Report.aspx.

[28] 白钦先，高霞．日本产业结构变迁与金融支持政策分析［J］．现代日本经济，2015（2）：1-11.

[29] 百度百科．剑桥科技园．［EB/OL］．［2018-12-30］．https://baike.baidu.com/item/%E5%89%91%E6%A1%A5%E7%A7%91%E6%8A%80%E5%9B%AD/12747421.

［30］长江证券．从全球产业迁移，看“中国制造”崛起［R/OL］.（2018－03－31）［2018－10－03］．http：//www. sohu. com/a/226879595_99970165.

［31］陈平．从工业园区到创新基地：法国索非亚科技园的启示［J］．科技进步与对策，2007（9）：195－198.

［32］陈体标．技术增长率的部门差异和经济增长率的“驼峰形”变化［J］．经济研究，2008（11）：102－111.

［33］陈体标．经济结构变化和经济增长［J］．经济学（季刊），2007，6（4）：1053－1074.

［34］陈相．国外先进地区经验对粤港澳大湾区创新发展的启示［J］．科技创业月刊，2018（3）：117－120.

［35］程实，罗宁．金融与创新创业国家战略［J］．金融论坛，2015（7）．

［36］储德银，建克成．财政政策与产业结构调整——基于总量与结构效应双重视角的实证分析［J］．经济学家，2014（2）：80－91.

［37］戴志先．十九世纪的美国工业革命［J］．湖南师范大学社会科学学报，1981（1）：59－65.

［38］丁阳．“一带一路”战略中的产业合作问题研究［D］．北京：对外经济贸易大学，2016.

［39］法国索菲亚高科技园区的发展特点，http：//blog. sina. com. cn/s/blog_d179b6e80101a3nd. html.

［40］方福前，詹新宇．我国产业结构升级对经济波动的熨平效应分析［J］．经济理论与经济管理，2011（9）：5－16.

［41］方家喜．新兴产业金融大战略［M］．北京：经济管理出版社，2013.

［42］傅进，吴小平．金融影响产业结构调整的机理分析［J］．金融纵横，2005（2）：30－34.

［43］干春晖，郑若谷，余典范．中国产业结构变迁对经济增长和波动的影响［C］．上海学术报告，2015.

［44］高晴．中国商业银行金融创新现状浅论及建议［J］．商，2014（20）：110－111＋54.

［45］葛佳慧．法国索菲亚科技园区：国际化造就的创新集群典范［J］．华东科技，2011（7）：61－60.

［46］顾海峰．战略性新兴产业发展的金融支持体系及其政策设计［J］．现代财经—天津财经大学学报，2011（9）：76－83.

［47］广东省社会科学院国际经济研究所课题组．东京湾区经济带发展背后 高度重视科技创新［N］．深圳特区报，2014 －11－25.

［48］郭晔，赖章福．货币政策与财政政策的区域产业结构调整效应比较［J］．经济学家，2010（5）：67－74.

［49］国务院新闻办公室网站．发改委举行2018年大众创业万众创新活动周发布会［EB/OL］．（2018－09－28）［2018－10－14］．http：//www.scio.gov.cn/xwfbh/gbwxwfbh/xwfbh/fzggw/Document/1638824/1638824.htm.

［50］韩国产业园区管理公团，2016，韩国产业园区总览（2016）．

［51］何诚颖，张立超．国际湾区经济建设的主要经验借鉴及横向比较［J］．特区经济，2017（9）：10－13.

［52］河东．工业4.0时代的展望及我国的应对举措：读《工业4.0：即将来袭的第四次工业革命》［J］．中国高新区，2015（6）：164－166.

［53］黄先荣．日本发展新兴技术及其产业所采取的措施［J］．现代日本经济，1992（4）：24－27.

［54］吉红云，干杏娣．我国货币政策的产业结构调整效应：基于上市公司的面板数据分析［J］．上海经济研究，2014（2）．

［55］姜松．我国货币政策是否应承担产业结构调整之责？［J］．河北经贸大学学报，2018（2）．

［56］蒋洪新，孙雄辉．大学科技园视阈下高校科技成果转化路径探索——来自英国剑桥科技园的经验［J］．现代大学教育，2018（6）：53－57.

［57］孔凡保．国家、金融体系与经济发展：韩国工业化模式的思考［J］．生产力研究，2005（5）：143－145.

［58］雷琳．美国科技型中小企业集群发展的经验与启示：以美国硅谷为例［J］．经营与管理．2017（8）：30－33.

［59］雷禹，王钰娜．经济转型与资本市场的关系：对日本和美国经济转型的经验总结［J］．经济问题，2014（3）：41－46.

［60］李海超．美国硅谷发展现状分析及启示［J］．国际经济观察，2019（6）：82－83.

［61］李宏伟．50年来美国科技投入变化规律分析［J］．全球科技经济瞭望，2005（1）：11－20.

［62］李玫，丁辉．“一带一路”框架下的绿色金融体系构建研究［J］．环境保护，2016（19）：31－35

［63］李晓．论韩国工业化进程中的政策金融［J］．世界经济，1996（4）：51－55.

［64］李怡，罗勇．韩国工业化历程及其启示［J］．韩国研究论丛，2006：51－55.

［65］李媛媛，金浩，张玉苗．金融创新与产业结构调整：理论与实证［J］．经济问题探索，2015（3）：140－147.

[66] 栗书茵，康莹．美国区域产业结构调整的投融资支持及启示［J］．北京工商大学学报（社会科学版），2009，24（3）：54－58.

[67] 林毅夫，蔡昉，李周．对赶超战略的反思［J］．战略与管理，1994，1（6）：1－12.

[68] 林毅夫．中国经济的崛起与南南合作［J］．清华金融评论，2016（8）：45－48.

[69] 刘斌．中国金融科技应用水平引领全球：未来需要在监管、创新等多方面加强［J］．中国战略新兴产业，2018（37）：84－87.

[70] 刘纪恒．中小企业在我国经济发展当中比重越来越大．https：//baijiahao. baidu. com/s？id＝1607334653869284336&wfr＝spider&for＝pc.

[71] 刘力，张丽丽．财政政策对产业结构调整的影响研究：基于供给侧结构性改革视角［J］．海南金融，2018（4）.

[72] 刘天纯．论日本近代产业革命的政策和措施［J］．历史研究，1979（7）：66－79.

[73] 刘渝琳，贾继能．投贷联动、资本结构与研发效率：基于科技创新型中小企业视角［J］．国际金融研究，208，369（1）：25－34.

[74] 卢明华，李国平，孙铁山．东京大都市圈内各核心城市的职能分工及启示研究［J］．地理科学，2003（2）.

[75] 鲁刿歌．湾区经济：揭示成熟都市形象的璀璨转型［J］．上海城市管理，2014（3）：80－85.

[76] 鲁志国，潘凤，闫振坤．全球湾区经济比较与综合评价研究［J］．科技进步与对策，2015（6）：112－116.

[77] 罗良忠．美国硅谷模式对我国高科技园区发展的启示［J］．山西财经大学学报，2003（2）：36－40.

[78] 罗伊·赫尔夫戈特，孟源．美国的第三次工业革命［J］．国际经济评论，1987（6）.

[79] 马兰，郭胜伟．英国硅沼：剑桥科技园的发展与启示［J］．科技进步与对策，2004（4）：46－48.

[80] 麦格劳．现代资本主义：三次工业革命中的成功者［M］．赵文书，肖锁章译．南京：江苏人民出版社，1999.

[81] 拓宽投融资渠道创新投融资方式：产业园区投融资模式研究，https：//www. docin. com/p－711977325. html.

[82] 聂鲲．产业集群、产业共享、人力资本互动研究：以硅谷和中关村为例［D］．长春：吉林大学，2017.

[83] 潘功胜．关于构建普惠金融体系的几点思考［J］．上海金融，2015（4）：3－5.

[84] 佩蕾丝．技术革命与金融资本［M］．北京：中国人民大学出版社，2007.

[85] 彭俞超，方意．结构性货币政策、产业结构升级与经济稳定［J］．经济研究，2016（7）：29－42.

[86] 钱颖一．硅谷的故事［J］．经济社会体制比较，2000（1）：28－35.

[87] 邱询旻，程楠．美国、日本、印度提升信息产业竞争力的有效机制［J］．贵州财经大学学报，2009（5）：88－94.

[88] 邵永发．创新德国：德国信息化工业化融合发展及科技园区建设的启示与借鉴［J］．长江论坛，2017（6）：23－28.

[89] 申现杰，肖金成．国际区域经济合作新形势与我国“一带一路”合作战略［J］．宏观经济研究，2014（11）：30－38.

[90] 沈继奔．德国产业集群启示中国［J］．中国投资，2013（4）：66－70.

[91] 沈梓鑫，贾根良．美国在颠覆式创新中如何跨越“死亡之谷”？［J］．财经问题研究，2018（5）：92－100.

[92] 盛朝迅．如何推动“双创”与产业升级融合发展［N］．经济日报，2017－11－17（14）.

[93] 施瓦布．第四次工业革命转型的力量［M］．北京：中信出版社，2016.

[94] 史世伟．高科技战略下的德国中小企业创新促进政策研究［J］．经济与教育，2015（4）：98－108.

[95] 宋李健．工业革命为什么发生在18世纪的英国［J］．Financial Regulation Research，2012.

[96] 宋敏．宏观经济转型升级与互联网金融［J］．新经济，2016（19）：20－22.

[97] 他山之石：国外优秀科技园巡视：德国Adlershof高科技园．http：//www. bjhxsz. com/list/index _6 _1079. html.

[98] 田栋，王福强．国际湾区发展比较分析与经验借鉴［J］．全球化，2017（11）：100－113.

[99] 王海兵．产业转型升级的过程、特征与驱动要素——美国经验与启示［J］．河北科技大学学报（社会科学版），2018（1）.

[100] 王明杰．主要发达国家城市创新创业生态体系建设比较研究：以德国、美国、英国、法国为例［J］．行政论坛，2016（2）：99－104.

[101] 王铭．英国工业革命与世界工业霸权［J］．辽宁大学学报（哲学社会科学版），2006，34（2）：65－69.

[102] 王伟，吴东兴，朱青．剑桥科技园的投融资环境与模式研究［J］．科技管理

研究，2013，33（6）：115－118.

[103] 王晓君．美国硅谷高新技术产业发展的经验借鉴［J］．商业经济，2018（3）：62－63.

[104] 王旭阳，黄征学．湾区发展：全球经验及对我国的建议［J］．经济研究参考，2017（24）：5－10，36.

[105] 王子先．中国参与全球价值链新一轮对外开放战略［M］．北京：经济管理出版社，2014.

[106] 魏际刚：把握国际产业发展趋势 推动产业政策精准施策，http：//ny5. www. rmzxb. com. cn/c/2018－06－15/2086078. shtml.

[107] 文慧，邓爱民，李红．供应链金融风险及其可视化控制［J］．物流技术，2015，34（6）.

[108] 香港贸易发展局．东京湾区发展经验可供借鉴［EB/OL］．（2018－10－30）［2019－03－25］．http：//economists－pick－research. hktdc. com.

[109] 肖茹静．互联网金融与产业结构转型升级的关系研究［D］．南昌：南昌大学，2017.

[110] 谢许潭．借鉴与合作：粤港澳大湾区与世界知名湾区的互动新态势分析［J］．城市观察，2018（1）：36－48.

[111] 邢来顺．德国第一次工业革命述略［J］．华中师范大学学报（人文社会科学版），1999（6）：85－89.

[112] 徐林．国际贸易规则下，中国产业政策如何优化［J/OL］．城市化信息与研究动态．（2018－05－08）［2018－10－05］．https：//www. sohu. com/a/230890870_365037.

[113] 徐玮．略论美国第二次工业革命［J］．世界历史，1989（6）：20－29.

[114] 徐振强．德国“工业4.0”科技园区创新创业生态体系研究：基于对柏林州Adlershof科技园的案例研究［J］．中国名城，2015（12）：38－49.

[115] 杨栋梁．日本近代产业革命的特点［J］．南开学报（哲学社会科学版），2008（1）：104－112.

[116] 杨慧娟．美国三次工业革命初探［J］．广西师范大学学报（哲学社会科学版），1988（4）：81－88.

[117] 叶文辉．投贷联动运行模式的国际实践及对我国的启示［J］．金融纵横，2017：45.

[118] 叶钟灵．迎接4.0第四次工业革命［J］．电子产品世界，2015（1）：3－6.

[119] 佚名．英国剑桥科技园：世界新经济网络的“节点”［EB/OL］．［2018－12－30］．http：//www. sohu. com/a/225256467_99991987.

［120］易信，刘凤良．金融发展、技术创新与产业结构转型：多部门内生增长理论分析框架［J］．管理世界，2015（10）：24－39.

［121］尹国俊．美国硅谷科技成果产业化机制研究：文献评述与研究展望［J］．生产力研究，2017（1）：150－153.

［122］于众．美国中小企业集群发展问题研究［D］．长春：吉林大学．2016.

［123］园区世界．英国剑桥科技园［EB/OL］．（2014－12－16）［2018－12－30］．http：//www. parkworld. net/fengmaoshow. php？id＝425.

［124］张曙．工业4.0和智能制造［J］．机械设计与制造工程，2014（8）：1－5.

［125］张晓涛，孙莉，杜广哲．金融发展对我国出口商品结构影响研究［J］．宏观经济研究，2012（11）：32－38.

［126］张昱，眭文娟，谌俊坤．世界典型湾区的经济表征与发展模式研究［J］．国际经贸探索，2018（10）：45－57.

［127］赵大友，胡晓明．索菲亚·安蒂波利斯科技园的成功经验对宜昌建设区域科技中心的启示［J］．三峡文化研究，2010：255－262.

［128］赵东麟，桑百川．“一带一路”倡议下的国际产能合作——基于产业国际竞争力的实证分析［J］．国际贸易问题，2016（10）：3－14

［129］赵瑾．认识全球价值链的十大特点及其政策含义［J］．国际贸易，2014（12）：20－28.

［130］赵孟千，郭萌萌．基于增长极理论的“湾区城市”发展现象研究［A］．规划60年：成就与挑战——2016中国城市规划年会论文集（13区域规划与城市经济）．

［131］郑寅．股份公司在美国经济中的作用发展趋势和政府管理［J］．世界经济，1986（4）：55－59.

［132］中国网信网．第42次《中国互联网络发展状况统计报告》全文．［EB/OL］．（2018－08－20）．［2018－10－14］．http：//www. cac. gov. cn/2018－08/20/c_1123296882. htm.

［133］中国证监会．发挥资本市场功能　更好服务经济高质量发展：阎庆民副主席在第十七届中国经济论坛上的讲话［EB/OL］．（2018－12－29）［2019－03－20］．http://www. csrc. gov. cn/pub/newsite/zjhxwfb/xwdd/201812/t20181229_348998. html.

［134］中国证监会．中国证监会发布《关于在上海证券交易所设立科创板并试点注册制的实施意见》［EB/OL］（2019－01－30）［2019－03－20］．http：//www. csrc. gov. cn/pub/newsite/zjhxwfb/xwdd/201901/t20190130_350500. html.

［135］中华人民共和国驻德意志联邦共和国大使馆经济商务参赞处．德国阿德勒斯霍夫高科技产业园区介绍．http：//de. mofcom. gov. cn/article/ztdy/200701/20070104202631. shtml.

[136] 中华人民共和国驻匈牙利经济商务参赞处．欧盟结构和投资基金浅析. http：//www. mofcom. gov. cn/article/i/dxfw/jlyd/201504/20150400958677. shtml.

[137] 钟腾，汪昌云．金融发展与企业创新产出：基于不同融资模式对比视角[J]．金融研究，2017（12）：127 -142.

[138] 周友光．“第二次工业革命”浅论［J］．武汉大学学报（人文科学版），1985（5）：103 -108.

[139] 朱烨丹．东京湾区发展对杭州湾区建设的启示［J］．东北亚经济研究，2018（6）：67 -77.

英文版

The Observation Report of Global Industrial Finance (2018)

—Focusing on the Fourth Technology Revolution

1. The 4th industrial revolution and relevant industrial policies

Since we enter the 21st century, the world's productivity growth saw a continuous decrease, especially after the 2008 world financial crisis when the productivity in some countries has even witnessed negative growth, exhausting the economic drivers brought along by the 3rd industrial revolution. Meanwhile, new technologies like AI, clean energy, robotics, quantum information technology, VR and biotech are well developed. Many countries attempt to grasp this opportunity and find new growth drivers and development paths, thus all setting up their re-industrialization strategies with the rejuvenation of manufacturing industries at the core. Both developed countries and developing countries have all formulated policies to boost technological innovation and to develop strategic emerging industries, providing them with fiscal, financial and trade support. With different national situation and resources, countries would be affected by their domestic and foreign environment in a specific period of time, political system and technology support when choosing policy models and tools and designing policy mechanisms. Therefore, we should pay respect and learn from each other's lessons and explore the model for industrial upgrading and development that is suited to our own country.

Industrial policies, a measure to guide and coordinate industries, enterprises and other factors, are tailored for economic growth, system optimization, effective allocation of resources and the enhancement of overall competitiveness. With the economy and technology developing, policies would be timely adjusted in accordance with the international situation and countries'own development phase.

After the 2nd industrial revolution, America has built up its heavy industry empire, which peaked at mid - 20th century with steel, automobiles and other industries leading the whole world. Hereafter, America has enter an era of "de-industrialization", as its traditional manufacturing industries flooding overseas, its domestic service industries booming and the proportion of labor force in the manufacturing industries kept decreasing. Japan, to rapidly achieve its economic recovery and development, started with the "priority production policy" after WW Ⅱ and developed an export-oriented economy. Through the introduction, improvement and re-innovation of new technologies, Japan has achieved development in applied high-tech manufacturing within a short period of time. In the 1960s, the traditional manufacturing industries in developed countries have moved abroad and South Korea took the opportunity to attract foreign capital and technology, giving priority to heavy and chemical industries, as well as boosting high-tech industries. All these measures combined have led South Korea into an advanced stage in its industrial development. At the late stage of the 3rd industrial revolution (the early 21st century), the world saw the emergence of knowledge economy and the development of the global value chain, supply chain and industrial chain. The industrial policies, therefore, are aiming at higher productivity in specialized areas. With the new emergence of the 4th industrial revolution, modern industrial policies are mostly designed in a packaged way, focusing at establishing a comprehensive industrial system and production capacity in order to tap the potential and vitality of enterprises and industries and expand market both at home and abroad. Countries, both developed and developing ones, are all formulating their own industrial policies, striving to lead the trend at the early stage of this revolution. Their industrial policies feature a trend of re-industrialization, the backflow of manufacturing, support for the SMEs, technological innovation and new industrial revolution strategy, etc.

Table 1　　the evolution and the themes of industrial policies

	Old industrial policies	Modern industrial policies	
Period	Before the 21st century	After the 21st century	Newly-emerged themes
Features	• Industrialization, structural reform • De-industrialization, liberalism	• Knowledge economy • Global Value Chains (GVCs)	• New Industrial Revolution (NIR) • Sustainable development
Composition	industrialization stage: • Import substitution • Infant industry protection, gradually open to the outside world, Limited competition	• Industrial policies under an open environment • IT & ICT • Support for SMEs • FDI, protection of strategic industries	• Sustainable development of industries (SDG) • Production innovation (OT) • Learning economy • Acquisition of foreign technology • Public-private technical knowledge system
	De-industrialization stage: • Foreign direct investment (FDI) • Limited participation of the government • A relatively open environment for competition		

sources: UNCTAD, sorted out by the author.

Table 2　Industrial policies in different countries for the 4th industrial revolution

	Country	Industrial policies and development plan	
Developed countries	America	• National Strategic Plan for Advanced Manufacturing • National Export Initiative (NEXT) • Reviving U. S. Manufacturing	• Small Business Jobs Act of 2010 • Strategy for American Innovation (2015) • The American Recovery and Reinvestment Act of 2009
	U. K.	• High Value Manufacturing Catapult Centre • Advanced Manufacturing Supply Chain Initiative • Manufacturing Advisory Service • Industrial Strategy Challenge Fund	• Modern Industrial Strategy • UK Industry 2050 • Regional Growth Fund
	Germany	• Industry 4. 0 strategy—Smart Industry • The Central Innovation Program for SME (ZIM) • Digitalization in German SMEs • The new High-Tech Strategy	• Made in Germany • Digital Strategy 2025 • Industrial Clusters Stimulus Program • Industrial Collective Research (IGF)
	France	• New Industrial Policy • New Industrial France Initiative (NFI) • Tax Credit for Employment and Competitiveness	• Innovation 2030 • Industry of the Future • Re-industrialization Aid Program
	Japan	• Basic Act on the Promotion of Core Manufacturing Technology • Industrial Competitiveness Enhancement Act. • SME promotion policy • Industry 4. 0	• New Robot Strategy • Revitalization Strategy • Innovation strategy • Industrial Cluster Policy
	South Korea	• New Manufacturing Growth Driver • Vision 2025—Long-term Plan for Science and Technology	• Industry of the Future • Five-year Plan on Scientific and Technological Innovation • Science and Technology Recovery Act
Developing countries	Brazil	• National Strategy for Science, Technology and Innovation • E-Digital Strategy • Advanced Manufacturing Plan	• Overall Planning on IT and Communication • Strategic IT Program • Digital Governance Strategy (EGD)
	India	• National Policy on Technological Development • National Policy on Electronics • National Policy on Manufacturing	• National Policy on Steel Industry • Science and Technology Innovation 2013
	South Africa	• Joint Development for SMMEs • National Advanced Manufacturing Technology Strategy • National Export Strategy (Export 2030)	• Automobile Production and Development Program • National Industry Policy Framework • Industrial Policy Action Plan

(Continued)

	Country	Industrial policies and development plan	
Developing countries	China	• Internet + • Standardization of the equipment manufacturing industry and quality improvement plan	• Five Year Plan for Smart Manufacturing (2016 – 2020) • High-end Smart Manufacturing Action Plan (2018 – 2020)

sources: UNCTAD, sorted out by the author.

2. The calling of industrial revolution for the appropriate financial support models

Finance, being the core of modern economy, guides resources and factors and binds newly-emerged industries together in each industrial revolution. It is the key in industrial transformation and upgrading. Financial support could play positive roles in three aspects: a) turning savings into investment, affecting and adjusting the industrial inventory and incremental structure, thus directly optimizing the industrial structure; b) promoting technological innovation, optimizing resource allocation, hence providing industrial policies with support and guiding industrial development; c) blurring the boundaries between finance and industries. Finance is by itself an important part of industrial upgrading. The past three industrial revolutions showed that, through the "income effect" and the "substitution effect", financial innovation and development has become a crucial engine in industrial revolution and industrial upgrading. Sound financial functions are the pre-requisites of technological advancement, and in industrial upgrading, an effective financial market is the powerhouse, a reasonable financial structure the accelerator and proactive financial policies the guarantee.

Globally speaking, finance could facilitate industrial development in two ways. The first one is the market-based financial support system, which is represented by the U. S. and the U. K.; the other one is the bank-based financial support system, represented by Germany, Japan and South Korea. Development of the real economy in the former system relies on direct financing, while the later relies on indirect financing from banks. The mixing of the two is now an obvious trend. An industry, throughout its life cycle, surely needs varied financial support from venture capitals, stock markets, commercial banks and policy-based financial institutions, as well as relevant policies, rules and regulations from the government.

Table 3 **financial support models**

<table>
<tr><th></th><th>Two models</th><th>Representative</th><th>Features</th><th>Common place</th></tr>
<tr><td rowspan="5">Finance supports industrial upgrading</td><td rowspan="2">Market-based</td><td>U. S.</td><td rowspan="2">• Expansion of property relations
• Decreased shareholding ratio of commercial banks
• Well-developed venture capital and loan system</td><td rowspan="5">• Sound legal system and risk control mechanism
• Prosperous capital market, multi-leveled market
• Obvious trend of integration between industries and finance</td></tr>
<tr><td>U. K.</td></tr>
<tr><td rowspan="3">Bank-based</td><td>Germany</td><td>• Universal banking system</td></tr>
<tr><td>Japan</td><td>• Managing bank system</td></tr>
<tr><td>South Korea</td><td>• Government-led</td></tr>
<tr><td rowspan="4">Four paths</td><td colspan="4">• Venture capital</td></tr>
<tr><td colspan="4">• Stock market</td></tr>
<tr><td colspan="4">• Commercial bank</td></tr>
<tr><td colspan="4">• Policy-basedfinancial institution</td></tr>
<tr><td rowspan="3">Transmission mechanism</td><td colspan="4">• Direct impact: savings →investment</td></tr>
<tr><td colspan="4">• Auxiliary function: optimized allocation of resources, incentives for technological innovations</td></tr>
<tr><td colspan="4">• Integration and correlation of industries and finance</td></tr>
</table>

2.1 International experiences from the market-based model

Representatives of the market-based financial support system are the U. S. and the U. K., with the U. S. being the most outstanding one.

Financial industries in the U. S. started in earlier days and its financial market and financial intermediaries are well-developed, making it the country with the soundest market economic system. The prosperous capital market and venture capitals could be translated as sufficient financing channels for companies to innovate. With regard to the SMEs—the incubator of technological innovation, the U. S. government has provided them with legal support and credit guarantee, creating a sound policy and regulation climate for high-tech SMEs. The industrial finance model in the U. S. is, at its root, a liberal market-based integrated model of industry and finance. Industries could find financial support in every phase and every link of their development on the financial market. The property right restrictions between banks and enterprises are relatively low, thus disputes are solved mainly by short-term relation of the creditor's right and the legal system.

2.2 International experiences from the bank-based model

Representatives of the bank-based financial support system are Germany, Japan and South Korea.

The banking system in Germany could be called universal banking system, which means German banks have mixed operations of traditional commercial bank services and other financial services like securities, financial derivatives, insurances, etc. On top of that, banks could also carry out industrial investment services, thus obtain the equities of non-financial businesses and participate in the national industrial structure adjustment process. The German model is based on a "corporate" or a "societal" market economy with strong property right restrictions between banks and companies. Companies rely mostly on indirect financing. Banks play a crucial role in economic and corporal operations, where the capital market plays a role with less importance.

Japan conducts main-bank system, with financial groups at the basis, gaining shares at different extent, which in turn affecting companies on both the upper-and down-stream of the industrial chain. The financial groups combine industrial and financial capitals to assist domestic manufacturing industries. In Japan, financial groups are monopoly groups formed by the integration of financial institutions and companies (esp. manufacturing companies). The financial institutions include banks, securities firms, insurance companies and the companies include comprehensive companies and manufacturing companies.

South Korea has the government-led banking system, which has long been influenced by government policies that provide strategic industries (esp. big companies) with long-term and low-interest loans. These companies have scored rapid growth within short time and continue to accelerate their expanding speed. To meet the financing need in heavy and chemical industries, South Korea banks offer large-scale loans. At the end, big enterprises also establish their non-banking financial institutions like trust and investment companies, thrift institutions and insurance companies to diversify their financing channels.

Although the above-stated two models have both pros and cons and are limited by culture and traditions, market mechanisms and juridical practices, the two successful models share common places: a sound legal system and risk control mechanism; a prosperous, multi-level capital market and appropriate integration of financial and industrial capitals.

3. China's financial practices on "mass entrepreneurship and innovation" and "Internet +"

After the 2008 world financial crisis, China has abandoned its investment and export-led extensive economic growth model and has since upheld the innovative and green development concepts. It accelerates the development of the eight strategic emerging industries (Next Generation for Information Technology, High-end Equipment Manufacturing, New materials, biotech, New-energy Vehicles, new energy, energy conservation and environment protection and digital innovation) based on major technological breakthroughs and development needs, making it a pivotal strategy to enhance the upgrading of industrial structure and the transformation of economic development pattern, as well as to promote sustainable socio-economic development and embrace the 4th industrial revolution. With our concerted efforts, China's strategic industries are manifesting their ever pronounced roles, featuring "fast development, high-end, optimized efficiency and large amount of innovations". By the end of 2017, China's strategic emerging industries account for over 10% of its GDP, with an average annual growth of 15% in industrial added values. Many major fruitions in high-tech and high-end manufacturing industries like high speed railway, aerospace engineering, super computer, quantum communication, Big aircraft engineering, domestically built aircraft carrier, AI and new energy automobiles have gained worldwide reputation.

3.1 "Mass entrepreneurship and innovation" and "Internet +" in industrial upgrading

To mobilize public support for the 4th industrial revolution, China proposes the "Mass entrepreneurship and innovation" strategy. The gist of it is to streamline administration and delegate power, thus protecting the spirit of innovation and entrepreneurship, encouraging more individuals to start their own business. Only with both material and spiritual wealth could China enter the age of independent research and development and become an innovation power. The "Mass entrepreneurship and innovation" strategy has developed prosperously in the past few years, improving the innovation and entrepreneurial climate, diversifying economic entities and creating all sorts of supporting platforms. We have every reason to say that it has become a comprehensive mechanism essential in economic growth and industrial upgrading.

Apart from that, the "Internet +" strategy has also became a key player driving China's economy forward. High technologies like the Big Data thinking and cloud computing could be applied to many traditional industries, creating market needs and new operation models, striving for Intelligentization. E-commerce companies like Alibaba, JD and Suning are now leveraging the advantages of AI and Big Data. They have formed an e-commerce industrial and ecological chain, standardized online retailing and coordinated the development of e-commerce and logistics, anchoring China at the forefront of world e-commerce development.

"Internet + finance" also offers efficient financial services for companies and Chinese people. The third party payment, for example, has changed our way of payment, bringing great convenience to our life. Meanwhile, "Internet + finance" has augmented the integration and utilization rate of information, which made financing more convenient and efficient for hundreds of millions of financial consumers and small and medium-sized enterprises. It has not only upgraded our consumption, but also, to some extent, solved the financing difficulties for small and medium-sized enterprises.

3.2 Comprehensive promotion on financial innovations in the 4th industrial revolution

During the 4th industrial revolution, based on our experiences of financial innovation and science and technological development, China offers Chinese wisdom and solutions in accordance with the development features of the SMEs, both technological type and innovative type, in different stages of their life cycles to support industrial transformation and upgrading. Firstly, we have improved the structure of the capital market. After establishing the Mainboard, SME Board and the Growth Enterprise Market, we have also brought out the National Equities Exchange and Quotations and the OTC market, and have set up a diversified investment system that includes angel investment, venture capital, private equity and crowd funding, establishing more efficient financing channels for venture capital enterprises. Secondly, China's interbank bond market and the exchange bond market have come out with the "mass entrepreneurship and innovation bond", green bond and other varieties. While kept developing "equity + debt financing" ways like exchangeable bonds and renewable bonds, they also offer varied direct financing services. Thirdly, commercial banks give priority to SMEs and customers related to "agriculture, rural areas and rural residents", as well as regional financial revolution and overall service improvement. They have explored the interactive mode of investment and loan and put forward an inclusive finance strategy to address financing difficulties. Fourthly, the appearance of some financial technologies such as P2P, InsurTech, third party payment and wealth management has broadened and improved the financial system, and to some extent, has facilitated the development of inclusive finance and solved the financing problems for the SMEs.

Nonetheless, financial innovations also brought us more financial risks and the transformation of financial structure makes those risks even more deep-rooted. In line with the trend, China's financial supervision system continues to strengthen its talent pool, carry out stricter technological supervision, increase the technology content in supervision work and thus come out with a macroscopic and prudent supervision system to prevent systematic financial risks, enhance the efficiency of resource optimization and allocation and stimulate high quality economic growth.

4. Industry Chain Finance Promotes the Readjustment of the Global Industry Chain

Since the 1980s, the world economy has experienced the wave of globalization. Powered by information technology, countries around the world are now unprecedentedly interconnected in economy, forming a global industry chain that is specified into different production processes and links. Each country takes different positions in the industry chain based on their resource endowment and competitive advantage to engage in the international division of labor and cooperation. Under this context, industry chain finance is created to meet the needs of industry chain management, and is constantly being innovated to proffer comprehensive financial solutions for the network of international division of labor. The new round of technological revolution and new changes in the global economy and politics are producing structural changes in the global industry chain, calling for the integration of industry chain finance and Fintech, and speeding up innovations to provide even stronger support for the new round of industrial revolution.

4.1 The Global Industry Chain is the New Way to Structure the International Division of Labor

The international division of labor, technological revolution and international trade are closely correlated, and each technological revolution would increase the productivity by leaps and bounds, refine the international division system and boost the development of international trade. Besides, the international flows of resources, capital and commodities drive the division of labor cross border and spreads to the world. Currently, the international division of labor manifests itself as a developed and complex network system with specialized divisions among products within an industry, various production processes of a product and different links in each process. Moreover, the intra-trade in transnational corporations also became a key composition of global trade, spearheading the world's cross-border trade, investment and the flow of all sorts of production factors, enhancing the efficiency in the flow and allocation of global resources and constituting the foundation of the global industry chain. Getting involved in the global industry chain has become an important channel for developing countries to participate in the international division of labor.

4.2 The Readjustment of the Global Value Chain is Gathering New Momentum for the New Globalization

The huge advancement in productivity and the transformation of the mode of production brought by technological revolutions are the decisive forces that result in the long-term and profound changes in the global industry chain and the international division of labor. In the context of a new round of technological revolution, the global industry chain witnesses even more pronounced structural changes. Technological development are accelerating the integration of the manufacturing and the service industry, reshaping the original structure of industry classification. Meanwhile, industry competition with the global value chain at its core is now reorganizing the international division of labor.

The readjustment of the global industry chain leads to the readjustment of international division of labor and the original concept of globalization is being challenged. However, the new trendsetter of globalization has already appeared, and, together with the booming of strategic emerging industries, will generate new growth drivers for globalization. The huge changes brought by the Industrial Internet and the Internet of Things on our production and our lives will reconstruct the mode of industrial production. The international division of labor is heading towards refinement and specialization, thus it would be difficult for any country to establish a complete industry chain on its own; instead, more emphasis would be placed on the flow and the integration of technologies, capital, talents and other elements among countries. Countries should determine, based on respective advantages in innovation ability, core technology, branding and business model, their own position in the international division of labor and the global industry chain, in order to gather new momentum for the recovery of the world economy and the new globalization through competition and collaboration of strategic emerging industries.

4.3 The Opportunities and Challenges Brought by the Readjustment of the Global Industry Chain

4.3.1 Impact of the Readjustment of the Global Industry Chain on Developed Countries

Ever since the 2008 world financial crisis, developed countries witnessed continuous economic downturns and still cannot shake off the sluggishness of their economy even though large-scale stimulus policies were implemented. The reason behind that are the declining competitiveness of their real economy and the lack of productivity. Due to the globalization, the cost of production went up, and the profit-seeking nature of capital results in evacuation of traditional industries from developed countries. Besides, the lack of innovations in the technology sector of certain countries, making them constantly being challenged by emerging economies in the global industry chain.

4.3.2 Opportunities Brought to the Developing Countries by the Readjustment of the Global Industry Chain

The financial crisis has exposed the underlying problems in the economic development of developed countries, which are undergoing slow economic recovery. Developing countries, however, especially emerging economies are grasping the opportunities brought by the crisis and transforming themselves as the new engine of the world economy. As regards emerging industries like Big Data, AI, biotechnology, many developing countries have already made certain technological breakthroughs, substantially increasing their investment in relevant research and development and improving their position in the global industry chain through key technological breakthroughs and its industrialization.

4.3.3 Different Coping Strategies: "Trade Protectionism" and the "Openness and Win-Win" Philosophy

Facing the huge changes of the world economic structure and the interest pattern, countries respond with varied ideas and solutions. The United States, out of its self-interest considerations, is pursuing unilateralism and trade protectionism during the readjustment of the global industry chain, leading to a rising tide of complaints of other countries. On the contrary, China, as the beneficiary of free trade development, firmly upholds the philosophy of openness and win-win in face of the changes and challenges of the world economy development, and continues to pursue multilateral trade for win-win outcomes, letting more countries benefit from the new industry chain, so as to fulfill the ultimate vision of shared development for mankind.

4.4 Innovations in Industry Chain Finance Promote the Upgrading of Global Industry Chain

The genesis and the development of industry chain finance originate from transnational corporations' needs for industry chain management. Financial enterprises outside the industry chain foster collaboration with the industry chain and other relevant participants like logistics, information flow and capital flow, providing momentum and guarantee for the operation and development of the industry chain, thereby forming industry chain finance. The competition among transnational corporations has escalated to the competition of supply chain and industry chain. To control the cost and guarantee the quality of the production, transnational corporations have established strict industry chain and supplier management systems. Industry chain finance, in this regard, guarantees the efficient and smooth operation of the industry chain. It offers comprehensive services to customers with less capital consumption, controllable risks and relatively higher return. It is a crucial embodiment of the financial service provided to support real economy and also the objective of business transformation of financial institutions. Industry chain finance focuses on each link of the industry chain, effectively connects them with Fintech innovations, and actively engages itself in the whole industry chain, so as to effectively integrate industry chain resources, redress the imbalance of capital allocation in the supply chain, ameliorate the financial climate for business operation and production, and become the thruster for global industry chain upgrading.

5. "The Belt and Road Initiative": bridging industrial upgrading and financial cooperation

The globalization of world economy kicked off in the 1980s with the drive of information technology. Countries became inter-dependent in an unprecedented way, forming a global industrial chain with specialization in each and every manufacturing process. Currently, the 4th industrial revolution saw the increase of emerging industries and traditional manufacturing anticipating upgrading, and the global industrial chain is facing another round of configuration. China, as the biggest developing country, proposes "the Belt and Road Initiative" (B&RI) based on the principle of peace and development, mutual benefit and win-win. The world economy is fraught with uncertainties. At this crucial stage, the B&RI carve out a new path for global governance.

5.1 Embracing the 4th industrial revolution through the B&R Initiative

5.1.1 The B&RI: a new platform for the industrial revolution

Upholding the principle of the "five connectivity" (connectivity of policies, infrastructures, trade, finance and people), the priority of the B&RI is to carry out infrastructure projects linking the 65 Belt and Road countries and regions, providing them with advantages for basic industries upgrading and laying the foundation for technological revolution. Besides, the B&RI features political mutual trust, economic integration and cultural inclusiveness, aiming at forming a community with a shared future for mankind, drawing countries, both developed and developing ones, into this new model of international cooperation, creating a more efficient and equal mechanism for countries to communicate. In addition, as a comprehensive cooperation platform, the B&RI would facilitate trade, encourage the two-way investment and collaboration of high-tech companies, strengthen technological communications, take advantage of and share the dividends of the new industrial revolution and create favorable conditions for FDI. At last, the B&RI has also created a sound and just investment climate for international direct investments, directing high-technologies towards China and B&RI countries and regions, which in turn optimizes their industrial structure.

5.1.2 The B&RI: its positive impacts in the 4th industrial revolution

The B&RI is an improvement of the traditional international cooperation model, especially at the time when the world economy is in turmoil. With the rapid development of technology, global industries are now facing the need of a re-configuration. The B&RI is rightly in compliance with the trend of the new industrial revolution. It proposes a more just and open model of international cooperation that enables the participation of all countries, allowing them to showcase their own advantages and achieve multi-lateral win-win. As a public good, and through connectivity of transport, energy, Internet and other infrastructure, the B&RI facilitates the free and orderly flow of the economic factors, the efficient allocation of resources and deep integration of markets, generating an international economic cooperation model that is open, inclusive and balanced and give more countries a fillip to their own participation in the division of labor of the global industrial chain. Industrial park cooperation along the Road could effectively reduce the cost of transport and overcome tariff barriers, promote technological cooperation and innovation, forming pronounced advantages in industrial clusters, improving the efficiency of resource allocation and the overall competitiveness, thus addressing the need of re-configuration of the global industrial chain.

5.2 Fueling the Belt and Road industrial transformation through financial innovation

By upholding the principle of openness and inclusiveness, the B&RI aims at building a community of shared development, benefit and future, leveraging the comparative strengths of each countries and regions, establishing a sound industrial division system to accelerate regional cooperation and integration. Therefore, using finance and promoting industrial collaboration is a pivotal part in realizing the "five connectivity" strategy. At the age of global industrial revolution, it would be hard to solve the financial supply problems with the existing financial resources. So with the active participation and concerted efforts of all sides, an open, multi-level, three-dimensional and high-efficient financial support system has been formed, with new financial platforms and cooperation models being expanded and new financial form and services being invented. The B&RI infrastructure construction, international capacity cooperation, industrial park development and the upgrading of the trade structure have been greatly improved.

5.2.1 Financial innovation: new growth driver for B&RI infrastructure construction

Ever after the proposal of the B&RI, the investment and financing system have been continuously improved, bilateral and multi-lateral investment and financing mechanism and platforms mushroomed, international organizations and financial institutions like AIIB, BRICS Bank, The Silk Road fund and the AFCA have also been set up to expand the financing channels for infrastructure construction.

From the perspective of the financial environment, Chinese-funded banks are expanding their footprint overseas. The Cross-Border Interbank Payment System (CIPS) now covers 40 Belt and Road countries and regions, and 165 banks. China's financial technology standards, representing by Unionpay, now also has presence in some Belt and Road countries and regions, helping them to develop inclusive finance. On February 2018, China Merchant Port Holdings Company Limited and Lowa China Offshore Holdings (Hong Kong) Limited publicly issued the "Belt and Road Panda Bond" . The raised fund would be used for stock purchase of the Hambantota Port, Sri Lanka and logistics infrastructure along the Road in Europe. Innovative bonds could effectively assist the development along the Silk Road and facilitate smooth implementation of the B&RI.

5.2.2 Financial innovation in international capacity cooperation and industrial structure upgrading

International capacity cooperation is an important way for the upgrading of global industrial structure, optimization of the global capacity layout, transformation of the economic development and efficient and sound international division of labor. The B&RI is a golden chance and platform for international and regional industrial collaboration where Silk Road countries and regions with different development stages, resources, industrial structures could tap the huge potential of joint development. The nearly 70 countries and regions in Asia, Africa and Europe covered by the B&RI have different factors of production and resources, for instance the electromechanical industry in China, the Aerospace and military industries in Russia, the financial service industry in Singapore, the software industry in India, the high-tech industries in Israel, the marine and tourism industries in South East Asia, the livestock and mineral industries in South Pacific countries and the petrochemical industry in Western Asia. Under the B&RI, countries focus their limited resources and factors of production on their competitive industries and their part in the value chain; and through industrial cooperation, they could achieve the flow and interactions of production factors, link up the industrial chain, complement each other's advantages and jointly enhance industrial performance and social welfare.

5.2.3 Financial support in industrial park programs

B&RI development would take advantage of international transport routes, relying on core cities along the Belt and Road and using key economic industrial parks as cooperation platforms. In this vein, industrial parks remain a crucial support for core cities to exert their impact, radiation and its role as the growth pole, and more importantly the growth engine along the international transport routes. The joint building of industrial parks between China and Belt and Road countries can not only complement each other's economy and industries, thus forming industrial economy of scale, but also accelerate the development of the industrial cluster in the host country, so as to speed up its economic development, promote international capacity cooperation and bilateral relations. According to the Ministry of Commerce, by the end of 2017, China and Belt and Road countries have set up over 80 overseas economic and trade cooperation zones (including processing zones, industrial parks, technological parks and others) with nearly US $30 billion worth of investment, creating 244 thousand jobs and covering areas like agriculture, mining industries, mechanical engineering, light textile, energy conservation and environment protection, information processing, bio-pharmaceuticals and trade logistics. Leading firms of the cooperation zones are mostly big enterprises with sound management skills and technical facilities in China. The parks are mainly distributed in developing countries in South East Asia, Central Asia, Eastern Europe and Africa. The overseas industrial parks set up by China focus on manufacturing, resources of energy and minerals and the processing of agricultural products.

5.2.4 Financial innovation in the upgrading of the structure of international trade products

The formation of the international industrial chain requires each country to display their competitive advantage and improve their status in the division of labor. The development of the e-commerce system, the internet of things and the supply chain is conducive in this regard. As the Belt and Road regional industrial chain takes shape, the trading relations under the B&RI have also changed from traditional inter-industry trade that was based on competitive advantage into a more dynamic, modern intra-industry trade that is based on direct investment. In recent years, China has expanded its trade and investment cooperation with Belt and Road countries and regions, and has formed a mutual benefit and win-win situation. According to the General Administration of Customs, China's trade and investment in Belt and Road countries and regions, kept growing. From 2013 to 2017, the total trading volume between China and Belt and Road countries registered 332 trillion RMB, with an annual average increase of 4%, which was higher than the average annual growth rate of foreign trade in the same timeframe. The proportion of the trading volume between China and Belt and Road countries in the total foreign trade has also increased annually, from 25% in 2015 to 26.5% in 2017. In the first three quarters of 2018, the number has risen to 27.3%, becoming a highlight of foreign trade. The statistics show that China's exports are mainly electromechanical products, while imports are chiefly electrical equipment and fossil fuel. Private enterprises are the pioneer of the Belt and Road trade, accounting for 43% of the trading volume. Meanwhile, China actively participates in investment and financing cooperation in Belt and Road countries, facilitates financing and promotes the building of a diversified financing system. Currently, China has established official RMB Clearing arrangements in seven Belt and Road countries and the CIPS also covers 41 Belt and Road countries and regions.

5.3 The AFCA: jointly promoting the industrial revolution

Asia is one of the most dynamic and most promising regions in the world. Deepened regional financial cooperation is the need to adapt to the global industrial revolution and the requirement to achieve balanced global governance between economy and finance. AFCA is a regional, non-governmental, non-profit international organization. It is committed to creating a cooperation platform for Asian financial institutions to share our services and fruition through institutional arrangements of the governance structure. The AFCA has diverse advantages in promoting the connectivity within Asian countries and high quality development of regional financial cooperation, safeguarding financial safety and stability and bringing sustainable interests of development to the whole region.

6. Suggestions and Outlook

6.1 Policy suggestions

6.1.1 To promote the development of technological innovation, industrial upgrading and finance, and their interaction

The prosperity of real economy enhances the prosperity of finance, and the fundamental task of finance is to serve the real economy. Industry, as the entity of the real economy, develops along with finance. Finance, as the veins of industrial economy, guarantees the successful implementation of industries policies. It's necessary to promote the complementary interaction between financial development and industrial upgrading, through cultivating highly-efficient financial market to improve its efficiency in serving industry and through industrial grading to promote the sustainable development of financial industry. The high uncertainty of technological revolution and the emerging industry requires an effective risk-sharing mechanism; and the technological transformation and upgrading of the traditional industry demands a multi-channel financing mechanism through creating a docking platform for cooperation between industries and finance and establishing an effective industrial financial information exchange mechanism to strengthen the positive interaction between finance and industry.

6. 1. 2 To improve the value of industrial chain and promote the industrial chain finance

Emerging industry enjoys high industrial relevance, and the development of emerging industry requires the fast expansion of itself and should achieve industry upgrading through the effective expansion of the industrial chain. At present, the layout of a brand-new modernized industrial chain is gradually formed, and different types of enterprises have developed a highly complementary, cooperative and supportive relationship in participating in the industrial chain. The global financial institutions shall depend on the major enterprises in the industrial chain, to design personalized and standardized financial service products for all links of the industrial chain, and provide comprehensive solutions for all enterprises in the entire industrial chain. It is important to make full use of the current information technology to promote the integration of finance, industry and the Internet. The difficulty in financing is largely due to information asymmetry, and the lack of precise matching between the demand of enterprises and the supply by financial institutions. The risk control modeling with data of the capital flow, information flow, logistics can be used to build a comprehensive service platform to greatly improve the efficiency of fund allocation. Under the background of "Internet +", we can use the Internet financial platform to carry out industrial chain finance and consider the actual business needs of enterprises to achieve flexible business operation solutions. In closed-loop risk control system of the industrial chain, we can focus on risk control and give effective play to the supportive role of industrial chain finance in improving the efficiency of industrial operations.

6. 1. 3 To construct a multi-level and diversified industrial finance to support and satisfy the development of emerging industries

The development of industrial finance requires multi-level, diversified industrial financial products and market system. From the perspective of product systems, we should meet the capital demand of emerging industries through innovating on pledge loans of intellectual property in terms of bank credit. In terms of the bond market, we can design and develop innovative bond varieties that meet the characteristics of emerging manufacturing industries, explore ways to convert bonds, carry out debt-to-equity swaps, and innovate on the way to withdraw from bond financing. From the perspective of financial institutions, banks, as well as securities companies, insurance assets, trusts, financing and leasing companies and other institutions should work to provide a variety of financial products for real enterprises in different stages of development and of different sizes. From the perspective of the market system, on the basis of the improvement of the industrial financial services provided by existing banks, it is necessary to encourage enterprises to securitize high-quality asset and vigorously develop direct financing systems, especially to improve the equity markets such as the National Equities Exchange and Quotations and the Growth Enterprise Market, improve the new-share transfer system, information disclosure and protection of investors, so as to improve the liquidity of the equity market, and provide a multi-level market system for real enterprises to carry out fund-raising.

6.1.4 To improve the related policies and systems for the development of industrial finance

The healthy development of industrial finance can not be separated from the related policies and systems, which include polices in industries, currency, finance and trading. We should implement industry policies to guide the development of emerging industry to promote the transformation and upgrading of the traditional industry and establish an industrial system as required by the age. Currency policies should lead the financial institutions to adapt to the industrial reform and optimize the business structure and focus on small and medium-sized enterprises and strategic emerging companies. In terms of fiscal policy, emerging industries need support and help in the early stages of development, which should be focused on the establishment of relevant supportive policies and systems on the one hand, and the capital investment in technology research and development and supportive systems for these industries on the other hand. The governments can promote the industrial development through discriminatory taxation or fiscal subsidies to optimize the allocation of fiscal resources among enterprises of different industries, with different sizes and in different stages of development. We can further explore the role of emerging industries in reducing tax burdens, solving financing problems, improving technological innovation capabilities, and protecting environment, and actively support the development of small and medium-sized enterprises and private economy to enhance financial accessibility. We can establish a sound legal and regulatory system, revise and enact a series of laws and regulations for the various forms of industrial finance, such as leasing, new bonds, ABS, guidance funds, etc., with accumulated rich experience.

6.1.5 Exploring a new model of inclusive and prudent supervision that adapts to financial innovation

Under the background of a new round of scientific and technological revolution and industrial transformation, it has become a new trend for financial innovation to vigorously develop Fintech. While Fintech effectively improves financial efficiency and reduces transaction costs, it superimposes technological security risks upon traditional financial risks, introducing new information technology risks, business risks and other risks at the micro level, and causing huge systemic risks at the macro level. Thus, the impact of financial risks is more contagious, more widespread, and faster diffused. In the face of financial innovation, we must provide inclusive and prudent supervision and seek a dynamic balance between innovation and effective supervision. Before the maturity of the emerging business mode, in addition to establishing a multi-level financial law and regulation system, improving the systemic nature of supervision, and changing the regulatory concept, it is necessary to establish a sound financial information sharing mechanism, improve the early warning capability against financial risks, improve the efficiency of financial supervision and greatly reduce the risks in financial innovation. At the same time, it is necessary to adopt a new supervision mode that are characteristic of relaxed institutional constraints and improved symmetry of regulatory information, such as principle-based supervision, window guidance, and regulatory sandbox, to effectively cope with the new challenges of financial risks arising from technological development and innovation.

6.1.6 To promote extensive and efficient international cooperation in industrial finance

The global value chain has become a new way to build the international division of labor system. The report released by the World Trade Organization (2011) states that the global trade model is shifting from "trade in goods" to "trade in tasks". The international division of labor has changed from the traditional division of labor in different industries to that within an industry. Multinational corporations lay out their industrial chains and allocate production factors on a global scale, and each production link is segmented to the maximum extent. The value of a product exported comes from countries that undertake different links of the production chain, and the "link to undertake" is more important than the "product to sell" in the international industrial division of labor. We should follow the changing trend of global value chains, actively improve the free trade policies and systems that are conducive to protecting the global industrial chain and the rational division of labor in value chains, oppose unilateralism and trade protectionism, and effectively eliminate trade frictions. We should establish a cooperation and coordination mechanism to promote industrial finance cooperation in a wider, broader and higher level. The Industrial Finance Cooperation Committee of Asian Financial Cooperation Association should play its coordinating role in regional industrial finance, enhance the innovation of multilateral and bilateral investment and financing mechanisms, promote capacity cooperation and the cooperation between industrial capital and financial capital under the Belt and Road Initiative, to promote industrial upgrading and financial stability in the region.

6.2 Outlook

Looking into the future, all countries in the world are rushing to seize the opportunity of this worldwide technological revolution and actively participating in the re-distribution of the global industrial chain. The structural changes in the global industrial chain will become more prominent, the co-existence of "backflow" in manufacturing industry in developed countries and the "leap" in that in developing countries will be more obvious, and the division of labor among countries in the industry chain and value chain has become closer and more complicated. The industry is more intelligent, more environmentally friendly and more high-end oriented. The strategic emerging industries have not only become the new driving force for economic restructuring and economic growth, but also the traction and support for the transformation and upgrading of traditional industries. As John Hicks (1999) said, "The industrial revolution therefore had to wait for the financial revolution before it could occur", the new round of industrial revolution urgently calls for the new financial revolution. Supply chain finance, internet finance, big data finance, blockchain finance, green finance, transaction finance and other new financial formats that satisfy the development direction of new industries are constantly emerging and flourishing. New industrial finance plays an increasingly important role in deploying social resources efficiently and propelling the industrial transformation and upgrading. "Financial guidance" is becoming an important force for the industrial revolution. Innovating on industrial financial model, improving industrial financial system and connecting channels for industrial financial cooperation will accelerate the development of the new round of technological revolution and industrial revolution and promote global peace and stability.

后　记

当前，新一轮技术革命和产业变革正孕育兴起，全球创新活力竞相迸发，为世界经济转型发展不断注入新动能。为引领亚洲区内外金融机构主动适应新一轮产业革命，亚洲金融合作协会从2018年起按年度编制发行《全球产业金融观察报告》，以加强金融机构交流与资源整合，跟踪全球产业金融前沿问题，借鉴国际经验与先进做法，积极发挥金融以及国际金融合作服务产业转型升级的作用，从而为区域实体经济发展提供更有力支撑。

2018年7月，亚洲金融合作协会正式启动《全球产业金融观察报告（2018）》（以下简称《报告》）的编制工作，并邀请亚洲金融合作协会产业金融合作委员会第一届主任单位中国建设银行担任牵头单位。为提升《报告》编制工作的专业水平，我们邀请了时任亚洲金融合作协会秘书长杨再平先生以及亚洲金融合作协会产业金融合作委员会首席指导专家张天强先生担任报告顾问。为了保证《报告》编制工作有序高效开展，我们专门成立了编委会，邀请亚洲金融合作协会产业金融合作委员会第一届主任、中国建设银行副行长章更生先生担任主任，亚洲金融合作协会产业金融合作委员会第一届执行副主任、中国建设银行公司业务部总经理程远国先生和亚洲金融合作协会副秘书长赵险峰女士共同担任副主任。编委会成员由来自中国建设银行、中国人民大学、中国农业银行、博鳌亚洲论坛宏观研究院、北京工商大学等机构30余位有影响力的专家学者和行家里手组成。

《报告》编制过程包括资料收集、提纲确定、集中编写、专家评审、对外发布、完善定稿共六个阶段，历时近一年，数易其稿，凝结了编委会成员大量的智慧与心血。《报告》内容沿袭发现问题、分析问题和解决问题的逻辑思路，采取理论与实践相结合、定性和定量分析相结合的方法，综合国际实践经验与“中国方案”贡献，同时兼顾纵向时间维度“以史明鉴”，聚焦产业金融热点、难点问题，并探讨了支持实体经济转型升级的综合性金融方案。

2018年11月1日，值亚洲金融合作协会产业金融合作委员会成立大会之际，在国际社会各方的共同见证下，我们正式对外发布了《报告》编制的阶段性成果，并邀请到时任亚洲金融合作协会秘书长杨再平先生、中国建设银行副行长章更生先生、沈阳市人民政府副市长彭肇文先生和中国人民大学国际货币研究所副所长涂永红女士共同启动了发布仪式，并由亚洲金融合作协会产业金融合作委员会办公室主任、中国建设银行公司业务部副总经理李钺女士致发布词。这是亚洲金融合作协会对外发布的首份行业发展报告，也是亚洲金融合作协会产业金融合作委员会成立伊始的重要成果，亦是亚洲乃至全球首份以产业金融为主题的研究报告，受到新华通讯社、中央广播电视总台、香港商报等20余家境内外主流媒体的广泛报道与国际社会的高度关注。

在近一年的时间里，编委会成员认真负责，分工协作，密切沟通，攻坚克难，严格规范，多次提交产业金融合作委员会办公室会议对阶段性成果进行审议讨论，确保了内容的前沿性、专业性、国际性和规范性。在此过程中，瑞穗银行（中国）、阿布扎比国际金融中心、沈阳市金融发展局等机构给予我们大力支持，为我们提供了鲜活的案例和宝贵的一手资料。《报告》完稿后，我们荣幸地邀请到亚洲金融合作协会理事长、中国建设银行董事长田国立先生，时任亚洲金融合作协会秘书长杨再平先生，《报告》编委会主任、中国建设银行副行长章更生先生对《报告》内容进行审阅并作序。此外，作为亚洲金融合作协会产业金融合作委员会最鲜活的调研基地和亚洲金融合作协会产业金融国际会议的最佳会址，沈阳市人民政府及沈阳金融商贸开发区管理委员会为《报告》编制以及其他委员会工作提供了诸多支持。在《报告》付梓之际，我们谨向参与报告编制以及支持报告编制出版的所有个人及机构表示诚挚的谢意。

我们致力于通过尝试性努力，为亚洲金融合作协会产业金融合作委员会推动亚洲区域内外金融机构交流合作提供一个抓手，为观察和交流国际产业金融发展新成果提供一个窗口，也为国际社会了解金融助推实体经济增长开拓一个渠道。希望读者朋友们持续关注我们从现在开始陆续编制发行的系列报告，期待您反馈宝贵的意见和建议，并对《报告》中的失误与不足给予批评指正。

联系邮箱：wangfei@ afca-asia. org

编委会

2019年3月26日

亚洲金融合作协会简介

亚洲金融合作协会，简称为亚金协，英文名称为 Asian Financial Cooperation Association，缩写为 AFCA，主要由亚洲国家和地区的金融机构、金融行业组织、相关专业服务机构以及金融领域的有关个人自愿结成，是在中华人民共和国民政部登记注册的区域性国际非政府、非营利性社会组织。

发起成立

在博鳌亚洲论坛2015年年会主旨演讲中，习近平主席首倡探讨搭建亚洲金融机构交流合作平台。之后，李克强总理在东亚合作领导人系列会议、博鳌亚洲论坛年会、东盟与中日韩（10+3）领导人会议等多个国际会议场合表示，中方积极倡议支持筹建亚洲金融合作协会。

上述倡议很快得到区内外金融界高度关注并积极响应。2016 年 3 月 25 日，来自亚洲、欧洲、美洲 12 个国家和地区的 38 家金融机构齐聚海南，参加亚洲金融合作协会发起会议，并签署《发起设立亚洲金融合作协会意向书》。2017 年 5 月 11 日，亚洲金融合作协会成立工作会议在中国北京召开，会议审议通过了《亚洲金融合作协会章程》《亚洲金融合作协会首届理事、监事、高管人员推荐办法及人选名单》等 13 项议案，这表明亚洲金融合作协会筹建工作基本完成。亚洲金融合作协会的成立被列入“一带一路”国际合作高峰论坛成果清单。2017 年 7 月 24 日，亚洲金融合作协会成立仪式在中国北京举行，国务院李克强总理致信祝贺，马凯副总理到场致辞并发布亚金协标志。

协会宗旨

协会宗旨为“联通合作　共治共享”。亚洲金融合作协会一方面致力于搭建亚洲金融机构交流合作平台，加强区域金融机构交流和金融资源整合，共同维护区域金融稳定，避免再次发生大规模地区金融动荡，为区域实体经济发展提供更有力的支撑；另一方面通过治理结构制度安排，便利全体会员共同治理协会，共享协会服务及成果。

工作范围

- 建立联络机制，常态化会员互联互通，增进业界情谊，营造区域金融业者朋友圈。

• 推动会员超越“信息孤岛”，探寻信息交集，整合信息数据，搭建区域金融信息共享平台。

• 举办区域高端金融论坛，发布区域金融发展报告，打造区域金融智库，搭建区域金融思想交流平台。

• 适应跨境金融基础设施、跨境金融业务需要，充当桥梁纽带中介，搭建区域金融实务合作平台。

• 总结推广区域普惠金融、绿色金融、消费者权益保护等最佳实践，搭建区域金融业社会责任引领平台。

• 组织或代表会员与相关区域及全球政府间及非政府间金融合作组织沟通对话，表达区域意见，贡献区域智慧与方案，搭建国际金融治理参与平台。

治理结构

协会组织架构包括会员大会、理事会、常务理事会、监事会、秘书处。首届理事会由46人组成，首届常务理事会由23人组成，首届监事会由11人组成。同时，设顾问委员会，作为协会高级顾问机构。首届理事长为田国立，监事长为禤惠仪，秘书长及法人代表为杨再平。

会员构成

协会立足亚洲、开放包容，会员以亚洲国家和地区有影响有意愿的金融机构，金融行业组织，相关专业服务机构以及在金融领域具有一定影响力的行业管理者与资深专家为主体，同时欢迎区外同类机构及个人加入。截至2019年3月底，先后有来自亚洲、美洲、欧洲、非洲、大洋洲28个国家和地区的109家机构加入协会，涵盖国际金融中心、金融集团、银行、证券、保险、基金、期货、金融科技及服务等领域。

Introduction of Asian Financial Cooperation Association

Asian Financial Cooperation Association (hereinafter referred to as "AFCA") is a regional non-governmental and non-profit organization registered with Ministry of Civil Affairs, PRC, comprising financial institutions, financial industry associations, relevant professional service agencies and experts of the financial sectors from Asian countries and regions on a voluntary basis.

Initiation and Establishment

President Xi Jinping first proposed to explore the possibility of establishing a communication and cooperation platform for Asian financial institutions at Boao Forum for Asia 2015. Premier Li Keqiang has then, on various occasions including Leaders' Meetings on East Asia Cooperation, Boao Forum for Asia and ASEAN Plus Three (China, Japan and the ROK) Leaders' Meeting, expressed that China actively supports the establishment of AFCA.

This initiative has obtained wide attention and active response from the international financial community. On March 25, 2016, 38 financial institutions in 12 countries and regions from Asia, Europe and America attended AFCA Originating Institutions' Meeting in Hainan and signed Letter of Intent for Originating the Asian Financial Cooperation Association. On May 11, 2017, the Working Meeting on the Establishment of Asian Financial Cooperation Association was held in Beijing, during which 13 proposals were reviewed and passed, including Articles of Asian Financial Cooperation Association, Recommendations and List for First Term of Directors, Supervisors and Senior Executives of Asian Financial Cooperation Association. The successful conclusion of the working meeting indicated that the preparatory work of AFCA had been largely completed. The establishment of AFCA was listed into the achievements of Belt and Road Forum for International Cooperation. The opening ceremony was held in Beijing on July 24, 2017. Premier Li Keqiang sent a letter of congratulation, and vice premier Ma Kai presented at the opening ceremony, delivered a keynote speech and launched AFCA's Logo, marking its grand debut.

AFCA's Philosophy

AFCA's philosophy is "Connectivity, Cooperation, Joint Governance and Shared Benefits". AFCA is devoted to building an exchange and cooperation platform for Asian financial institutions, strengthening exchanges among regional financial institutions and financial resources integration, jointly safeguarding regional financial stability, and supporting the development of real economy in the region. Meanwhile, AFCA is aimed at facilitating joint governance with shared benefits for all members through sound governance structure and institutional arrangement.

Work Scope

- To establish a liaison mechanism, promote communications among members, strengthen industry bonding, thus building a regional financier circle.
- To push members to move beyond "Information Island", explore information intersections, integrate information and data, thus creating a regional financial information-sharing platform.
- To host high-level regional financial forums, issue regional financial development reports, create regional financial think tanks, thus building a regional financial idea-exchange platform.
- To facilitate cross-border financial infrastructure and business development, serve as an effective and unique link, thus building a regional financial cooperation platform.
- To summarize and promote best practices in regional financial inclusion, green finance and consumer protection, thus building a regional leading Corporate Social Responsibility platform for the financial industry.
- To organize or represent members to communicate and exchange with regional and global inter-governmental and non-governmental financial cooperation organizations, voice out the interest of the region, contribute regional wisdom and solutions, thus building an engagement platform for international financial governance.

Governance Structure

In terms of organizational structure, AFCA is composed of the General Meeting, the Board of Directors, the Executive Board, the Board of Supervisors, and the Secretariat. The first Board of Directors consists of 46 directors, the first Executive Board has 23 vice chairmen and the first Board of Supervisors has 11 supervisors. In addition, AFCA will set up the Advisory Committee as its senior advisory body. Mr. Tian Guoli, serves as the first Chairman of AFCA. Ms. Mary Huen, serves as the chief supervisor. Mr. Yang Zaiping serves as the first Secretary General and legal representative of AFCA.

Members Composition

With its foothold in Asia, AFCA follows the philosophy of openness and inclusiveness. AFCA's members are primarily financial institutions, financial industry associations, relevant professional service agencies and influential executives and senior experts in Asian countries and regions. Meanwhile, similar financial institutions and experts beyond Asia are also welcomed to join AFCA. Up to March 2019, 109 financial institutions from 28 countries and regions in Asia, America, Europe, Africa and Oceania have confirmed to join AFCA, covering international financial center, financial group, banking, security, insurance, fund, futures, Fintech, financial services and other sectors. Institutions and experts in Asia and beyond with influence as well as willingness to comply with AFCA's Articles are welcomed to join AFCA.

亚洲金融合作协会产业金融合作委员会简介

产业金融是在现代金融体系趋向综合化的过程中出现的、促进实体经济发展的金融活动总称。通过促进产业与金融相互融合，产业金融为实体经济发展提供综合金融解决方案，为资金融通拓宽广度和深度，最终通过整合资源创造价值。产业金融发展前景广阔。

产业金融的运作是一项系统工程，涵盖银行、证券、信托、保险等领域，资本融通与运作的跨境、跨界程度较高，世界各国、各地区的发展模式也各具特色。尤其是进入21世纪，全球正在酝酿新一轮产业革命，例如德国提出了“工业4.0”战略规划，美国提出了先进制造业国家战略，日本推出了新经济增长战略，中国提出了“中国制造2025”战略，而制造业的创新发展以及产业链的全球布局离不开金融的支持，因此加强产业金融国际交流与合作势在必行。

在此背景下，亚洲金融合作协会于2018年11月1日成立了产业金融合作委员会，旨在为会员单位搭建产业金融交流合作平台，加强区域金融机构以及实体机构交流和资源整合，为区域实体经济发展提供更有力的支撑。

其主要职能包括以下几个方面。

1. 搭建产业金融国际交流与合作平台，建立常态化工作机制；

2. 举办产业金融国际论坛以及相关研讨会，汇聚亚洲区内外相关专业人士，探讨前沿问题，交流最新思想；

3. 成立相关课题组，探讨基础性和前瞻性理论，分析解决相关热点、难点问题，尝试探索金融解决方案；

4. 按年度编写发布相关产业金融观察报告，推介最佳实践，尝试为产业结构转型升级和实体经济发展探索金融解决方案；

5. 组织相关培训，促进先进经验分享与传播，推动区内外各国及各地区产业金融健康发展；

6. 推动区域产业金融发展与合作相关行业原则或标准制定，推动形成相关支持政策；

7. 推动产业金融国际共识达成，并在此基础上形成行动方案，务实推动国际项目合作；

8. 完成协会和各成员单位委托、交办的其他事项。

Introduction of the Industrial Finance Cooperation Committee of AFCA

Industrial finance is a general term for financial activities conducted to develop real economy during the integration of modern financial system. By promoting the integration of industry and finance, industrial finance provides comprehensive financial solutions to the development of real economy, and expand the depth and width for financing, finally to integrate resources to create value. Therefore, it enjoys broad prospects.

The operation of industrial finance is a systemic project, covering banking, security, trust, insurance and other financial areas. Because of the cross-border and cross-industry financing and operation, the development modes of industrial finance are distinctive in different countries and regions in the world. Especially in the 21st century, when the world is undergoing a new around Industrial Revolution, Germany put forward "Industry 4. 0" Strategy, the United States put out Advanced Manufacturing Initiative, Japan launched New Economic Development Strategy, and China put forward " Made in China 2025 " Strategy. The innovation and development of manufacturing industry and the global layout of industry chain depend highly on the financial support, so it is imperative to strengthen the international communication and cooperation on industrial finance.

Thus, Asian Financial Cooperation Association (hereinafter referred to as " AFCA ") established the Industrial Finance Cooperation Committee on November 1, 2018, with the aim to build a platform for communication and cooperation on industrial finance for member institutions, to enhance the exchange and resource integration between finance sector and industry sector, and to provide strong support to the development of real economy in Asia.

The main functions of the committee include:

1. To build a platform for international communication and cooperation on industrial finance, and to establish normalized working mechanism.

2. To organize relevant seminars to gather experts in and outside the region to discuss frontier issues and exchange the newest ideas.

3. To set up related research groups to discuss fundamental and prospective theories,

analyze hot topics and difficult issues, and try to explore financial solutions.

4. To compile and publish The Observation Report of Industrial Finance on a yearly basis to promote the best practice in industrial finance, trying to explore financial solutions for industrial transformation and upgrading and real economy development.

5. To organize related training, promote the sharing of advanced experience, and promote the healthy development of industrial finance in and out Asia.

6. To facilitate the formulation of relevant principles and standards for the development and cooperation in industrial finance in Asia, and to propel the promulgation of related supportive policies.

7. To promote international consensus achievement in industrial finance, and generate action plan to pragmatically impel international cooperation.

8. Other work assigned by AFCA and its member institutions.